村庄的记忆、舆论与秩序

Collective Memory, Village Consensus
and Community Order in Village

陈文玲 著

图书在版编目(CIP)数据

村庄的记忆、舆论与秩序/陈文玲著.—北京:北京大学出版社,2016.10

(社会学论丛)

ISBN 978-7-301-27707-2

Ⅰ.①村… Ⅱ.①陈… Ⅲ.①农民—社会学—研究 Ⅳ.①C912.82

中国版本图书馆CIP数据核字(2016)第265856号

书　　名	村庄的记忆、舆论与秩序 CUNZHUANG DE JIYI、YULUN YU ZHIXU
著作责任者	陈文玲　著
责任编辑	胡利国
标准书号	ISBN 978-7-301-27707-2
出版发行	北京大学出版社
地　　址	北京市海淀区成府路205号　100871
网　　址	http://www.pup.cn　新浪微博:@北京大学出版社
电子信箱	ss@pup.pku.edu.cn
电　　话	邮购部 62752015　发行部 62750672　编辑部 62753121
印　刷　者	三河市北燕印装有限公司
经　销　者	新华书店
	650毫米×980毫米　16开本　17.5印张　226千字 2016年10月第1版　2016年10月第1次印刷
定　　价	45.00元

未经许可,不得以任何方式复制或抄袭本书之部分或全部内容。

版权所有,侵权必究

举报电话:010-62752024　电子信箱:fd@pup.pku.edu.cn

图书如有印装质量问题,请与出版部联系,电话:010-62756370

序

　　日前在中国传媒大学工作的陈文玲博士给我打电话,说她的学术著作《村庄的记忆、舆论与秩序》将提交北京大学出版社出版,希望我能为之写个序。自己的学生有特色明显的学术成果面世,这无疑是好事,所以我慨然应允。

　　陈文玲于2004年攻读北京大学社会学系博士学位,2008年如期毕业,她这四年寒窗的辛苦,我是见证者。她进入师门的时候,我已经开始用现象学社会学那种意义探究的方法培训和锤炼我们的研究团队,这种方法对参与田野调查的研究者会有更高的要求,因为它更强调的是所有参与者的主观能动性的发挥。这种方法非常强调对文本意义的敏锐感受,所以它对提升学生的领悟能力有很大的帮助。在经历了差不多一年出头一点时间的困惑之后,陈文玲终于找到了以这样的方法从事田野调查的感觉,之后就是如鱼得水。我清楚地记得,为了博士论文写作的需要,她主动请缨,来到我们的田野点,依靠自己的工作,完成了补充调查。而且在这次调查中,还有让我们团队都很兴奋的新的发现。

　　这个新的发现,其实很契合我与孙飞宇副教授合写的那篇《社会底蕴:田野经验和思考》(见《社会》2015年第1期)中所提出的问题,也就是说,在国家向民间社会入侵的过程中,社会的应对中是否有历经社会变迁仍能保持不变的东西,也就是说仍有为国家力量所不能及的层面?陈文玲的论文给出了肯定的回答,并将此用"恒常"这一概念来概括。这一发现显然增强了我们对自己探索的价值之信心。

陈文玲告诉我,这本书是在自己的博士学位论文的基础上修改而成,而她的博士论文则带着浓厚的现象学社会学的特色。这种特色首先体现在它以村民的"日常生活"为考察对象,开掘的是村民日常闲聊家长里短背后的社会学意涵。正如我在另一篇文章中所指出的,现象学社会学虽有它的局限,但它将日常生活作为"生活世界"的主要部分纳入了社会学的研究视野,试图探究生活现象背后的社会学意涵并在理解这种意涵(比如人的行动的意义、各种文本背后的意义)的基础上力求对此给出一个"真"的解释。因此在现象学社会学的背后有着广阔的哲学背景,这使现象学社会学有可能获得一种独特的对生活的穿透力,可以揭示各种生活现象背后的灵动不拘的意涵,并将这样的意涵与一定的社会历史和文化背景相联系,从而获得对生活现象的一种深刻的、带规律性的认识。所以,我们在陈文玲的这一著作中,首先可以看到的正是对生活现象的原汁原味的"萃取",而这样的萃取因为作者的社会学眼光和视野则产生了耐人寻味的意涵,具备了一种"穿透力"。

这样的视角就必须将当事人放在主体的位置。用作者自己的话来说,就是要通过"底层的农民的视角"将"农民长久以来在乡村秩序维系上被遮蔽的主体性地位凸显出来"。因为现象学社会学对意义的探究也是以马克斯·韦伯理解行动者赋予行动的意义为出发点,因此理解的前提是将行动者作为主体,而不是将研究者自己想象的行动者赋予行动的意义看作"真实"。显然,这样的方法和方法背后体现的对当事人的尊重是达致这样的理解的前提。

作者认为,"村庄的集体记忆是从村庄舆论到社区秩序这一逻辑链条中重要的发生机制"。"集体记忆"不是一个新概念,早在2002年,上海世纪出版集团就出版了毕然与郭金华翻译的涂尔干学派重要成员莫里斯·哈布瓦赫的《论集体记忆》，但是将以乡土中国的"熟人社会"为社会背景的村庄集体记忆引进对农村社会秩序发生和维护机制的研究，这显然是该书的一个亮点。村庄的历史与历史人物由此获得了新的意义，他们为在现实生活世界中生活的人提供了道德与行为规范方面的经验教训，从而制约着村民的行为。由此进入，作者敏锐地发现，除了政治分层和经济分层之外，村庄中还存在着经由村民口耳相传的"道德分层"，村庄中的政治精英若是行止有亏，也一样登不上道德的制高点。无疑，作者这一发现对我们认知中国乡土社会的特色有重要的价值。当然，这样的发现也丰富了有关社会分层的理论。

总之，可以认为该书是在现象学社会学研究方面的一个有价值的探索，而这样的探索显然会丰富和深化对中国乡土社会的认知，也可以为农村社会学研究提供一个新的视角。

杨善华

北京大学社会学系

目录 Contents

序 / 1

第一章　导　论 / 1

　　第一节　研究缘起及问题的提出 / 1
　　第二节　文献述评 / 3

第二章　研究设计 / 48

　　第一节　调查点的选择与资料的获取 / 48
　　第二节　研究视角和研究方法 / 50
　　第三节　研究对象简介 / 51
　　第四节　主要概念的界定与说明 / 52

第三章　集体记忆 / 54

　　第一节　村民心里牢固的集体记忆 / 54
　　第二节　集体记忆的形成 / 69
　　第三节　村庄集体记忆的特点 / 79

第四章　村庄舆论 / 84

　　第一节　舆论的内容 / 85
　　第二节　舆论的直接作用 / 111

第三节　舆论的受制因素　/ 116

第五章　集体记忆、村庄舆论与社区秩序　/ 123

第一节　社区秩序与行为规范　/ 123

第二节　从舆论到规范到社区秩序　/ 127

第六章　结论以及讨论　/ 159

第一节　集体记忆、村庄舆论与社区秩序之间的内在联系　/ 159

第二节　本书实现的各种超越　/ 161

第三节　自发的秩序　/ 163

附　表　/ 166

部分访谈记录　/ 167

致　谢　/ 269

第一章 导 论

第一节 研究缘起及问题的提出

社会何以可能？齐美尔的这一经典发问既能够解释自孔德以降的社会学大师对秩序问题的关注，也推动更多的后来者将研究视野投向对秩序问题的探究。关于中国传统社会秩序维系的研究比较多，费孝通强调传统的乡土社会是一种"礼治"的秩序，秦晖认为，国权不下县，县下惟宗族，宗族皆自治，自治靠伦理，伦理造乡绅。① 在笔者看来，强调宗族乡绅的力量与强调"礼治"是一致的，因为"礼"的奉行往往也是靠宗族势力和地方乡绅的作用。除了对某一端力量的强调，有学者更进一步总结说：在传统中国社会，事实上存在着两种秩序和力量：一种是"官制"秩序或国家力量；另一种是乡土秩序或民间力量。前者以皇权为中心，自上而下形成等级分明的梯形结构（trapezoid-structure）；后者以家族（宗族）为中心，聚族而居形成大大小小的自然村落。每个家族（宗族）和村落是一个天然的"自治体"，

---

① 秦晖：《传统中华帝国的乡村基层控制：汉唐间的乡村组织》，载秦晖主编：《农民中国：历史反思与现实选择》，郑州：河南人民出版社2003年版，第220页。

这些"自治体"结成为"蜂窝状结构"(honeycomb-structure)。①

纵观很多学者的研究,可以发现,在学者的心目中,传统社会中维系乡村秩序的主要有两股力量,一是自上而下的国家行政力量,二是以宗族势力、地方乡绅为代表的地方势力。在其中,我们几乎看不到普通农民作为主体力量对其所处的乡村秩序的维系。

从社会变迁的角度来看,传统的乡土社会与现在的农村社区在很多方面会有程度不同的差异。这个差异的表现无非是原有的传统性因素的强弱或者存亡,以及新生因素的生长等。本书这里先不讨论传统因素的强弱或存亡的问题,包括宗族势力是存在并持续发生作用,还是已经变弱或者消亡这些问题。本书关注的是,关于农村社会秩序的维系,除了学者们强调的两股力量,还有没有一股恒常的以农民为主体的民间力量在维系着农村社区的秩序? 恒常的意思即是指这股民间力量不受传统与现代的时间分段的影响,不会因为很多传统性因素的衰弱或者消失而影响其力量的发挥,也不会因为很多新生事物的出现而受到颠覆性的冲击。而且,如果存在这股力量,那么这股力量是如何维系的? 维系的机制是什么?

通过实践调查,笔者感觉到,村庄舆论可以认为是这股恒常的民间力量。提到舆论,大家会很自然地想到舆论对人的行为的影响,或者往前推进一步提到舆论在社会秩序维系上的软控制作用,但是,笔者所查阅到的有限的资料表明,很少有学者通过丰富翔实的案例来细致地展现这一作用链条,即舆论是如何达致对秩序的维系,更少有学者去挖掘这一链条当中比较重要的发生作用机制。而且,因为以往关于舆论的研究大多立足于整个社会和城市,表达的是社会层面的公共舆论的作用②,而关于村庄舆论的研究很少,所以本书不仅想

---

① Vivienne Shue, *The Reach of the State: Sketches of the Chinese Body Politic*, Standford University Press, 1998.

② 这一结论的得出,主要源自本文在文献述评部分对"舆论"的较为详细的梳理。

要研究村庄舆论,还希冀能从村庄舆论到社区秩序维系这一逻辑链条中挖掘出村庄独有的发生作用机制。那么,村庄当中这个独有的发生作用机制究竟是什么呢?实践调查带给笔者启示:村庄的集体记忆是村庄舆论到社区秩序这一逻辑链条中的重要的发生作用机制。所以,为了解释这股恒常的以农民为主体的民间力量是如何维系着农村社区的秩序,本书将要对村庄的集体记忆、村庄舆论、社区秩序三者之间的内在关系进行较为深入的探讨。

第二节 文献述评

因为本书要揭示的是村庄的集体记忆、村庄舆论、社区秩序三者之间的内在关系,所以本书的文献述评必然要涉及舆论、记忆与秩序这几部分。此外,因为村庄舆论同时也是农民的意见表达与公共参与,所以,文献述评部分还包括农民的意见表达与公共参与。需要说明的是,在对文献进行述评的同时,本书的研究立场以及研究突破点也相应呈现出来,而突破点也是本书理论意义的所在。

一、舆论

(一)从舆论概念开始

卢梭在《社会契约论》中首先提出并阐释了公众意见(舆论)这一概念。他认为"全世界一切民族中,决定人民爱憎取舍的绝不是天性而是舆论"[①],风俗、习惯和舆论也是法律的一种。对于舆论,卢梭的表述是:"既不是刻在大理石上,也不是铭刻在铜表上,而是铭刻在公民们的内心里;它形成了国家的真正宪法;它每天都在获得新的力量;当其他的法律衰老或消亡的时候,它可以复活那些法律或代替那些法律,它可以保持一个民族的创制精神,而且可以不知不觉地以习

---

① 《当代传播》2007年第2期,第29页。

惯的力量代替权威的力量。我说的就是风俗、习惯,而尤其是舆论。"①

在英语国家,公众意见一词最早见于1781年英国基·代克尔的著作中。②权威性比较高的《美利坚百科全书》将舆论概括为:"舆论是群众就他们共同关心或感兴趣的问题公开表达出来的意见综合。"③

美国著名的新闻评论家、专栏作家沃尔特·李普曼(Walter Lippmann,1899—1974)在1922年推出的《公众舆论》一书,堪称舆论学研究领域的经典之作。李普曼认为,"外部世界的这些特征,我们简单地称作公共事务。这些特征当然与他人的表现有关,只要他人的表现与我们的表现相抵触,就会受到我们的左右,或者引起我们的关注。他人脑海中的图像——关于自身,关于别人,关于他们的需求、意图和人际关系的图像,就是他们的舆论。这些对人类群体或以群体名义行事的个人产生着影响的图像,就是大写的舆论。"④西方自古以来就存在着对舆论态度的严重分歧。柏拉图、黑格尔、李普曼都认为,公众不可能理解政府工作的真相;卢梭、休谟则认为,舆论是政府存在的基础,等等。⑤

中国关于"舆论"一词的最早记录,见于《三国志·魏书·王朗传》:"设其傲狠,殊无入志,惧彼舆论之未畅者,并怀伊邑。"在古代"舆"字的本义为车厢或轿,"舆人"则是指推车的人或抬轿的人,在后来的语义演化中,"舆人"逐渐成为"众人"。如《左传·僖公二十八年》:"听舆论之诵。""舆论"作为一个词组,始见于《三国志》,其后

---

① 〔法〕卢梭:《社会契约论》,北京:商务印书馆1987年版,第73页。
② 《当代传播》2007年第2期,第29页。
③ 李广智:《舆论学通论》,哈尔滨:黑龙江教育出版社1989年版,第21—22页。
④ 〔美〕沃尔特·李普曼:《公众舆论》,阎克文、江红译,上海:上海人民出版社2002年版,第23页。
⑤ 《当代传播》2007年第2期,第29页。

见于《梁书·武帝纪》："行能臧否,或索定怀抱,或得之舆论。"历代对待舆论的态度,更是黑白有别。中国在周朝就有了"防民之口,甚于防川,川壅而溃,伤人必多"之说,《晋书王沉传》中亦有"乐闻诽谤之言,听舆人之论"的记载。①

《中国大百科全书·社会学》对社会舆论这样定义:社会舆论(public opinion)是多数人对社会生活中有争议的事件发表的有一定倾向的议论、意见及看法,简称舆论。②

国内关于舆论的研究多体现在新闻学以及传播学领域。很多相关领域的学者对舆论下过定义。刘建明认为,舆论是显示社会整体知觉和集体意识、具有权威性的多数人的共同意见。③ 孟小平认为,舆论是公众对其关切的人物、事件、现象、问题和观念的信念、态度和意见的总和,有一定的一致性、强烈程度和持续性,并对有关事态发展产生影响。④ 李广智认为,舆论是社会公众对涉及个人利益事件的意见的自由表达和传播而形成的共同意识趋向。⑤ 项德生认为,舆论就是社会公众或集团对人们普遍关心的事态所做的公开评价。⑥ 胡钰认为,舆论就是社会中特定群体对特定事件表现出来的特定意见。⑦ 刘建明把舆论界定为"一定范围内多数人的集合意识及共同意见"。他认为舆论永远处于群体传播状态,从广义上把握,也可把舆论称作公众的普遍议论。⑧ 陈力丹在综合比较国内主要的三种定义后,曾做出如下定义:舆论是公众关于现实社会以及社会中

---

① 陈谋亮:《关于舆论和舆论学的探讨》,《社会科学》1986 年第 10 期。
② 《中国大百科全书·社会学》,北京:中国大百科全书出版社 1991 年版,第 349 页。
③ 刘建明:《基础舆论学》,北京:中国人民大学出版社 1988 年版,第 11 页。
④ 孟小平:《提示公共关系的奥秘——舆论学》,北京:中国新闻出版社 1988 年版,第 36 页。
⑤ 李广智:《舆论学通论》,哈尔滨:黑龙江教育出版社 1989 年版,第 26 页。
⑥ 项德生:《舆论与信息》,郑州:河南人民出版社 1992 年版,第 9 页。
⑦ 胡钰:《新闻与舆论》,北京:中国广播电视出版社 2001 年版,第 118 页。
⑧ 刘建明:《社会舆论原理》,北京:华夏出版社 2002 年版,第 2 页。

的各种现象和问题所表达的信念、态度、意见和情绪的总和,具有相对的一致性、强烈程度和持续性,对社会发展及有关事态产生影响,其中混杂着理智和非理智的成分。

这个定义以较强的逻辑性涵盖了舆论的八个要素:公众(主体);现实社会,以及各种社会现象、问题(客体);信念、态度、意见和情绪表现的总和(舆论自身);数量;强烈程度;持续性;影响舆论客体(功能表现);理智和非理智成分(质量)、必要要素和非必要要素等。对于把握舆论,这个定义有着正确的引导作用。①

如上所述,我们罗列了中外学者对"舆论"的定义,但我们的目的并不仅仅是为了知道"舆论"的不同定义而已。从"舆论"定义的一个历史演变中,我们可以思考,学者们从作为研究对象以及研究领域的"舆论"中试图挖掘什么?思考过后,对于已有的关注点,我们既可以推进这些方面的研究,也可以拓展这个领域的研究。同样重要的是,从前人的研究视野中我们可以感受到"舆论"之于生活、之于国家的重要地位。

(二) 关于舆论的理论研究

不仅卢梭,其他社会学大师也以审慎的目光关注过舆论。秩序和进步是孔德关注的主要问题。他在其著作中不仅强调了社会舆论在社会控制中的作用,还预见社会舆论在未来社会中的作用将进一步加强,它作为社会调节的杠杆,将消除社会革命和可怕的社会冲突,代之以人们忠于职守、安分守己。他认为社会舆论是社会控制的有效手段和形成社会道德的重要保证,没有很好组织的社会舆论,社会的改组或改良就没有希望。孔德进一步提出,合理组织社会舆论需要有以下三个先决条件:"第一,确定社会行动的现有原则;第二,公众接受这些原则,并同意在特殊情况下运用这些原则;第三,设立

---

① 方汉奇:《中国新闻学之最》,北京:新华出版社2005年版。

公认机构,负责制定这类原则,使之能够付诸日常生活实践。"①之所以强调机构的重要性,是因为孔德认识到,作为自然形成和人们意愿直接表现的民意,常常是软弱无力、难以发挥作用的,为了使民意(社会舆论)发挥应有的作用,就必须有公认的和强有力的代表机构。

与孔德将社会舆论作为应对社会冲突、实现社会改良的整体论视角不同,罗斯的研究更注重社会舆论对个体的强制作用。在《社会控制》一书中,罗斯就社会舆论对个体的强制作用作了三方面的分析:首先是"意见制裁"。他认为粗俗而生命力强的人可能不在乎社会污名,有教养的人则可能尽量设法避免。其次是"交往制裁"。作为舆论对象的冒犯者便失去外界的朋友和习惯了的社会关怀,面对冷淡、回避甚至辱骂。"这样,个人同社会土壤联系的根茎一个又一个地被铲除了,束缚被一点点拉紧,直到交往被完全切断,坏死的社会成员从社会机体中跌落下来。"最后是"暴力制裁",即"实际存在的肉体制裁"。当然,"这种惩罚在文明社会已经移交司法机关实施。"②

从研究的推进深化来看,查尔斯·霍顿·库利则将研究的触角延伸到公众舆论作为一个有机过程的发展变化中。在《社会过程》一书中,查尔斯·霍顿·库利写道:"如果我们想看清其本来面目的话,公众舆论应被视为一个有机的过程,而不仅仅是一种对一些问题普通同意的状态。实际上它是一个复杂的成长过程,总是由过去延续而来,从来不会变得简单,而且其中只有一部分偶尔会与确定的行动统一起来,像智能的其他阶段一样,它也具有喜剧的性质,许多角色参与到一个多样化的行动统一体中。……它的目的是要发现事实真相,了解人的不断发展的思想,以及思想的起源、发展趋势和可能起

---

① 贾春增:《外国社会学史》(修订本),北京:中国人民大学出版社2000年版,第40页。

② 〔美〕E. A. 罗斯:《社会控制》,北京:华夏出版社1989年版,第69—70页。

到的作用"。①

在对舆论研究理论的推进方面,诺埃勒－诺依曼(Noelle-Neumann E.)的著作《沉默的螺旋:舆论——我们社会的皮肤》在舆论学—传播学界产生很大影响,带动了一批与此相关的研究。② 她的研究开辟了一个新的视角:媒介对形成中的新的舆论的引导力。她强调,因为人的社会天性使然,所以为防止交往中的孤立,人总是寻求与周围关系的协和。这样,就形成一种"沉默的螺旋"(the spiral of silence)现象:当人们感觉到自己的意见(或者是一种新的意见,或者是一种已经存在的意见)属于"多数"或处于"优势"时,便倾向于积极大胆地发表这种意见;当发觉自己的意见属于"少数"或处于"劣势"时,遇到公开发表的机会,便倾向于为防止孤立而保持"沉默"。意见一方的沉默造成另一方意见的增势,如此循环往复,便形成一种一方越来越强大、另一方越来越沉默下去的螺旋发展过程。③ 她关于"沉默螺旋"的定义既简要又全面地概括了这一社会现象,即"沉默的螺旋可以是一个过程,一种新的、朝气蓬勃的舆论通过这一过程得到发展,或者原有舆论的内涵通过这一过程赖以扩散。"④诺埃勒－诺依曼从社会心理学角度对舆论形成的研究,"沉默的螺旋"这一理论假设,对于"舆论导向"研究具有重要的理论价值。

舆论研究作为一门舆论学在中国兴起后,带动起很多学科对舆论的研究,但各个学科的研究视角有所不同。陈力丹梳理了关于舆论形成的不同学科视角:理性主义的研究视角、现代心理学的研究视

---

① 〔美〕查尔斯·霍顿·库利:《人类本性与社会秩序》,包凡一、王源译,北京:华夏出版社1999年版,第318页。

② 这一理论的最早表述始于诺埃勒-诺依曼1974年发表的一篇论文《沉默的螺旋:一种舆论学理论》。

③ 陈力丹:《媒介对舆论的社会控制机制——沉默的螺旋》,《国际新闻界》1998年第1期,第46页。

④ Noelle-Neumann E., *The Spiral of Silence*: *Public Opinion—Our Social Skin*, The University of Chicago Press (second edition), 1993, p. 59.

角、社会学的研究视角、社会心理学的研究视角以及综合性的研究视角。①

理性主义的研究视角即精英人物或团体造就舆论，或者是精英人物从舆论中发现理性（时代精神）。侧重的都是：问题出现——社会讨论（社会精英在其中起主导作用）——形成强大舆论——以舆论的名义促进社会改革或民主化进程。从这个角度研究舆论，它就是一种对个人或群体具有很大制约力的社会精神力量，无论对哪个政治派别都一样。因而，这一视角的舆论学研究的是舆论形态及其形成、产生作用、消失的规律性问题。

现代心理学的研究视角侧重于从个体的生理性（并非完全排斥社会环境的影响）思维发生、认识发生角度考察意见的产生。从心理学角度对舆论形成的研究，提供了许多可以说明个体意见形成的心理要素，有助于理解人的情绪、意见等外在表达的内在结构，进而更多地理解舆论的深层结构。但是舆论毕竟发生于具体的社会环境中，人的心理状态、思考过程千差万别，非常复杂，单纯从个体的生理与心理角度考察舆论，对于全面研究舆论的形成显得有些力不从心。

社会学的研究视角是指文化传统（包括地域社会）、社会结构、社会变迁、社会运动、经济状况、社会集团、社会流动、阶级、职业、性、国家和权力、社会生态环境、社会传播环境、宗教、社会规范、家庭、教育、科学技术等的角度，考察个体意见的形成，进而考察舆论的形成。其中七个重要的考察舆论形成的社会因素，现在已经成为研究中通常的主要参考依据，即社会阶层（或地位）、种族（或民族）、年龄、性别、教育程度、经济收入、居住地。人的社会化过程对意见形成的影响、社会组织对个体意见形成的影响、社会经济结构对个体意见形成的影响等，则是专题性的社会学研究课题。

---

① 陈力丹:《论舆论形成研究的不同学科视角》，《中国青年政治学院学报》1998年第1期。

社会心理学的视角关注意见形成中的社会情境因素。"社会情境"是与个体直接相关的社会环境,包括个体与社会环境的相互作用。社会情境是被个体所意识到的,并直接影响个体心理。社会情境以外的社会环境在未被个体意识到的情况下,间接地对个体心理产生影响。

综合性的研究视角常带有宏观思辨性质。面对一种具体的舆论形成过程,研究者同时采用多种研究视角,受到自身业务的熟悉程度、财力和精力消耗两方面的限制,所以通常采用自己所熟悉的一种方法,同时辅以其他方法。①

(三) 国内外的舆论研究

公众舆论在现代社会中扮演着重要角色,承载着政权合法化的功能。② 可以说,公众舆论已经成为西方民主政治的社会基础。③ 在西方研究中,舆论大多是以公众舆论(public opinion)的字眼出现。公众舆论大多表现为通过民意测验等方式显现出来的民意④,其他则表现为媒体等传播媒介的力量,不管是前者还是后者,都与多党政治和竞选运动紧密相连,研究大都围绕阐述舆论手段和民意测验的功能,罗列案例占据了主要篇幅。

不仅在国外,国内关于舆论的研究也是多集中在传播学领域。国内关于舆论的研究,除了对舆论学作为一门学科的学科背景、相关概念和理论的研究,其他则大都将舆论作为一种泛泛的公众舆论,在中国现阶段的民主政治背景下,在强调舆论导向、舆论监督和宣传政

---

① 陈力丹:《论舆论形成研究的不同学科视角》,《中国青年政治学院学报》1998年第1期。

② Splichal, Slavko, *Public Opinion and Democracy: vox populi-vox Dei Cresskill*, N. J.: Hampton Press, 2001, p. 5.

③ 谢岳:《公共舆论:美国民主的社会基础》,《江苏社会科学》2002年第2期。

④ 在传播学领域,有学者将"舆论""舆情"与"民意"三个意思相近的词进行了概念上的辨析。本书限于研究主题和篇幅对此不作讨论。

策的引导下,探讨公众舆论与社会政策、民主监督、社会稳定、社会现象、社会环境、大众传播媒介等的关系。这种研究也决定了国内关于舆论的研究主要是立足于整个社会的,或者说是立足于城市的。

很多研究将舆论同道德联系在一起,这是无可厚非的。因为从舆论得以产生所依据的评判标准,以及舆论最终能够对舆论对象发挥作用这两个环节来看,道德在其中都占有非常重要的地位。具体的研究有探讨道德舆论的功能及本质、道德舆论内化机制、道德舆论对个体社会化的作用、社会道德舆论的形成和作用等。这些研究,从字面上将道德和舆论放到一起,在文中具体的论述中也没有对此进行确切的界定和解释,在某种程度上有将道德等同于舆论的嫌疑,由此导致文章的逻辑不够清晰,论证不够清楚,内容泛泛而缺乏新意。但值得肯定的是不同专业角度对舆论的研究所起到的相互启发的作用,比如彭希林运用心理学的理论研究了道德舆论的产生、特征与功能,将舆论同个体无意识的模仿、个体对暗示的接受、"从众现象""情感威逼"作用等联系在一起。① 陈丽影对"是非曲直,自有公论"的说法提出挑战,她认为现实生活中,常被称为"公论"的社会舆论的形成与一定的群体利益联系在一起,在一定群体范围内具有公论的性质,但相对于其他群体乃至更大的群体来说,就不一定是公正的,有时甚至是褊狭、自私的。② 冲突论的代表人物科塞认为,发泄敌对情绪对社会具有安全的作用,并且认为社会结构越僵化,安全阀机制就越重要。朱丹将此理论结合到舆论研究中,认为每个社会都有一定的舆论容量,即舆论张力,如果民意长期得不到伸张,忧郁或愤怒就会越来越多,力量聚集达到一个顶点时的民间舆论就会成为社会的火药罐,所以,任何一个社会的良性发展都需要安全阀。③

在关于中国的乡村研究中,我们可以看到一些学者文中只言片

---

① 彭希林:《论社会道德舆论的形成与作用》,《湖南社会科学》2003 年第 2 期。
② 陈丽影:《论社会舆论》,《广东行政学院学报》2005 年第 1 期。
③ 朱丹:《民谣是"长了翅膀"的下层舆论》,《理论与思考》2006 年第 6 期。

语提到舆论对人们行为规范的制约作用,在新农村建设中要注重舆论的引导等,这种基调与传播学的研究几乎无异,所以这里也不一一指出。需要指出的是,杨懋春在其对山东台头村的田野调查中曾经考察了村庄中公众舆论的重要性。他写道:"社会控制也是全村性的,主要手段是舆论。如果一个人的行为受到大多数村民的赞成,他将到处受到尊敬和赞扬,因此,不赞成就是一种强有力的抑制。比如村民尽管不会去干涉或伤害一个乱搞男女关系的妇女,但会断绝与她家的关系,不与她家的人和成员打招呼。社会隔离是可怕的惩罚。只有三四个家庭的社会地位太低,在某种意义上不受舆论的影响,他们不在乎别人指责,只害怕实际的惩罚。"①

杨善华和柳莉在讨论宁夏巴村妇女日常生活的政治化与公共参与时,利用不算太多的篇幅生动地再现了农村妇女利用"聊天"制造舆论的场景。"聊天"是巴村村民商讨应对乡村干部的行动策略的一种方式,巴村妇女在聊天时相互交流经验,在发泄不满的过程中,妇女们也在寻找她们利益的代表并达成一种共识,在某种意义上,这是在为队里的"政变"制造舆论。② 杨善华认为,对巴村妇女来说,聊天的意义在于:第一,为她们提供了一个获知乡村各种重要信息的渠道;第二,通过以聊天为形式的沟通,村民可以发现和自己具有共同利益和共同语言的人,从而扩大和重组因为这样的共同利益和语言而形成的利益群体;第三,聊天形成了非正式的公共舆论,从而对乡村干部形成一种非正式的监督,虽然它的有效程度有多大还是一个未知数;第四,聊天在某种程度上成为村民公共表达的一种形式,同时它还为村民的集体行动起着酝酿情绪、蓄积力量和商讨策略的作用。显然,以上几种意义,无不与村庄政治相联系,是村民由于利益

---

① 杨懋春:《一个中国村庄:山东台头》,张雄、沈炜、秦美珠译,南京:江苏人民出版社2001年版,第146页。

② 杨善华、柳莉:《日常生活政治化与农村妇女的公共参与——以宁夏Y市郊区巴村为例》,《中国社会科学》2005年第3期,第123页。

的驱动主动让村庄政治进入自己的日常生活并与之交融的结果。①除此之外,较少看到关于当代中国村庄舆论研究较为浓重的笔墨。所以,本书试图利用丰富生动的调查资料占有上的优势,依托本书相对较长的篇幅来对村庄舆论——这一无形的权威的发生、发展、作用等过程进行较为深入的探讨。

二、农民的意见表达与公共参与

从刚才对"舆论"文献的梳理中,我们知道,舆论是一种表达出来的公众意见。所以,对舆论的研究,也涉及意见的表达以及公共参与。而且,因为社会学领域有关舆论研究较少,意见表达和公共参与领域的研究对本书的启发意义就尤为重大了。

(一) 关于利益表达②的理论

阿尔蒙德和鲍威尔③认为,当某个集团或个人提出一项政治要求时,政治过程就开始了,而这种提出要求的过程称为利益表达。利益表达可以由许多不同的机构以不同的方式进行。其方式主要有两种:一种是个人方式的利益表达,这是政治参与的普遍形式,通常是某个人为有关自己和家庭的问题同政府官员或政治家接触,提出自己的要求,而对担任公职者或其总的政策并不提出异议,表达的效果取决于个人所拥有的政治资源。另一种是集团(组织)方式的利益表达,这通常由利益集团(因利益而联系在一起并意识到这些共同利益的人的组合)来承担,利益集团可以分为四种类型:非正规的、非社团性的、机构性的和社团性的。就利益表达的渠道而言,阿尔蒙德认

---

① 杨善华、柳莉:《日常生活政治化与农村妇女的公共参与——以宁夏 Y 市郊区巴村为例》,《中国社会科学》2005 年第 3 期,第 124 页。
② 已有研究大多默认意见表达主要就是利益表达,针对这点,本书在这一部分的结尾会给出回应。
③ 〔美〕加布里埃尔·A.阿尔蒙德、G·宾厄姆·鲍威尔:《比较政治学:体系、过程和政策》,公婷、陈峰译,上海:上海译文出版社 1987 年版。

为,大多数体系都至少允许人们以某种形式进行十分有限的利益表达。

阿尔蒙德还认为,应从政策和政治发展来看利益表达。他认为,把政治当作一个整体来考察,就会看到,利益表达的结构和方式的急剧变化与下面几个方面的变化有密切关系:一是交流结构的变化,它可能为利益表达提供机会,从而促使专门化的集团结构的发展,也能使大批人意识到共同利益,并很容易向他们提出给予一致支持的要求;二是政治文化,对政府态度的预期会影响到人们的行动方式的渠道和频率;三是政治资源的分配,勉强维持生计的集团和个人可能无力承担连续不断的利益表达所需要的巨大耗费,而且如果集团没有什么政治资源,他们可能会认为,利益表达,至少通过正常途径进行表达的成本或者风险太大。① 与此相承接,卜约翰(John P. Burns)② 对改革前中国农村的政治参与问题的研究就强调了农民对非正式的利益表达手段的偏好。他认为,农民在争取利益时,首先努力使用官方渠道去和精英(乡村干部)沟通,这是一种日常的制度化的表达方式,但当这些失败时,他们会转而求助于消极抵抗和更直接、更为暴力的手段。

(二) 利益表达或群体性事件③背后的原因

一切利益冲突都与利益主体的分化和利益失衡有关。改革开放以来,伴随中国社会的不断分化,出现了不同的利益群体,利益冲突加剧并表面化,再加上国家没有建立社会利益均衡机制,强势群体对

---

① 〔美〕加布里埃尔·A.阿尔蒙德、G.宾厄姆·鲍威尔:《比较政治学:体系、过程和政策》,公婷、陈峰译,上海:上海译文出版社1987年版。

② John P. Burns, *Political Participation in Rural China*, University of California Press, 1988.

③ 通过诸多学者的实地调查和研究结果,可以发现,在特定情境下,利益表达的激烈程度提升就会形成群体性事件。所以,一般研究中所提到的利益表达与群体性事件的差别主要体现在激烈程度上。

于处于弱势地位农民的侵害和剥夺就成为较为普遍的现象。① 一般认为,社会利益主体的分化,会使人们的社会行为和价值观念日益多元化。而相对于强势阶层而言,那些在社会处于弱势的农民,因在利益冲突中处于不利的地位,经济利益和政治权利均得不到保障,普遍会产生十分强烈的社会挫折感,各种对社会不满的情绪就会不断蔓延。② 农民作为利益群体之一也要求通过一定的渠道来表达自身利益,在言论相对以前更为自由,以及农民文化程度、法律意识增强的背景下,农民对自身权益的维护能力逐渐提高,其发展态势体现在权利意识渐增、维权资源的善用、维权技能和组织化程度的提高等几方面。但由于农民经济、社会地位低下,组织化程度低下,政府与农民之间沟通渠道的阻塞,权利救济程序的阻塞和复杂化等诸多原因,导致农民选择非制度化的利益表达方式。③ 这种非制度化的利益表达方式,一旦有具体事件的诱因,就会爆发出群体性事件。

农村群体性突发事件是我国转型时期社会冲突的重要表现形式。当前农村群体性事件中政治型事件增加,组织化程度提高,而且冲突形式逐渐升级。④ 在社会转型期,农村利益主体分化,而农民不满的社会情绪成为集体行动得以产生的重要因素。于建嵘认为,目前农村社会的不满情绪的形成有很复杂的背景,表现形式也多种多样:(1)农民具有强烈的经济上的剥夺感。而"对自己生活状况不满的人,更可能倾向于选择非制度渠道并以较激烈的方式表达其不满"。(2)农民政治权利意识增强,农村基层政权的合法性受到怀疑

---

① 于建嵘:《我国现阶段农村群体性事件的主要原因》,《中国农村经济》2003年第6期。

② 同上。

③ 贺青、李强彬:《当前我国农民维权能力发展态势分析》,《理论与改革》2007年第1期;杨正喜、唐鸣:《农民非制度化利益表达原因探微》,《兰州学刊》2006年第3期。

④ 于建嵘:《我国农村群体性突发事件研究》,《山东科技大学学报》(社会科学版)2002年第4期。

和挑战。(3)反体制意识正在逐渐形成。知识界对中国农民问题本质的揭示,通过知识精英传播到了社会民众,使农民认识到自身受到的体制性剥夺。(4)社会不满情绪通过各种方式在农村得以传播。一方面可以使农民宣泄自己对农民负担、贪官污吏等行为的不满、怨恨和愤慨情绪,但另一方面由于这些缺乏理性的牢骚话的传播范围广,容易引起社会群体的愤慨或恐慌,起到聚众行动的作用。

(三)公共资源分配与公共参与

农民的不满以及"被剥夺"直接涉及农村公共资源的分配以及农民参与村庄公共事务的公共参与能力。

农村的经济体制改革并没有触及农村公共产品供给制度的变化,政府依然是农村公共产品的供给主体,农村需要什么样的公共产品,主要不是由农民的需求决定,而是由政府或有关部门根据自己的价值取向和偏好来决策,农民作为农村公共产品最大的消费者和投资者在公共产品供给决策机制中缺少话语权,不能有效表达自己的利益。这种"局外人"的决策体制,最大的弊端就是忽视了农民的利益和真实的需求,导致公共产品供需结构失衡,公共资源配置的低效率。①

具体到农民的公共参与,也不能将其认为是铁板一块。在现阶段中国农村的自主发展中,原来同构性的农村社会已经多元化,不同类型的村庄具有各不相同的经济发展模式和农民分化方式,并因此造成村民的公共参与的动机和目的、行为和态度、参与精英的构成等方面也存在种种差异,呈现出极度的非均衡性和多样性。② 所以,卢福营提出要考虑到村庄经济发展和农民分化方式这两个影响村民公共参与的重要变量,理论研究和治理实践也都应当从这种非均衡性

---

① 郑沪生:《建构农民参与的农村公共产品供给制度》,《长白学刊》2007年第5期,第57页。
② 卢福营:《不同类型村庄村民公共参与之差异——以浙江省的三个村庄为例》,《山东科技大学学报》2004年第2期。

和多样性出发。

农民参与农村公共产品的决策不仅是基层民主政治的要求,也有利于消除政府决策的偏差。① 应若平提出参与式公共服务是一种新型的公共服务运行机制,它是一种以农民参与为基础、市场运行为中心和政府支持为保障的新型公共服务运行机制,它具有发挥竞争性的市场调节机制、计划性的政府干预机制以及自治性的农民有序参与机制的制度优势,可以实现农民参与、市场介入和政府引导之间的良性互动。② 郑沪生则直接呼吁,要想从根本上保障农民的利益,只有农民参与公共产品的供给决策,所以建构农民参与公共决策的制度,是解决中国农村问题的关键。③

以上关于公共参与的研究主要立足于农村经济以及农民的经济利益,此外还有立足于村庄政治的研究,其中关于村庄选举的研究很多,这里囿于篇幅就不多加论述。因为对本书研究主题以及研究视角的启发,不得不提到杨善华和柳莉④从村庄政治的视角考察的农民尤其是农村妇女的公共参与。因为村庄政治的存在,农民对村庄政治关注的直接结果是使农民的日常交往行动带有很强的工具理性色彩,从而使村庄政治与农民的日常生活交融,出现"日常生活政治化"的现象。而且,恰恰是因为村庄政治的存在,农村妇女才可以像男村民一样,通过日常交往去参与村庄的公共事务并得到村落社区的承认和肯定。这种从日常生活视角去关注农村妇女的公共参与,拓展了已有的关于农民公共参与研究的视野。

---

① 郑沪生:《建构农民参与的农村公共产品供给制度》,《长白学刊》2007 年第 5 期,第 57 页。
② 应若平:《参与式公共服务的制度分析——以农民参与灌溉管理为例》,《求索》2006 年第 7 期。
③ 郑沪生:《建构农民参与的农村公共产品供给制度》,《长白学刊》2007 年第 5 期,第 57 页。
④ 杨善华、柳莉:《日常生活政治化与农村妇女的公共参与——以宁夏 Y 市郊区巴村为例》,《中国社会科学》2005 年第 3 期。

（四）表达的渠道和困境

斯科特对东南亚农民的反抗、叛乱的研究可以说是提供了一个研究农民非制度渠道表达的新视角。在这些地方的农民中，没有也难以形成大规模公开集体性质的抵抗，农民经常用拖后腿、装糊涂、假顺从、偷窃、假装的无知、诽谤、搞破坏等所谓"弱者的武器"进行着日常生活的表达与抵抗。①

与"弱者的武器"大同小异，项飚研究发现了"浙江村"同政府互动中另一种"弱者"的策略。项飚提出，当人们面对不利于自己的制度安排，而这种制度的合法修改权只掌握在国家手中时，一般用三种策略来保护自己的利益：表达、变通和退出。② 而"浙江村"采取的"逃跑"行为，是另一种"弱者"的策略，是表达之前的有效策略。"这种策略与表达和变通不同，它既不叫喊也不商量，对现行制度既不寻求连名带实的改变，也不期望暗度陈仓，偷梁换柱，而是采取漠然的态度，尽量不与国家发生正面的关系，通过对一些具体政策的架空来保证自己的利益。"③项飚认为，表达与变通都需要通过与国家不同部分的积极互动来达到自己的目的，表达需要"话筒"和"靠山"，变通需要"关系"，退出需要一种制度安排和可替代性资源的供给；而逃避需要"联合"和"建构"，它是一种不为制度所认可的方式，具有难以监督、难以惩罚等特征，并具有形成集体行动的需要和可能。只有在政府部分承认了逃避者的地位之后，人们的策略才转向表达。在这种看似消极被动的策略中，其实蕴含着积极的意义，"浙江村"正是

---

① 詹姆斯·斯科特：《农民的道义经济学：东南亚的反抗与生存》，程立显、刘建等译，北京：译林出版社2001年版。

② 项飚指出，表达与退出被认为是西方"民主"社会中的典型策略，包括辩论、游行、呼吁、不参与乃至激烈的对抗；变通则被认为是中国社会的特产，当人们对某一政策心存不满时，却并不叫喊，而是私下里找领导或政策执行者"商量"，使制度在实际运作中朝有利于自己的方向改变。

③ 项飚：《跨越边界的社区——北京"浙江村"的生活史》，北京：三联书店2000年版，第292页。

在对原有体制的逃避中,来建造自己新的社会空间的。①

罗刚通过对陕西南部某村农民围绕上交款进行利益表达的研究,分析上交款这样一个农民原本不可置疑的任务是如何成为他们的利益表达工具的,这一现象又是如何影响了国家和农民的关系。研究表明,利益表达制度内渠道的低效和制度外渠道的关闭使农民不得不寻找新的表达工具。在和乡村干部长期的博弈中,他们最终选择了将上交款转化为利益表达的工具,由于地方政府对农民的依赖,及中央政府对地方政府独立利益进行限制所导致的无意识"共谋",使得这条利益表达渠道得以维持并表现出有效性。而且,与传统政治理论强调利益表达的组织性相区别,罗刚认为,个体化的、非组织的利益表达在当代中国农村似乎更加现实和更加有效。②

吴毅以华中地区 A 镇一起石场纠纷为案例,分析农民群体性利益表达的困境。他提出:农民利益表达之所以难以健康和体制化成长,从场域而非结构的角度看,更直接导因于乡村社会中各种既存"权力—利益的结构之网"的阻隔。与"合法性困境"相比较,这一结构之网已经越来越成为影响和塑造具体场域中农民维权行为的更加常态和优先的因素。③

所以,农民"虽然通过改革基本上获得了生产经营的自主权,获得了经济活动的自由,但是,在通过一种有效的方式表达利益诉求、保护自己的利益方面,还没有建立起一种新的体制,或者说在利益组织化方面还没有相应的制度建构。"④

---

① 项飙:《逃避、联合与表达——"浙江村"的故事》,《中国社会科学季刊》1998 年第 22 期。
② 罗刚:《从农民的利益报答看国家与农民的关系》,北京大学硕士学位论文 1999 年。
③ 吴毅:《"权力—利益的结构之网"与农民群体性利益的表达困境——对一起石场纠纷案例的分析》,《社会学研究》2007 年第 5 期。
④ 赵树凯:《农村基层组织:运行机制与内部冲突》,《体制改革》2001 年第 7 期。

（五）对表达以及群体性事件的解释框架

于建嵘[①]认为对于当代中国农民维权活动的解释框架主要有两种,即斯科特的"日常抵抗"和李连江与欧博文提出的"依法抗争"。[②]斯科特认为,贫困本身不是农民反叛的原因;只有当农民的生存道德和社会公正感受到侵犯时,他们才会奋起反抗,甚至铤而走险。而农民的社会公正感及其对剥削的认知和感受植根于他们具体的生活境遇,同生存策略和生存权的维护密切相关。因此,如果不去仔细考察各种地方性的传统和文化特质,不去探寻那些看似琐碎的农民日常行为的丰富含义,人们对农民问题的认识便会误入歧途,就可能将农民隐蔽的抵抗与积极的合作混为一谈,从中做出错误的政治、经济决策,诱发社会动乱。[③]

在评价"日常抵抗"和"依法抗争"两种解释框架在中国因为地域和时间跨度的局限导致解释力不够的基础上,于建嵘将中国农村具有新的形式和内容的农民维权活动称为农民的"以法抗争"。[④] 在于建嵘看来,"以法抗争"与"依法抗争"虽然只有一字之差,但所指有实质差别。这里说的"法",仍然泛指国家法律和中央政策。但"以法"是直接意义上的以法律为抗争武器,"依法"是间接意义上的以法律为抗争依据。"以法抗争"是抗争者以直接挑战抗争对象为主,诉诸"立法者"为辅;"依法抗争"则是抗争者诉诸"立法者"为主,

---

① 于建嵘:《当前农民维权活动的一个解释框架》,《社会学研究》2004年第2期。

② 即"以政策为依据的抗争"(policy-based resistance)。在"依法抗争"的解释框架里,农民是利用中央政府的政策来对抗基层政府的土政策,以上级为诉求对象,抗争者认定的解决问题的主体是上级,抗争者不直接对抗他们控诉的对象。这种反抗形式是一种公开的、准制度化或半制度化的形式,采用的方式主要是上访,以诉求上级政府的权威来对抗基层干部的"枉法"行为,而且它一般是以具体的"事件"为背景,主要是一种有关集体具体利益的抗争。

③ 同上。

④ 于建嵘:《我国现阶段农村群体性事件的主要原因》,《中国农村经济》2003年第6期。

直接挑战抗争对象为辅甚至避免直接挑战抗争对象。在"以法抗争"中,抗争者更多地以自身为实现抗争目标的主体;而在"依法抗争"中,抗争者更多地以立法者为实现抗争目标的主体。"以法抗争"的基本目标具有十分明确的政治性,已经从资源性权益抗争向政治性权利抗争方向发展。①

几年后,于建嵘又分析了对当代中国农民维权抗争活动的理解的两种基本路径,即行动的逻辑和行动的结构。② 社会行动的逻辑研究关注社会行动发生和发展的过程,具有动力学的意义;社会行动的结构则主要关注其内在的构成,它是界定社会行动性质的重要依据。而任何一个社会行动的内在结构都可以分为行为方式、行动技术、行动取向和行动特性等几个方面。这其中社会行动的取向不仅有关社会行动的规则体系,即行动者什么事可以做、什么事不可以做的标准,更多的则是关系到行动者为何要这样做,而不那样做这些有关行动根据的问题。于建嵘根据马克斯·韦伯的行动划分,即目的合理性、价值合理性、情感的、传统的行动四分法,认为如果认可社会行动取向的根据是:(a)惯例,(b)利益,或(c)合法的秩序,那么以此来观察和分析当代中国农民的维权抗争活动,就会发现,"利益"是他们行动取向的基础,"合法"是他们行动的特点,"习惯"是他们行动的路径。于建嵘认为这既有社会现代性的内容,也有中国传统乡土社会方面的习惯,更有农民作为社会行动主体的诉求。只有理解了这些内容、习惯和诉求才能真正构筑当代中国农民维权抗争行动的全景式图画。③

应星通过四个个案的比较研究,突破了西方社会运动研究范式

---

① 于建嵘:《我国现阶段农村群体性事件的主要原因》,《中国农村经济》2003年第6期。

② 于建嵘:《利益表达、法定秩序与社会习惯——对当代中国农民维权抗争行为取向的实证研究》,《中国农村观察》2007年第6期。

③ 同上。

与印度底层社会研究范式在有组织的精英场域与无组织的底层场域之间的简单对立,拓展了对"依法抗争"概念的理解,并批判了国内目前流行的农民群体利益表达已进入"以法抗争"新阶段的观点。作者认为草根行动者是一个既不完全认同于精英,也不完全代表底层,而是有着自身独特行动目标和逻辑的行动者。草根行动者所进行的草根动员,使农民群体利益表达机制在表达方式的选择上具有权宜性,在组织上具有双重性,在政治上具有模糊性。草根动员既是一个动员参与的过程,也是一个进行理性控制并适时结束群体行动的过程。①

吴毅对"以法抗争"的理解模式也有所批评,他认为目前学界关于农民维权"以法抗争"等理解模式存在简单政治化倾向,指出非政治化仍然是农民维权的基本特征。作者还认为,以"合法性困境"为基点所推导出来的农民维权的弱组织和非政治化观点虽然足以批判有关农民维权行为的激情化想象,但却有忽略转型期中国政治之复杂性和过渡性特点之嫌,其对农民维权特征的基本判断虽然表面上与激情化想象不同,但两者在思维逻辑上却存在着某种内在一致性与贯通性,本身也不自觉地陷入了"民主—极权"这一泛政治化思维陷阱,将复杂的问题简单化。②

(六)表达、群体性事件与"气"

在最新的研究中,有学者将农民的利益表达进行了另一种角度的挖掘,将"气"看作农民的利益表达以及群体性事件中的一个关键的要素。

陈柏峰认为"气"是人们在村庄生活中,未能达到期待的常识性正义衡平感觉时,针对相关人和事所生发的一种激烈情感,它有身体

---

① 应星:《草根动员与农民群体利益的表达机制——四个个案的比较研究》,《社会学研究》2007 年第 2 期。
② 吴毅:《"权力—利益的结构之网"与农民群体性利益的表达困境——对一起石场纠纷案例的分析》,《社会学研究》2007 年第 5 期。

暴力、语言暴力、上访、自杀等诸种"释放"方式。基于维系村庄共同体的需要,熟人社会中存在着"忍让"意识形态、伦理秩序、面子机制、命运观等对"气"的有力平衡机制。①陈柏峰通过李圩村的经验材料指出,这些平衡机制日益失效,人们越来越肆无忌惮地"释放""气",村庄中乖戾之气横行。这必须放到当前中国现代性和伦理变迁的背景下去理解。

应星认为当代中国乡村集体行动再生产的基础并非利益或理性,而是伦理。这种伦理在中国文化中有其独特的概念:"气。"②文章着重从农民与基层政府的互动角度分析了"气"在乡村集体行动再生产过程中的作用机制,指出基层政府对行动精英惯有的强力打压引发了反弹,使农民的抗争变成了为获得人格尊严和底线承认的殊死斗争。作者认为应该把"承认的政治学"提高到与"团结的政治学"并重的高度,并对如何舒解集体行动中的"气"、减少群体性事件的发生提出了一些对策建议。

(七) 本书想要达到的几个超越

1. 不局限利益表达,而是包括利益的多种内容的表达。阿尔蒙德和鲍威尔对利益表达的定义,是从政治学的角度出发。而国内很多学者的研究也集中在农民的利益表达,有将利益表达等同于意见表达的嫌疑。通过在中国农村的实践调查,我们会发现,农民的表达并不局限于以政治和经济要求为主的利益表达,还包含了利益之外的其他内容。所以,从社会学的学科目的出发,我们的研究要立足于中国的实际,我们要研究利益表达,但也要考虑到农民其他方面的表达,这样,才算是还实际生活一个较为全面的本来面目。

2. 不是精英视角,而是平民或者草根视角。詹姆斯·R.汤森和

---

① 陈柏峰:《"气"与村庄生活的互动——皖北李圩村调查》,《开放时代》2007年第6期。

② 应星:《"气"与中国乡村集体行动的再生产》,《开放时代》2007年第6期。

布兰特利·沃马克在《中国政治》中提出,在毛泽东时代,表达和综合竞争性的要求大多是精英的职能,他们的地位使他们对争议问题的处理合法化,并对有可能被逐出政治过程的某些对象提供某种保护。① 现在国内的很多研究看重的也是精英的表达或者精英领导下的农民的表达。应星②避开了精英的字眼,关注草根行动者(底层民众者中那些发起动员的积极分子)在利益表达中的动员。在应星的研究中,我们可以清晰地捕捉到草根行动者的发动、谋略和全身而退的机智。"这些人与当地其他农民相比,一般有较高的文化水平,大多有在乡村外生活、工作或闯荡的经历,大多有参与政治运动或群体行动的经验,对法律和政策较为精通,对政府处理问题的逻辑较为熟悉,能说会道,足智多谋,理性控制力较强"。③ 虽然应星认为是否该给这些草根行动者贴上精英的标签值得商榷,但我认为,我们首先应当对村庄中的精英进行概念界定。虽然这些草根行动者未必是村庄的班子成员,未必占有较大的经济资源,即未必是一般意义上的政治精英和经济精英,但是,他们自身的特质、经历、眼界和能力足以被贴上精英的标签。虽然草根行动者对主流意识形态的认同不如士绅,而草根行动者的制度地位也远不及士绅④,但非制度精英毕竟也是精英,所以,草根行动者的展示本质上还是草根精英的展示。诸多学者对精英已经有了这么多的关注,本书的研究目光将从精英身上移开,投向村庄当中的草根民众,去观察、理解并解释他们的表达。

3. 不是政治视角,而是生活视角。已有研究中的表达都强调表

---

① 〔美〕詹姆斯·R.汤森、布兰特利·沃马克:《中国政治》,顾速、董芳译,南京:江苏人民出版社 2003 年版。

② 应星:《草根动员与农民群体利益的表达机制——四个个案的比较研究》,《社会学研究》2007 年第 2 期。

③ 同上书,第 12 页。

④ 同上。

达的指向性:指向地方政府或乡村干部。这是将表达放到国家与社会的框架下或者村庄政治的视角当中。非正式表达或者非制度表达的存在以及重要性,学界是可以达成共识的。对于一个村庄来说,农民与村干部的角色关系更多体现在日常生活中,而较少体现在正式的官方场合。在非官方的空间下,村民和村干部的角色往往是根据血缘、姻缘以及干亲等亲缘关系来认定的。所以,从空间以及时间的分配来看,村民通过官方渠道在官方空间的表达机会很少,相比之下,在缺乏官方表达渠道以及表达空间的时候,村民日常生活中的表达会更多,各种意见的表达以及形成的舆论就显得非常重要。所以本书想通过日常生活的视角,在一种时间的绵延中,去捕捉活跃在舆论舞台上的每个普通农民。个人的展现汇聚成整体的舆论场,能够表达出村庄生活的多个面向。

  4. 不是从群体性事件看表达,而是从舆论看表达。应星将群体利益表达行动主要区分为三类:集体上访、某些集团诉讼、某些就地抗争。① 在笔者看来,农民日常生活中的议论、牢骚都可理解为利益表达的一种方式,只不过这种方式看似无组织,也没有造成多大声势,但是,共同的利益取向,类似的态度和观点,使很多议论因为共识而成为焦点,这些不断积聚的议论就成为群体性的意见表达。或者可以预见一下,在有重大事件激化的情境下,这种日常生活中的舆论也往往成为上述上访、诉讼和抗争的前奏曲。所以,从舆论来看表达,就有了一种超前的预见性。因为任何群体行动不仅需要发动者,更需要众多的拥护者和参与者,先前大家态度和意见的表达,为群体行动铺垫了一个互相了解彼此态度和立场的基础。此外,以往的群体行动研究大多集中显现了农民的利益诉求,而日常生活中的舆论不仅能够表达出与农民切身相关的利益,也能表达出村庄中主流的

---

  ① 应星:《草根动员与农民群体利益的表达机制——四个个案的比较研究》,《社会学研究》2007 年第 2 期。

伦理规范和社区情理。这无疑对我们了解农村生活的多个维度有很大裨益。

三、社会秩序

在很多认同冲突论的学者看来,意见表达和群体性事件直接冲击的就是原有的社会秩序。社会秩序如何维系?维系社会秩序的力量有哪些?考察中国社会从传统到现代社会秩序的维系,以及讨论转型社会中社会秩序的维系,将会给我们带来启发与思考。

(一)社会秩序的定义及理论

中外思想家很早就注意到社会秩序的问题。秩序在社会科学里面是一个重要的论题。法学与政治学以秩序为导向研究有关控制与正义方面的问题;经济学则关注交易所赖以实现的市场伦理与信用关系方面的问题。对于社会学来说,互动是否形成某种"模式"亦即秩序,也是核心问题之一。① 中国古代思想家们提出的"治",就表示社会的有序状态和社会秩序的维护与巩固,"乱"则表示社会秩序的破坏和社会的无序状态。在西方,T.霍布斯用社会契约论来解释社会秩序的起源:独立的个人为摆脱"人自为战"的混乱状态,相互缔结契约,形成社会秩序。西方社会学认为,人们通过人类社会的秩序才懂得什么是历史,静力学和动力学提出:"进步就是秩序的发展。"② 从社会学创立之初,社会秩序问题就是 A.孔德等人研究的中心问题之一,只不过在他写作《实证政治体系》时,眼里看到的只是宗教在缔造社会秩序。③ 涂尔干撰写的《社会分工论》,就被认为是一部研究社会秩序的重要著作。他在该书的第二版序言中,对社会急剧变迁

---

① 杨善华、赵力涛:《中国农村社会转型中社区秩序的重建:制度背景下的"农户—社区"互动结构考察》,《社会学研究》1996 年第 5 期。

② 〔法〕雷蒙·阿隆:《社会学主要思潮》,葛志强等译,北京:华夏出版社 2001 年版,第 66 页。

③ 同上书,第 69 页。

所导致的欲望膨胀、行为偏差和社会混乱的失范问题进行了讨论,并对如何消除社会病态、恢复正常的社会秩序的整合问题进行了探索。①查尔斯·霍顿·库利②认为,脱离了社会秩序就没有人的存在,人只能通过社会秩序来发展自己的个性,并且随着社会的发展而发展。

对于社会秩序的进化,不同学者作出了不同的概括。涂尔干认为,人类社会经由了机械关联的秩序(通体社会)到有机关联的秩序(联体社会)的过渡。马克斯·韦伯按照服从法律秩序的人们的动机将社会秩序分成几个类别,即富于情感和激情的秩序、理性秩序、宗教性的秩序以及由利益决定的秩序。孔德从观念是社会变迁的动力的观点出发,提出人类进步规律把人类发展的历史划分为三个阶段,由此构成三类不同的秩序,即古代社会受僧侣和骑士统治的秩序、文艺复兴以来的形而上学时期受教士和律师控制的秩序、19世纪开始的科学阶段受工业管理者和科学家支配的秩序。马克思主义经典作家没有就社会秩序问题进行过专门的论述,但是他们却对社会历史的演变及其演变的规律进行了深刻的阐述。按照马克思主义的观点,在阶级社会中,任何一种社会形态都存在着内在的社会矛盾。这些社会矛盾缓和与激烈的程度决定着社会秩序的维持与丧失。在马克思主义者看来,人类社会的秩序经历了一个非国家统治下的秩序、国家统治下的秩序,最终在更高程度上复归非国家统治下的社会秩序的过程。③

《中国大百科全书·社会学卷》对社会秩序的定义是:表示社会有序状态或动态平衡的社会学范畴,主要表现为三个方面:(1)一定社会结构的相对稳定。即所有社会成员都被纳入一定社会关系的体系,每一个人都被置于一种确定的社会地位,各成员各种社会地位之

---

① 〔法〕涂尔干:《社会分工论》,渠东译,北京:三联书店2000年版,第3页。
② 〔美〕查尔斯·霍顿·库利:《人类本性与社会秩序》,包凡一、王源译,北京:华夏出版社1999年版,第297页。
③ 沈亚平:《社会秩序及其转型研究》,保定:河北大学出版社2002年版。

间的关系都被社会明确规定。(2)各种社会规范得以正常施行和维护。一定的社会关系体系要成为一种社会秩序并能维持下去,保持相对稳定,就必须借助于反映与适合其需要的社会规范及规则,以及这些规范和规则被广泛遵守和执行。这些规范和规则直接体现着它们所代表、维护的社会秩序,遵守与维护这些规范、规则,即是遵守和维护有关的社会秩序。(3)把无序和冲突控制在一定的范围之内。一个社会不可能没有冲突和无序的现象,但把它们控制在一定的范围内,也是一种社会秩序。社会秩序是一种社会控制因素,在社会的控制中发挥着重要作用。

　　哈耶克这样定义"秩序":"我们将把'秩序'用来描绘一种'事态'(state of affairs),在这个事态中,各种不同的众多元素相互关联起来;由对在整体中占有某些时、空的部分的认识,我们可以建立起对于其他部分的正确的预期,或者,起码是一种极有机会被证明是正确的预期。"①这个定义比较抽象,从这个定义中,我们可以了解到,一个秩序牵涉到一个全体及其中的各个部分之间的关系;如果对一个秩序的某些部分有所了解,我们就可以根据这个了解,以及对某些其他因素的掌握,预期有关那些我们所不了解的因素及部分。对于秩序的完全了解,也就是可以从较早的一个事态准确地预测在时间上紧接着它而来的事态将会是什么样的。②

　　社会秩序的类型划分有几个层面。从纵的方面看,社会秩序可按它们在社会历史过程中的作用划分为进步的和退步的、新的和旧的。从横的方面看,在一个社会内部,社会秩序通常被分为经济、政治、劳动、伦理道德、社会日常生活秩序等几个大的方面。它们分别包含着相应的社会关系内容,即体现这些关系的社会规范与规则。在原始社会,社会秩序的维护主要是通过自发形成的风俗习惯,被全体成员自愿地维护。原始社会之后的各种社会,社会秩序则主要是

---

① 石元康:《自发的秩序与无为而治》,《中国社会科学季刊》1994年第2卷。
② 同上。

凭借国家权力、通过强制的手段得以维护的。①

对秩序定义以及秩序划分类型等的考察,可以使本书对村庄秩序的研究得以按照前人的思路进行下去:如何看待秩序的"有序"和"无序"? 秩序的背后是对什么的遵守和沿袭? 如何看待秩序与结构的生成和打破? 笔者相信,在鲜活的案例中,这些问题会得到生动具体的解释。

(二) 社会秩序的维系:传统到现代

中国传统国家治理的特点,可以从两个方面展开。第一个方面是上层的统治——国家治理,主要是通过维护儒家意识形态的大传统②,教化人民和通过建设全国性的巨大工程,比如黄河治理和运河开挖,来为政治统治与社会发展提供基本条件。第二个方面是基层的统治——社会治理,主要就是通过国家大传统与民间小传统的互动,形成强有力的民间法,比如乡约、族规、家法等制度,乡绅、地主等精英,宗族、乡里等组织。③ 在传统社会,经世累积的经验和恒常不变的价值观更多地规范着人们的行为。由于士绅掌握文字,维护儒家的价值观念,这两者的优势使他们在村落的仪式与象征方面具有支配权,他们是传统价值规范、制度仪式、礼俗习惯的解释者。国家的政权、意识形态通过绅士作用于民间,而村落也通过绅士向上层社会渗透。④

---

① 《中国大百科全书·社会学》,北京:中国大百科全书出版社1991年版。

② 20世纪50年代,美国人类学家雷德费尔德(Robert Redfield. 1956)指出,非西方的文明社会既不同于西方社会,也不同于非洲等地的部落社会,非西方的文明社会可以称为"乡民社会"(peasant societies),他将"乡民社会"的文化分为以都市为中心的上层"大传统"(great tradition)和广布于城乡之外的乡间的"小传统"(little tradition)。钟敬文(1998)认为,中华民族的传统文化可以分为三条干流:上层精英阶层欲改造和享用的文化、中层市民阶层的文化和下层农民阶层创造与传承的文化。刘晓春(2003)认为下层农民阶层的文化其实与"小传统"的文化是基本相对应的,在某种意义上比上层文化更深刻地反映了民族文化的意蕴所在。

③ 梁治平:《清代习惯法:社会与国家》,北京:中国政法大学出版社1996年版。

④ 刘晓春:《仪式与象征的秩序》,北京:商务印书馆2003年版。

考察到更为传统的封建时期中国乡村社会秩序的维系，宋朝可以作为一个代表，因为"宋代在物质文明和精神文明上所达到的高度，在中国整个封建社会历史时期之内，可以说是空前的"①。保甲之名便是宋人创造使用，而在乡间，更引人注目的是大量自发组成的父系血缘宗族共同体的涌现。宋代宗族共同体的普遍出现，使得中国乡村社会控制制度为之一变，一般乡民，除了身受保甲式的地缘性网络控制外，也陷于宗族式的血缘性网络包围之中。与周代不同，宋代所勃兴的宗法制施行范围上更多地表现出下层的民间的特性，因此，几乎居住在乡间的每个平民百姓，都无一例外地被划归到各个宗族共同体之中。② 血缘宗法关系渗透到传统农村社会的最深层，成为农村社区中最基本的聚合力量和维持社区秩序在常态下运转的首要保证。以至于在传统农村中，一般社会事务的整治和秩序的协调，"不是靠法来维持，而是靠宗法来维持"。③ 宗法关系已不仅仅表现为一种普遍的社会心理，而且在事实上已经被制度化了。④

近几十年来社会科学的深入发展，尤其是注重田野调查的社会学——民族学——文化人类学的发展把人们的视线更多地引向作为田野调查对象的微观社会，"小共同体""地方性知识""小传统""地方性崇拜与祭祀圈"这类概念成为讨论的中心。⑤ 很多与此相关的研究结果表明：历史上的很多地方，社区秩序是靠信仰体系⑥、各种

---

① 邓广铭：《辽宋西夏金史》，北京：中国大百科全书出版社1988年版。
② 钟年：《中国乡村社会控制的变迁》，《社会学研究》1994年第3期。
③ 王亚南：《中国官僚政治研究》，北京：中国社会科学出版社1981年版，第42页。
④ 李成贵：《论传统农村社会的宗法制度》，《民俗研究》1993年第4期。
⑤ 秦晖：《传统中华帝国的乡村基层控制：汉唐间的乡村组织》，载秦晖主编：《农民中国：历史反思与现实选择》，郑州：河南人民出版社2003年版。
⑥ 信仰体系主要包括神、祖先和鬼三类；仪式形态包括家祭、庙祭、墓祭、公共节庆、人生礼仪以及占验术；象征体系包括神系的、地理情景的象征、文字象征（如对联、族谱、道符等）、自然物象征等。（王铭铭：《村落视野中的文化与权力》，北京：生活·读书·新知三联书店1997年版。）

仪式、象征、传说以及相关的法律和地方性的乡规民约来维系或重组的。刘晓春通过一个客家乡村社会的个案,对乡村社会仪式——象征体系进行民族志的重建,探讨民间文化的历史传统、乡村社会的各种权力与民间的文化创造之间的关系,进而从民间文化的角度为当代中国正在发生的伟大变革提供一个独特的观察视角,揭示当代中国乡村社会的内在秩序和运行法则。① 张侃利用近年来在福建西部培田村田野调查中搜集的有关资料,分析同光年间福建西部在社会秩序出现危机的状况下,一批乡村知识分子如何通过跨社区信仰仪式的改造、宗族祭祀格局的重组和村落风水的营造等手段进行乡村社会秩序的整合及转型。② 通过仪式变迁,揭示在晚清的社会剧变之下,乡民文化和社会基本生活规范如何得以保持和改变,乡村秩序如何得以维持。张俊峰、郝平认为在晋南历史上,围绕泉水资源的开发、利用和管理,既形成了一个个具有利害关系的相对独立的水神祭祀圈或信仰圈(包括仪式)以及各种跟水利有关的传说或故事,同时也形成了与此相关的"泉域"社会秩序,而这一地方水利社会秩序正是在这些信仰、仪式和传说以及某些相关的习俗和法律规约的共同维护下运行和演变的。③

中国传统农村的社会控制,按费孝通先生的说法既不是法治,也不是人治,而是"礼"治。祭拜祖宗、行礼如仪、三纲五常、君臣父子、长幼有序,构成了中国传统社会的基本秩序。中国历代乡村控制方式的选择中,对礼的推崇大大超过了对法的呼唤。费孝通先生在谈中国社会的乡土性时说:"在一个熟悉的社会中,我们会得到从心所欲而不逾矩的自由。这和法律所保障的自由不同。规矩不是法律,

---

① 刘晓春:《仪式与象征的秩序》,北京:商务印书馆2003年版。
② 饶伟新、刘永华、张侃:《中国社会史研究的新领域——"礼仪、习俗与社会秩序"国际学术研讨会综述》,《中国社会经济史研究》2004年第4期。
③ 同上。

规矩是'习'出来的礼俗。从俗即是从心。"①在理想型(ideal type)的"乡土社会中,法律是无从发生的",因为每个人都生于斯、死于斯,大家长年累月处在一个面对面的小群体中,"每个孩子都是在人家眼中看着长大的,在孩子眼里周围的人也是从小就看惯的"②。在这样的社会里,个人自然重视旁人对自己行为的评价,自然要讲礼,连盗贼也为留下最后一块生活的落脚地而奉行"不吃窝边草"的准则。③

梁漱溟先生提出"乡村建设",也是基于对中国国情的独特理解。"必农村有新生命,而后中国国家乃有新生命"。他从文化本位出发,认为中国社会是以人伦关系为本位,只有职业之别,而没有阶级之分,因此只有建设之任务而没有革命之对象。中国的问题虽然包含政治经济问题,但实则是近代西方文明冲击造成的文化失调问题,其出路是改良文化而不是制度革命,解决乡村问题进而解决中国问题的唯一出路是通过乡村建设复兴中华文明。梁先生倡导的用传统伦理重建农村"秩序文化"抓住了和谐农村社会建设的一个着眼点,面对基层社会熟人之间的"武力化"倾向,传统的"仁、义、礼、智、信""温、良、恭、俭、让"等伦理道德今天仍然是医治的一剂良方,因为农村基层社会秩序的稳定不仅要靠经济发展和现实制度的维系,也得依靠农村基层社会"秩序文化"的建构。④

新中国成立以来,国家力量对民间的渗透是一个完全进入到逐渐退出的过程。改革开放前,国家对农村社会秩序实现控制的主要途径是人民公社制度强有力的政治控制并辅以社会道德规范。在人民公社时期,农村集体经济实行统一管理经营,农民共同劳动、统一

---

① 费孝通:《乡土中国 生育制度》,北京:北京大学出版社1998年版,第10页。
② 同上书,第9页。
③ 钟年:《中国乡村社会控制的变迁》,《社会学研究》1994年第3期。
④ 郭昭昭:《近现代农村社会"秩序文化"流变的历史考察与思考》,《社会主义研究》2007年第2期。

分配,是一种高度集权化的控制方式。控制机制除了政治手段外还有道德舆论的制约,农民被限制在狭小的土地上。改革开放后,广大农民重新获得了生产的自主权,但与此同时农村社会组织对其成员的控制能力被弱化了。①

现代社会的构建方向是法制社会,"法"被提升到很高的地位。但无论从纵向的历史记载看,还是从横向的民族志材料看,"法律并不是效力最高的控制工具。说服性的控制工具,如暗示、模仿、批评、报酬、赞许、反应等,往往比法律有较高的功效"②。这层道理,就像孔子在《论语·为政》里所说的"道之以政,齐之以刑,民免而无耻;道之以德,齐之以礼,有耻且格。"所以直到今天,"礼"治仍然是许多农村调节人际关系和社会纠纷的主要手段。法律到了农村基层是要大打折扣的,甚至只有同农村本地的"礼"结合起来,才能发挥作用。③ 除了传统的"礼"发挥的作用之外,其他的与"礼"形式虽不同,却同样具有整合以及维系秩序作用的力量被学者们挖掘出来。杨懋春在其对山东地方一个村庄的田野调查中考察了社会控制过程中公众舆论的重要性以及"面子"观念在其中的作用。他认为,社会控制是全村性的,主要手段是舆论。"如果一个人的行为受到大多数村民的赞成,他将到处受到尊敬和赞扬,因此,不赞成就是一种强有力的抑制。"④周怡从集体消费、频繁的村庄内部流动和无闲暇时间的劳动三个方面,展现了村庄惯习作为无形的道德力量所起的整合作用;又以村规民约的比较分析,强调了作为村庄正式规范的刚性整

---

① 朱启臻:《关于农村社会秩序与社会控制的几个问题》,《中国农业大学学报》(社会科学版)1999年第1期。
② 龙冠海:《云五社会科学大辞典 社会学》,台北:台湾"商务印书馆"1973年版。
③ 朱启臻:《关于农村社会秩序与社会控制的几个问题》,《中国农业大学学报》(社会科学版)1999年第1期。
④ 杨懋春:《一个中国村庄——山东台头》,张雄、沈炜、秦美珠译,南京:江苏人民出版社2001年版。

合原则。①

(三) 社会转型与社会秩序

应星认为中国现代社会实际上面临三方面的危机:一是面临所谓现代化的启动任务,即中国要富国强兵,要进行民主建设,要摆脱挨打挨饿的局面;二是所谓社会秩序的失序,即面临社会整合的危机,这集中体现在士绅的瓦解分裂,导致了一盘散沙的社会格局。②第三也是应星本人认为最重要的,即所谓的天下之失道,所谓文化、伦理的秩序在现代社会所面临的瓦解。

关于秩序的"有序"或者"无序",杨善华和赵力涛较早就提出看法,秩序并非一种静态平衡的东西,不存在"无序—有序"的简单二元对立。在社会转型的新背景中,利益主体趋于多元化,主体意识不断增长,某种程度的冲突必然发生,因此重要的是将冲突控制在一个稳定的制度与价值框架之内,不使其危及基本的社会结构与正常的社会生活。这样,在冲突过程中表现出来的无序并不预示着基本的社会秩序遭到破坏。③ 笔者比较赞同这种观点,这也是本书讨论秩序维系问题的一个前提假设。

在素有"乡土社会""礼俗社会"之称的中国农村社会,以礼俗为代表的传统文化道德在长达二千余年的封建社会中所起的社会控制作用远远超过了其他控制手段。④ 穿越时光隧道,社会秩序传统的民间的维系方式在现代转型社会处于什么样的位置?一派观点更强调传统伦理规范权威的丧失,如朱启臻认为社会规范"真空"的出现,

---

① 周怡:《共同体整合的制度环境:惯习与村规民约——H村个案研究》,《社会学研究》2005年第6期。
② 应星:《作为学术视角的社会主义新传统——社会主义在中国的落实》,《开放时代》2007年第1期。
③ 杨善华、赵力涛:《中国农村社会转型中社区秩序的重建:制度背景下的"农户—社区"互动结构考察》,《社会学研究》1996年第5期。
④ 崔树义:《当代村落社区社会控制刍议》,《山东社会科学》1996年第4期。

使人们处于失范状态,人们的价值观念、道德准则和社会行为方式的多元标准,使传统的社会规范失去了应有的权威性。另一派观点承认传统伦理规范的弱化,但并不认为其就此退场和消失。① 麻国庆认为,在讨论到社会的传统时,很多人可能说这个社会是个断裂型的社会。但在社会结构层面,中国的民间社会是个延续体,并没有形成断裂。今天中国社会里面文化传统的延续也不存在完全断裂,而且它和一定的社会结构连在一起。② 张静通过对基层政权各种问题的考察后提出,在日常生活中,当国家法和乡规民约形成冲突的时候,如果后者得到多数农民的支持,常常是胜多败少,原因是它的基层秩序基石地位,村民日常生活中的保护和惩罚都以它为根据。③ 王建林认为,传统道德作为中国人心灵深处的内省结构,从来没有真正地泯灭。虽然市场经济的发展在带动了农村社会经济发展的同时,也重新梳理和编织了传统农村社会关系网络,动摇了传统伦理支配的价值原则,利益原则成为社会交往的行为准则与内在驱动力,经济理性主义开始被人们所认可接受,但是,经济作为外生型力量可以为村庄转型提供坚实的物质基础,却不能做到消解韧性十足的传统伦理道德的渗透力。传统伦理道德以及乡规民约等力量在农村社会持续发挥作用(虽然作用较传统社会减弱)是本书得以继续讨论这些民间力量在村庄秩序维系上的作用的一个前提。④

对秩序的社会学研究主要有两个取向,一个是冲突论的,一个是功能论的。冲突论的基本问题是,如果人类天性是协作的、自制的,那么秩序的破坏为什么会发生?以帕森斯为代表的功能论则追随霍

---

① 朱启臻:《关于农村社会秩序与社会控制的几个问题》,《中国农业大学学报》(社会科学版)1999 年第 1 期。

② 麻国庆:《作为学术视角的社会主义新传统——三种传统》,《开放时代》2007 年第 1 期。

③ 张静:《基层政权——乡村制度诸问题》,上海:上海人民出版社 2007 年版。

④ 王建林:《道德秩序中的和谐农村——试论村庄转型中道德的时代价值》,《黑河学刊》2006 年第 5 期。

布斯,其基本问题是,如果人类本质上是破坏性的、竞争性的,那么秩序又从何而来?① 这两大取向以及相应的问题的提出,是研究秩序问题的社会学学者必须首要考虑的问题。秩序从何而来?"我们很难想象一个社会的秩序可以不必靠什么力量就可以维持,人和人的关系可以不根据什么规定而自行配合的。"②回到本书所要解答的问题,现代农村社区社会秩序的维系到底靠哪些力量在发挥作用呢?对当代中国农村社会生活的考察,学者们大都集中于对国家与社会关系的探讨,强调国家自上而下的管理形式,国家与社会高度融合;或者强调是独立于国家之外的与传统的血缘格局、地方宗教等因素联系在一起的地方性知识的作用。③ 本书不想在国家与社会的框架下考虑村庄秩序的维系(书中内容也会将国家对基层农村的投射体现出来,但更关注的是这种投射在基层农村社会生活范围内的消解和运用),而是想把关注点集中在社会生活领域内民间力量对村庄秩序的维系作用,以此凸显农民在所属社区秩序维系上的主体性地位。

四、记忆

如果承认舆论对人的行为的制约,那么对于农村社区来说,事件以及事件累积而成的记忆就成为舆论与秩序间的重要环节。

(一)"集体记忆":社会性、重构性、"过去"与"现在"

综合几个学科关于"记忆"的研究,可以发现与记忆相关的概念主要有:"个人记忆""历史记忆"与"集体记忆"。"个人记忆"为心

---

① 杨善华、赵力涛:《中国农村社会转型中社区秩序的重建:制度背景下的"农户—社区"互动结构考察》,《社会学研究》1996 年第 5 期。
② 费孝通:《乡土中国 生育制度》,北京:北京大学出版社 1998 年版,第 48 页。
③ 吴清军:《乡村中的权力、利益与秩序——以东北某"问题化"村庄干群冲突为案例》,《战略与管理》2002 年第 1 期。

理学所强调,"历史记忆"①大多为史学研究者所用,而"集体记忆"的提法则大多出现在社会学、人类学以及女性学的研究中。

欧洲人关心的记忆问题到19世纪之后经历了一个世俗化的过程,从宗教领域摆脱出来而变为现代心理学的研究题目之一。现在,任何一本心理学的基础教材都会涉及记忆问题。心理学对记忆的研究偏重两点:一是个人心理因素,二是个人认知能力。心理学的研究取向很少延伸到社会层面,所使用的方法大多局限于实验室。② 所以,心理学的研究往往成为被攻击的靶子。莫里斯·哈布瓦赫首次提出"集体记忆"(collective memory)的概念,向心理学强调个人性记忆的研究发起了挑战。

哈布瓦赫认为,纯粹的个人性记忆是根本不可能存在的现象,原因在于人类记忆所依靠的三大支柱——语言、逻辑、概念——都是在社会交往中获得的。群体的记忆是通过个体记忆来实现的,并且在个体记忆之中体现自身。③ "人们通常正是在社会之中才获得了他们的记忆。也正是在社会中,他们才能进行回忆、识别和对记忆加以定位。"④哈布瓦赫所讲记忆的社会性实际上就是人类记忆受制于家

---

① 赵世瑜认为历史记忆是指个人或集体对过去的记忆。历史记忆具有以下几个特点:第一,历史是一种集体记忆;第二,历史记忆具有传承性和延续性;第三,那些具有所谓的负面影响的历史事件,或者是由于政府的禁止,或者是过去由于让人难堪而不便被公开的记忆,或者是人们强迫着书去遗忘,或者是不去思考的记忆。(赵世瑜:《传说·历史·历史记忆——从20世纪的新史学到后现代》,杨念群主编:《空间·记忆·社会转型——"新社会史"研究论文精选集》,上海:上海人民出版社2003年版,第644、653页);王明珂认为,对于一个社会来说,历史记忆的意义就在于将历史中有助于当下的合法性和聚合力的东西从历史事实中凸显出来,使之进入社会的表层,为社会所关注,从而巩固当下的权威。这样的一种实用目的决定了我们采用多种叙事方式的可能,在不违背历史本质真实的前提下,我们可以依据历史进行艺术创造。(王明珂:《历史事实、历史记忆与历史心性》,《历史研究》2001年第5期,第137页)

② 景军:《社会记忆理论与中国问题研究》,《中国社会科学季刊》1995年秋季卷。

③ 〔法〕莫里斯·哈布瓦赫:《论集体记忆》,毕然、郭金华译,上海:上海人民出版社2000年版,第71页。

④ 同上书,第68—69页。

庭、社团、亲属网络、政治组织、社会分层和国家制度影响的因果联系。①（Robin Wagner-Pacifici）的"处于制造过程中的记忆：形塑那些已经过去的事情"，也用很大篇幅强调了记忆的社会性。作者认为，集体记忆具有三个根本性的方面，即事件(event)、符码(code)和转译(translation)。他的一个颇有价值的观点是认为那些纳入集体记忆的时间往往具有人类学家维克多·特纳(Victor Turner)所谓"社会戏剧"(social drama)的意涵。因此，不能把集体记忆简单地看作是一个过程，而相反，集体记忆更倾向于选择一些特定事件来作为变迁的符号标志。这部分解释了为什么一些重大的历史事件，尽管时间短促，却对一些普通人的社会产生了持久的影响。②

哈布瓦赫确立了记忆研究中的集体取向，并且认为集体记忆在本质上是立足现在而对过去的一种重构。即"集体记忆不是一个既定的概念，而是一个社会建构的概念"③。在此基础上，巴里·施瓦茨从另一角度充实了这一理论，他认为过去总是一个持续与变迁、连续与更新的复合体，集体记忆还是具有累积和持续性的一面，在根据现在对过去所做的新的读解之外，也至少显示出部分的连续性。④而其后追随哈布瓦赫的学者将集体记忆定义为一个特定社会群体之成员共享往事的过程和结果，保证集体记忆传承的条件是社会交往及群体意识需要提取该记忆的连续性。⑤ 现有的研究者基本上都认定社会记忆有建构的意涵，当社会记忆被赋予"建构"的意涵，那么对

---

① 景军：《社会记忆理论与中国问题研究》，《中国社会科学季刊》1995 年秋季卷，第 42 页。
② 李放春、李猛：《集体记忆与社会认同——口述史和传记在社会与历史研究中的运用》，《社会理论论坛》1997 年第 1 期，第 37 页。
③ 〔法〕莫里斯·哈布瓦赫：《论集体记忆》，毕然、郭金华译，上海：上海人民出版社 2000 年版，第 39 页。
④ 同上书，第 46 页。
⑤ 景军：《社会记忆理论与中国问题研究》，《中国社会科学季刊》1995 年秋季卷，第 42 页。

权力与记忆之间的关系做出解释是必要的。在一些学者看来,权力在本质上操纵了记忆。① 与权力操纵记忆相对应,保罗·康纳顿(P. Connerton)提出"反遗忘技术"概念将记忆与遗忘个体化。他认为,当国家机器被系统地用来剥夺其公民的记忆时,市民反对国家权力的斗争,就是他们的记忆反抗强迫性忘记的斗争。② 王汉生认为,我们应该把"过去"的出现看作一个生产的过程,也就是说,社会记忆不仅受制于各种复杂的权力关系,同时,各种主观感受以及偏见也会影响人们对"过去事实"的选择和组织。社会记忆在一定程度上还是个体化和具体化的。③

哈布瓦赫提出了"集体记忆"的概念,也引出了两个重要的名词"过去"与"现在"。施瓦茨④指出,集体记忆既可以看作是对"过去"的一种累积性的建构,也可以看作是对"过去"的一种穿插式的建构。保罗·康纳顿(P. Connerton)在《社会如何记忆》一书中这样讨论"有关过去的知识"与"对现在的体验"之间的关系:我们对现在的体验在很大程度上取决于我们有关过去的知识。我们在一个与过去的事情和事件有因果联系的脉络中体验现在的世界,从而,当我们体验现在的时候,会参照我们未曾体验的事件和事物。相应于我们能够加以追溯的不同的过去,我们对现在有不同的体验。于是,从今我推演故我就有困难:这不仅仅是因为现在的因素可能会影响——有人会说是歪曲——我们对过去的记忆,也因为过去的因素可能会影响或

---

① 王汉生、刘亚秋:《社会记忆及其建构——一项关于知青集体记忆的研究》,《社会》2006 年第 3 期。
② 〔美〕保罗·康纳顿:《社会如何记忆》,纳日碧力戈译,上海:上海人民出版社 2000 年版。
③ 王汉生、刘亚秋:《社会记忆及其建构——一项关于知青集体记忆的研究》,《社会》2006 年第 3 期。
④ Schwartz, B, "The Reconstruction of Abraham Lincoln," in David Middleton and Derek Edwards (eds.), *Collective Remembering*, Newbury Park: Sage, 1990.

歪曲我们对现在的体验。① 英国心理学家弗雷德里克·巴特莱特（Frederic Bartlett）提出的"心理构图"概念也是针对记忆文化的连续性功能的，这个概念指个人"过去"的经验与印象集结所形成的一种文化心理倾向，也就是说，当我们在回忆或重述一个故事时，事实上，我们是在自身之文化"心理构图"上重新建构这个故事。② 透过这心理构图的回忆（remembering），个人得以建立其社会认同的体系。这样的回忆常是集体性的，也就是社会人群经常集体选择、活化（activate）并强化特定的社会记忆，以凝聚成员彼此的认同。③

（二）对"记忆"研究总体框架与视角的分析

伊维塔·泽鲁巴维尔（Eviatar Zerubaval）的《社会记忆：迈向一种研究过去的社会学》特别侧重分析了记忆过程中所涉及的人际因素、习俗因素、集体因素和规范因素，试图从中提出较为全面的社会学研究社会记忆的框架。④

孙秀林作了总结，他认为，自哈布瓦赫之后，社会记忆研究大致有三种取向。⑤ 第一种是：哪些因素决定了特定的社会事件在集体记忆中被选择或是被"遗忘"？为何是这些事件而不是另外一些事件被记住？第二种是：过去是如何被社会建构的？第三种则主要关注集体记忆建构过程的机制问题，即集体记忆是如何被传承的？事实上，这三种取向本身乃是关于社会记忆研究的几个基本问题：记忆事件本身的特点问题；社会记忆研究中的社会动力学问题；社会记忆的

---

① 〔美〕保罗·康纳顿：《社会如何记忆》，纳日碧力戈译，上海：上海人民出版社2000年版，第2页。
② 王明珂：《历史事实、历史记忆与历史心性》，《历史研究》2001年第5期。
③ 王明珂：《华夏边缘——历史记忆与族群认同》，北京：社会科学文献出版社2006年版。
④ 李放春、李猛：《集体记忆与社会认同——口述史和传记在社会与历史研究中的运用》，《社会理论论坛》1997年第1期，第37页。
⑤ 孙秀林：《上山下乡：知青集体记忆的内容与特点》，北京大学社会学系硕士学位论文2003年。

机制问题。三者之间是相互关联的,在许多研究中还是一些相互缠绕的问题。事件自身的特点以及情境因素是决定该事件能否成为鲜明社会记忆的一个重要因素,而如何面对其中的社会机制也是我们需要深入思考的问题。①

关于社会记忆的研究路径,徐晓军考察了对中国乡村社区记忆的众多研究,提出国内外学者对社区记忆研究的两条不同的路径:一条就是以西方汉学人类学家弗里德曼(Maurice Freedman)为代表的西方学者的研究。② 徐晓军认为这一研究路径的特点是:第一,受殖民主义思潮的影响,研究大多带有很浓厚的意识形态色彩,出于政治需要的研究主要集中在国家与社会、政治权力与民间力量的互动等一些经典的政治主题上,很少涉及真正的纯民间的研究;第二,人类学研究落后民族的传统被应用到中国这样一个复杂的文明社会,就不可避免地会出现所谓的"悖论",研究结论值得怀疑。第三,由于中国的封闭性以及语言的障碍,这些学者在分析中国具体问题时就会出现以典籍文化代替大众文化和以部分地区尤其是港台特殊地区的研究推及中国本土的以偏概全的危险。

第二条路径是试图从对本土的发掘来发现中国乡村社区记忆的特点。这一研究路径首推《江村经济》,它开创了中国社会基本性质研究的先河,也是乡村社区记忆研究的重要著作。徐晓军认为这条研究路径出现过两个研究高潮。在第一个研究高潮中,一批学者运用从西方学来的理论与研究方法,第一次从学术的目的出发,对中国乡村的基本性质进行了一系列研究。在第二次研究高潮中,对中国乡村社区记忆的研究多偏重于变迁原因的因果解释模型的构造,而忽视了对这一过程本身进行分析,因此,社区记忆的变迁过程留给我们的只是模糊的印象,远未形成比较完整的体系,对其实质的把握也

---

① 王汉生、刘亚秋:《社会记忆及其建构——一项关于知青集体记忆的研究》,《社会》2006 年第 3 期。

② 徐晓军:《转型期中国乡村社区记忆的变迁》,《社会科学》2001 年第 12 期。

不够准确。

(三) 国内关于"记忆"的研究

中国学者对始于西方的"记忆"研究是一个从认识到理解到本土化研究的过程。研究主要集中在以下几个方面。

1. 记忆是如何传承的

关于记忆传承方面的研究突出地表现了"记忆"研究的本土化气息,传统中国民间的口述传说、民间故事、族谱、方志、庙宇等在记忆的传承上发挥的特有的民间作用得到研究者的重视与肯定。这也是关于"记忆"的"过去"与"现在"的研究。

神话、历史与个人经验记忆,都是一些经由口述或文字传递的社会记忆。它们是在某种社会情境中被流传的"文本"。在一个社会里,它们呈动态存在。透过语言、文字的文化符号意涵,以及其特定的叙事结构,影响人们的个人经验建构,强化相关的社会情境与此社会情境中人们的集体行为,因而造成社会现实与历史事实。① 所以,在传统乡村社会研究中,如何理解和解析乡村中世代口耳相传的具有明显"地方性"的民间故事,是几乎所有研究者都要面对的问题。这些故事的流播,实际上是一个成千上万次被"重复"的过程,"重复"不但使乡村关于自己历史解释的"集体记忆"被保留下来,而且这种对"集体记忆"的保留,在漫长的历史发展过程中,实际上也不断经历着被"创造"和"选择"的过程。② 民间传说表面看来充满时间、空间错置与幻想的迷雾,但作为某种历史记忆的符号,它们的产生和流传过程恰恰是包含着丰富社会舆论与情境的一个历史真实。在社会史研究的新范式下,传统所谓正史、野史、文献与口头传说等概念具有某种同等的含义。民间传说是历史记忆的另一种呈现和表达方

---

① 王明珂:《羌在汉藏之间:一个华夏历史边缘的历史人类学研究》,台北:台湾联经出版事业股份有限公司2003年版,第123页。

② 陈春声、陈树良:《乡村故事与社区历史的建构——以东凤村陈氏为例兼论传统乡村社会的"历史记忆"》,《历史研究》2003年第5期,第471页。

式,透过史料考古的分光镜,可以从这些承载民众历史记忆的文本和符号中获取有价值的历史信息。① 而且,与固定自足的文字记载相比,乡村口头话语具有开放的多样性解释空间。马光亭通过对近百年前基督徒送活殡事件的调查分析,认为在众多的口头叙述中,有可能存在一种主流的乡村话语,执着地绵延于当地的日常生活中,乡村社会与文化中的传统知识与观念以及在此语境下印刻的集体记忆,是凝结主流话语的根本力量。②

哈布瓦赫认为集体记忆具有双重性质——既是一种物质客体、物质现实,比如一尊塑像、一座纪念碑、空间中的一个地点,又是一种象征符号,或某种具有精神含义的东西、某种附着于并被强加在这种物质现实之上的为群体共享的东西。③ 从一个村庄、城市到一个民族,往往有许多具有符号意义的事物。这些事物由于历史的记载、传说、文学艺术的描述而变得重要,成为人们集体记忆的象征。④ 中国民间的庙宇可以说是这样一种物质客体和象征符号的结合。景军在《记忆的神堂》中描述了中国西北某个农村中孔庙的重建过程,目的是"试图理解村庄的过去是如何作用于村民的生活"。陈春生、陈树良⑤调查的广东潮州地区的东凤村是一个由杂姓聚居逐渐演变为单姓陈氏的村落。借助于实地调查所得之口述传说和族谱、方志等文献,作者再现了东凤村宗族整合的历史过程和与之相关的庙宇活动方式,并由此讨论在乡村社会史研究中,理解口述传说和民间故事的

---

① 户华为:《虚构与真实——民间传说、历史记忆与社会史"知识考古"》,《江苏社会科学》2004年第6期。
② 马光亭:《乡村话语与观念、记忆——以苏北倚宿村送活殡事件为例》,《西北民族研究》2007年第3期。
③ 〔法〕莫里斯·哈布瓦赫:《论集体记忆》,毕然、郭金华译,上海:上海人民出版社2000年版,第335页。
④ 李达梁:《符号、集体记忆与民族认同》,《读书》2001年第5期。
⑤ 陈春生、陈树良:《乡村故事与社区历史的建构——以东凤村陈氏为例兼论传统乡村社会的"历史记忆"》,《历史研究》2003年第5期。

若干方法论问题。作者认为,如果可以将乡村故事视为乡民的"历史记忆",那是因为它们对于理解和解释现在我们所见到的乡村生活具有其独特的意义;乡村社会的格局和乡民的生活方式,自然又是在漫长的历史发展中逐渐积淀的结果,因而对乡村故事的解析,实际上也可视为重新建构乡村历史的过程。"口述资料"和本地人的记述,有助于我们更深刻地理解乡村历史的"事实"和内在脉络。

2. 记忆的选择、建构、误识、遗忘、遮蔽、投射与关联

按照柏格森的理解,如果说存在着两种类型的记忆——一种是由习惯构成的记忆,指向行动,另一种记忆则包含着对现时生活的某种漠不关心。① 正是理性或者说理智,按照一种符合我们此刻观念的秩序,在库存记忆中进行挑选,抹去其中一些,并对其余的加以排列。由此,便造成了许多改变。② 关于"记忆"研究以及与此相关的"口述史"方法论的探讨随着国内"记忆"研究的发展而进入到研究者的视野中。台湾《思与言》杂志1996年第3期发表了王明珂的文章——《谁的历史:自传、传记与口述历史的社会记忆本质》。这篇文章指出自传、传记与口述历史都是所谓社会回忆活动(social remembering),在这些活动中都涉及了一定的社会记忆结构。文章指出,口述史对象对所陈述的"过去"是有选择性、重建性与现实取向的。口述者与访问者之间的关系、双方各自的心理图式(作者译为构图——schemata),以及现实社会中个人与群体的利益选择,以及产生的文化和社会认同倾向都有关系。作者特别提醒我们在进行口述史研究中注意"谁在回忆、谁被回忆(例如以往妇女就很少成为被回忆的对象)、哪些主题被回忆"的问题。③ 吴晓东指出大屠杀纪念馆保留的

---

① 〔法〕柏格森:《材料与记忆》,肖聿译,北京:华夏出版社1999年版。
② 〔法〕莫里斯·哈布瓦赫:《论集体记忆》,毕然、郭金华译,上海:上海人民出版社2000年版,第304页。
③ 李放春、李猛:《集体记忆与社会认同——口述史和传记在社会与历史研究中的运用》,《社会理论论坛》1997年第1期,第38页。

只是公共记忆,而人类记忆有一个更晦暗的空间,那就是无法进入公共记忆的个体记忆,它们往往被放逐于宏大历史叙事之外,却真正提供着苦难历史的忠实见证。它们的生存方式正是一种个体性和具体性,并以这种个体性和具体性抗争遗忘与抽象。那种把灾难数字化、抽象化的简约方式的背后,必然是对苦难历史的一种超然姿态。①对此,王汉生提出研究者必要的反思:"记忆的暗杀者"不仅仅存在于国家政治中,也存在于诸如教科书的冷漠的历史叙述中,存在于学者的"客观公正"的学术研讨中,存在于抽象的概括和归纳中。这是社会记忆研究的陷阱,也应该成为每个社会记忆研究者必须反思的内容。②

郭于华以一个村庄中女性口述的集体化经历、感受和记忆为主要分析对象,讨论了女性记忆的内容和特点以及宏大的社会工程对女性生存状态与精神状态的重新建构。③ 作者认为,女性在承受生命中巨大的苦难的同时所感觉到的精神快乐正是建立在既是认识又是"误识"基础上的"符号权力"治理功效的体现。她们的记忆和讲述为理解和洞悉农村日常生活中的国家治理模式和国家—社会关系开辟了重要的途径。郭于华的研究不仅将宏观社会在个体身上的投射体现出来,还细腻地展现了女性口述、记忆的性别视角。

王汉生、刘亚秋认为,任何个体化的叙述都不可避免地带有"社会文本"的痕迹,知青集体记忆正是通过知青个体化的充满张力的叙事而展开其逻辑的。通过叙事,知青"自我"意义和"群体"意义生成,在此基础上,知青通过对"代"的认同,使得自己与国家历史相连,以确定自我形象并在更宏大的社会结构中进行定位。知青对意义的定位和追寻反映了这一代人持续的和深刻的认同危机。"劫后辉煌"

---

① 吴晓东:《记忆的暗杀者》,当代文化研究网 http://www.cul2studies.com/。
② 王汉生、刘亚秋:《社会记忆及其建构——一项关于知青集体记忆的研究》,《社会》2006 年第 3 期。
③ 郭于华:《陕北骥村农业合作化的女性记忆》,《中国社会科学》2003 年第 4 期。

是知青对自己青春创伤的救赎。尽管知青集体记忆存在着复杂的分层,但是,意义已经在叙述和回忆中完成。知青文学作为一种传播广泛的刻写方式,知青聚会作为一种普遍参与的操演方式,它们对知青集体记忆的建构起到了不可忽视的作用。而"上山下乡"历史事件的特点为知青集体记忆的建构提供了空间和可能性。① 该文的初衷和立论点是以社会记忆的理论视角去关注重大历史事件,知青是很具中国特色的群体,对知青的社会记忆研究在研究实践层面上推进了社会记忆研究这个领域。

还有一些研究将"记忆"同精英理论、村庄政治联系在一起。萧楼、程煜认为精英理论的首要建构性因素不是与现代政治民主的联系,而是确立嵌入现代政治竞争场域中社会记忆、历史记忆和集体记忆三个层次的作用。② 通过考察P、W两姓在政治竞争中的记忆竞争方式,他们认为记忆竞争是政治斗争中最为尖锐和痛苦的方式,经过一定的时间,部分内容融进记忆模式,这可能是政治转型推动社会结构最基本的部分——记忆转型——的前兆。

(四) 本书的启发与设想

不管研究对象有多么不同,方法论的探讨和反思对任何一个研究者来说都是极其必要的,尤其是针对尚处"生长发育期"的中国的"记忆"研究来说。关于"记忆"的民间本土化研究,将诸如民间故事、传说、族谱、庙宇等具有传统特色的东西再现出来,这很有意义,但如果仅局限在这个本身,没有将其同社会生活中的其他要素的互动和影响展现出来,或者说没有将"过去"与"现在"的逻辑关系凸显出来,难免使人觉得这样的研究意义稍显单一。从以上学者关于记忆的实证研究可以看出重大历史事件对学者本身的生活、记忆以及

---

① 王汉生、刘亚秋:《社会记忆及其建构——一项关于知青集体记忆的研究》,《社会》2006年第3期。

② 萧楼、程煜:《村庄精英行动的场域、组织、话语与记忆——东南沿海栖村案例研究》,《中共浙江省委党校学报》2004年第2期。

研究兴趣的影响。上述学者大多从社会记忆的视角去关注重大历史事件留给当事人的或痛苦或荣耀的记忆，探讨重大事件是如何被记忆的，以及为什么是以这种方式而不是以别样的方式记忆等。对于一个国家、一个民族而言，重大的历史事件影响到一个国家的前途，关系到每一个社会个体的命运。而对于一个村庄区域内的普通农民而言，一生中经历的重大历史事件毕竟还是少数，虽然，有些历史事件在农民的生活中确实留下了深刻的烙印。日常生活中，农民们每天都在经历着大大小小的事情，那么，这些或大或小的事情对于农民的意义又是什么呢？换言之，这些历史上的日常生活事件又留下了什么呢？所以，作为其他学者研究的一个补充，本书力图开辟一个将记忆同舆论和秩序相联系的研究视角，在这一视角下关注社会生活层面农民日常生活中的大小事情如何被记忆、记忆如何被传承，以及作为"过去"的记忆又是怎样影响着村庄的"现在"。

第二章 研究设计

第一节 调查点的选择与资料的获取

调查点的选择有多方面的考虑,本书之所以选择这个村落作为调查点,主要是因为以下几点原因。

第一,熟人关系的引入。虽然我们会清楚表明只是学术研究,研究成果会隐去地名、人名等来保护当事人的隐私,但研究者能否进入调查点还是研究过程中首先面临的问题。因为前面有老师熟人关系的引入,一大帮调研队伍浩浩荡荡地进村才不会受到阻拦,反倒会受到热情的欢迎和接待。在此基础上,我们才可以脱鞋上炕、问东问西,并得到宝贵而又丰富的口述材料。

第二,前人种树,后人乘凉。正因为有熟人关系的引入以及在此基础上研究者和访谈者朋友关系的维系,导师领导的课题组才可以十几年来以每年至少一次的频率进入村庄,由此众人的力量积累了丰富的访谈资料。丰富的资料既能帮助后来的研究者更多地了解这个村庄,也使后来的研究者在资料获取上节省了很多工夫。作为受惠者,我对这些老师和同学深表谢意!

第三,研究也靠缘分。作为师门集体性的研究和学习,导师会给予学生很多次的调研机会,让学生们多了解些社会实际,在多方调研中认识和比较地区的差异。回首我几年来的调研,郊家庄是我去过次数最多的调查点,同时也是我最有感觉的调查点。所以,选择这个调查点来做研究,也成了顺理成章的随缘的事情。

第四,调查点自身的魅力。郄家庄是典型的北方村落,地理位置优越、集体经济起步较早,个体经济也在市场经济中占有一席之地,此外还有特色鲜明的家族政治①和形形色色善于表达和评论的村民,这对本书在转型社会的背景下通过舆论来看村庄社会生活的诸多方面提供了有利的基础。

前文提到,我的导师领导的课题组从1996年开始正式进入郄家庄,到现在已经追踪调查十几年,积累了上百万的访谈资料。需要指出的是,我们的访谈材料不是经过二手的概括和整理,而是完全对访谈过程"原汁原味"的再现。这样做的目的,一是为了使研究者在调查之后看到访谈材料有可能还原当时的情境,能够在具体的语境下理解和把握话语的意义;二是保留被访者"原生态"的地方口语,有利于研究者理解地方性的知识,也使研究结果的呈现更加鲜活。笔者有幸从2004年到现在共进入该村调研十多次,最后几次调查都是笔者在研究选题确定后围绕研究主题而展开。多年获取的资料主要是访谈资料,其次还有从村、镇、县获取的相关文献资料,这构成本书研究的材料基础。

材料主要通过深度访谈获取,但访谈过程并不只是问和答。研究者进入调查点的开始,就意味着研究过程的开始。所以,对访谈场景的观察,对访谈者衣着、神情、被访者所处环境、被访者与其他人(包括研究者)的互动等方面的体察,都会加深我们对被访者的了解。在此基础上,我们才能对被访者赋予访谈场景以及访谈内容的意义有更真切的把握。此外,以生活史切入的深度访谈会使被访者向我们进行自然的讲述,引导我们发现并开掘其生命历程中的重大事件,

---

① 课题组的老师和同学就该调查点的家族、家族政治、村庄精英等主题写出很多精彩的文章。本书无力超越也不应做重复性建设,所以力图在社会生活领域去挖掘有意义的现象。

以小见大地透视宏观的社会变迁和社会文化在个体身上的投射。

第二节 研究视角和研究方法

　　研究农村问题,研究农民本身是很有意义的。沈原认为,布洛维等人的工作"至少向我们提示:面对'第二次大转变'或社会主义国家的经济体制改革,社会学不仅要研究知识分子、企业家、中央和地方的政府官员的角色和作用,而且更要目光下移,移向社会底层,移向承担主要改革成本的普通工人、农民和其他劳动人民,研究他们的生存状况和历史命运"。①

　　但是研究农村问题、研究农民不等同于就获得了对农村、农民的了解,正如并不是每一个耕种的人都能收获果实。能否收获关键取决于我们是否有一个科学的研究视角。

　　关于农村研究的视角,杨善华提出"农民的视角"与"农民眼中的农村实际"。即我们的研究是对农民自己的想法的解释,而不是站在学者或官员立场上的解释,或是学者与官员将自己的想法加于农民之上的一种解释。要真正了解农村中发生的事情,我们就必须知道农民眼中的"农村实际",而不是用学者或官员眼中的"农村实际"来代替农民眼中的"农村实际"。"农民的视角"与"农民眼中的农村实际",其实质就是我们的研究结论必须符合客观实际。从方法论上满足这一要求,需要我们真正"进入"农村,和农民交朋友,拉近与农民的距离,以求对农民的生活有真切的了解。对农民的态度和行动能"感同身受",对农民的行动做到"投入理解"和"同感解释"(将自己置身于农民身处的社会环境)。以"换位思考"的方式来理解农民。② 同时按农民自己赋予他们行动的意义来解释农民的行动和农

---

　① 沈原:《社会转型与工人阶级的再形成》,《社会学研究》2006 年第 2 期。
　② 杨善华:《农村村干部直选研究引发的若干理论问题》,罗沛霖、杨善华主编:《当代中国农村的社会生活》,北京:中国社会科学出版社 2003 年版。

民的态度。这样才能对当前农民所面对的一系列实际问题的解决给予真切有效的帮助。①

本书的研究是个案研究,主要运用以深度访谈为主,参与观察和文献研究为辅的研究方法。② 本书同时也是追踪调查的研究成果,十几年的追踪调查使我们能够更全面、更深入地了解研究对象,并能在一种动态变化中把握研究对象的各个侧面。

第三节 研究对象简介

郄家庄位于华北太行山东麓,是河北省 S 市 P 县 P 镇下辖的一个行政村,距离县城有 3 公里远,距离省会城市 60 公里。因为是水库移民村的缘故,郄家庄土地不仅少,而且贫瘠,所以,早在集体化时期,为了寻求出路,村里就开始了工副业的发展,在当时当地算是起步较早的。现在,除了一些家庭式的作坊,村里还有几个年产值在几百万元的工厂,这些工厂除个别保留了集体企业的名头,大都被个人承包。工人除本村的村民外,还有从外地雇佣来的。从整个县城的范围来看,郄家庄的工业化水平比较高,与外界有一定的经济往来等,但同时村民到外地打工的比例很小,村庄的整体流动性较小。

按照王沪宁对村落宗姓模式③的划分,郄家庄的郄家属于主姓

---

① 杨善华也提出,这决非一朝一夕之功,需要研究者有开阔的视野,也靠研究者长期不懈的田野工作得到的研究积累。

② 关于个案研究、口述史、深度访谈的意义或探讨请参看费孝通(1986)、潘绥铭(1996)、李康(1998)、郭于华(2003)、杨善华、孙飞宇(2005)、应星(2006)等学者的文章,本书限于研究主题对此不作探讨。

③ 王沪宁划分出三种基本的宗姓模式:一为单姓村落家族,即整个村落共同体只有一个姓氏,全部家庭都是一个姓氏的血亲关系;二为主姓村落家族,即一个村落共同体内存在多种姓氏,但以一个姓氏宗族为主要成员,其他姓氏处于次要地位;三为多姓村落家族,即一个村落共同体中存在一个以上主要宗姓,没有一个宗姓在村落共同体中占主导地位,而是与其他宗姓并存。

村落家族,因为,郄姓的户数接近整个村庄200多户的一半。据1996年统计,郄家庄共212户,842人。其中郄姓是村中大姓,共102户,占48.11%,郄姓人口将近全村人口的三分之二;其他的有刘姓30户,孙姓28户,郭姓14户,王姓8户,左姓8户,张姓6户,米姓5户,李姓3户,华姓3户,齐、赵、贾、盖、梁姓各一户。据2006年8月30日统计,郄家庄共212户,总人口879人。十年时间,户数没有变化,人数增加37人,可以看出人口流动不是很明显。需要特别说明的是,郄家庄家族政治鲜明,郄姓不仅人多,而且精英辈出,最高有做过国家某部的司长,其他在市县和乡镇一级做官的更不在少数。具体到村里,郄姓人则几乎可以说是居于支配地位,村中的干部以及企业的负责人多是郄姓或郄家亲属。血缘、姻缘再加上拟似血缘关系(干亲),村庄里大部分的村民构成了一个巨大的亲缘关系网络,整个村庄显然是一个十足的熟人社会。当然,亲兄弟、一爷之孙、五服以内、五服以外、姻亲、旁姓等使这个网络有了远近不同的差序格局。

第四节 主要概念的界定与说明

一、村庄舆论

以上学者对舆论的诸多定义,有抽象的,有具体的;有高度概括的,也有细微解释的。忽略各个定义侧重点的不同,我们可以看出,几乎所有的定义都共同指向三个基本要素:人(数量可多可少)、社会现象(包括人和事)、意见和看法。所以,关于"舆论"的定义,我认为,在具体的研究中,作者可以根据自己的研究范围和研究对象对此作更为清晰细致的界定,当然,任何关于舆论的界定都不可避免要包括共同指向中的几点要素。

所以,本书所指的村庄舆论是在村庄社区范围内,以村庄内外发生事件和与此相关的人为对象,作为社区主体的村民以语言表达出来的意见和以各种方式显现出来的态度。

关于本书对村庄舆论的定义,这里有几点说明:

1. 本书没有强调舆论必须是多数人的意见,而不能是少数人的意见。因为农村社区中,个人意见经过快速的传递迅即成为多数人的意见,即形成舆论,而个人意见的形成往往也是在众人议论之后的共识。所以在这个意义上,对少数人或个人的意见的捕捉,也具有捕捉到村庄舆论的意义。

2. 本书认为,舆论不一定是在公共空间表达。农村社区毕竟还是熟人社会,舆论的表达还要受制于各种人情关系。所以,如果只考虑公众场合下的表达,就会损失掉很多更真实的舆论内容。

3. 舆论不一定是表达出来的话语。很多以各种方式显现出来的态度会指导当事人对舆论对象的行为,而且态度在合适的时机也会表达出来,所以,不是以语言形式表达出来的态度同样也是潜藏的舆论。

二、集体记忆

哈布瓦赫及其追随者对集体记忆的定义都比较抽象,本书研究的是村庄的集体记忆,所以试图给出一个比较具体的定义:村庄的集体记忆主要指以村庄范围内大部分的村民为主体,对村庄内部各种公共事务以及私人的事件和人物的记忆。因为村庄范围内舆论渠道的畅通,村庄的集体记忆有利于形成、充实和传承,同时也具有具体而非抽象、共识而非己见、延续而非定格的特点。①

---

① 关于集体记忆的形成、充实和传承以及集体记忆的特点,第三章中会有详细的分析。

第三章 集体记忆

记忆是人类生存的若干最主要的特征之一。早在1870年,艾瓦尔德·赫林就曾这样写道:记忆把无数单个现象连成整体。要不是物质吸引力把我们的躯体凝聚在一起,我们的躯体早就分裂成无数原子了;同样,要是没有记忆的凝结力,我们的衣食也早就分崩离析了。① 在哈布瓦赫最先提出"集体记忆"的概念后,集体记忆受到中外诸多学者的关注,关于集体记忆的研究也从多个视角展开。就本书所要讨论的这个村庄而言,它的集体记忆的主要内容是什么?集体记忆在村庄这个范围是如何形成和传承的?村庄的集体记忆有什么特点?这是本章所要讨论的内容。

第一节　村民心里牢固的集体记忆

在一个村落社区中,日常生活中大大小小的事件留下的痕迹会以记忆的方式驻留在村民的头脑中。从个体村民的角度而言,不同人保留的记忆是有差别的,这个差别体现在所记忆事件的不同、对同

---

① 〔德〕汉斯·J.马尔科维奇:《有意识的和无意识的回忆形式》,〔德〕哈拉尔德·韦尔策编:《社会记忆:历史、回忆、传承》,季斌、王立君、白锡堃译,北京:北京大学出版社2007年版。

一事件记忆程度的不同等等。因为"人在记忆上发展的程度是依他们的生活需要而决定的。我们每个人,每一刻,所接触的外界众多复杂,但是并不尽入我们的感觉,我们有所选择。和我们眼睛所接触的外界我们并不都看见,我们只看见我们所注意的,我们的视线有焦点,焦点依着我们的注意而移动。注意的对象由我们选择,选择的根据是我们生活的需要。对于我们生活无关的,我们不关心,熟视无睹。我们的记忆也是如此,我们并不记取一切的过去,只记取一切过去中极小的一部分"。①

但同时,又有一些记忆是几乎每个村民都牢固铭刻在心里的。按照一般老百姓的感觉和说法,"心里"的位置往往要比"头脑中"的位置更为重要,存放的都是更为珍贵、情感更为深刻的东西,所以,借用这一源自日常生活中的说法,我们这里也做出"头脑中"和"心里"的区分。相比驻留在"头脑中"的记忆,铭刻在"心里"的记忆要牢固得多、清晰得多。费孝通先生曾经说过"在一个乡土社会中生活的人所需记忆的范围和生活在现代都市的人是不同的"。② 对此,我们可以解读,农村社区里的人因为生活范围狭小、彼此互动频繁而导致保留的集体记忆更多。那么,对于当下郐家庄的村民而言,铭刻在心里的牢固的集体记忆有哪些呢?这些牢固的集体记忆又反映了怎样的一种情结呢?在以下几个部分,笔者将会展现郐家庄迁村以来,留给当下村民比较牢固的几个集体记忆③,并试图分析其背后的情结。

一、村庄的立足:械斗

在前文我们介绍过,郐家庄是一个水库移民村,1961 年从老村

---

① 费孝通:《乡土中国 生育制度》,北京:北京大学出版社 1998 年版,第 20 页。
② 同上书,第 21 页。
③ 村民心中牢固的集体记忆肯定不仅仅是书中呈现的几点,选取出这几个集体记忆主要是有这样的考虑:这几个牢固的集体记忆会在没有他人提醒和发问的情况下,村民自然主动地呈现出来,因而更具有代表性和广泛性。

迁移到现在的地理位置。在那个年代,土地更是农民生存的根本,迁村过来的村民不仅要靠土地耕种满足生存的需要,还需要土地和石料来建造容身之所。土地作为一个有限的资源,一方的获得,就意味着另一方的损失。在迁村之后不久,因为土地和石头的纷争,郄家庄和邻村发生了一场大规模的械斗。纠纷以械斗的形式而不是以其他较为缓和的方式解决,在村民们看来理由很简单:"我们是从大村出来的,不愿意受人欺。"①而之所以说是大规模的械斗,因为郄家庄几乎男女老少都操着家伙上阵了。"那时候我们村里,基本上像我们这样的十八九的都去打去了,一九六三年打的。能参加的基本上都参加了。孩子们推车子,有运石头的、有运木头的。家属什么的,都过去了。推车子,十二三岁的小孩子。女的也去,女的也打,有把男的给打坏的。人家事先都做好准备了。这边没有什么准备。还是打架以后,才有准备了,拿木棍呀、抄家伙呀,这都起来了。有枪的拿枪。"②

几十年后回忆当初械斗发生的始末,不管是领头的干部,还是参与的村民回忆起来都仿佛历历在目。

村民们回忆:"我们要盖房子,要搬石头,就到河滩上去捡,也去抬田埂上的石头。人家不满意,你去抬石头,人家就把你的架子车没收了。车要不回来,有些年轻人就去偷,这一下子关系就紧张啦。不准咱们村的下河滩,俺们搬家连家都失去了,盖房子连石料都不准咱们抬。邻村的对我们村的不服气,后面就在河滩上发生口角。"③

在当时的副书记郄清山看来,械斗最初也是因为误会产生了分歧,有了分歧以后,郄清山和队长郄明法跑到邻村解决分歧。"我们去要点地吧,我们俩亲自去找的张正荣——邻村的书记。说,你看,

---

① 访谈录音整理编号(960719QFQ),由访谈日期与被访者姓名拼音缩写构成。下同。
② 同上。
③ 同上。

1963年水相当大。你看把我们的地都刮了,唉,你看我们搬上来,你们这儿的地挺多,我们那儿一点高的地也没有。我们不该和你们说来求援,把你们的地借我们一点儿吧。咳,把河滩地借我们一点儿吧。这个,第一次人家答复:那得开开支部会呗。"①

  后来因为进一步的误会,"这人家就不准推石头了,这就开始干涉了。这干涉啊,开始是把我们的车子扣了,不给了。说让干部们去说说,后来又给了,弄过好几次。邻村说你们别推了,我们也就不推了。以后扣着的车子不给了,车轱辘也给弄坏了。不给了以后只好找公社,公社又管不了。社员们就得去推,对他们不服,非要去推。一直往下去,下去就得去拦,拦不住。这个一直往下去呀,这就找了大队长和公安员,这不行,拦不住,得去公社报告。这如果下去,邻村能上,按照人口说,估计能上四百人。而我们这儿连妇女们在内也才只能出一百一十号人哪,啊,才能出一百一十号人哪。所以说不让去推,不兴打架,不兴打死人。我说,大队长,你去说吧。大队长说,你去开个会说说吧。我去了,我说,打架邻村能上四百人,四个打咱们一个。你非下去,不兴打起架不兴打死人,谁打死算谁的。"②

  副书记回忆两个村的村民操着家伙真正交锋的场景,那种气势和进退的策略足以跟军队打仗相提并论了:"来了一接触,邻村它的主力(去掉)尽30往上40往下这么一帮……看这个人们来了,从堤埝上来了。我们从正面上去看见了,我们和书记们就赶紧把人们呢往上弄,你上不来不行(从河滩往西北岸上上)。附近有个桥梁,如果把桥梁占了一卡,那你得往下跑。赶紧把人们往上轰,出来了……仅仅上来十来个,他在上面的人还可反击。这个,它就一道渠吗,也不宽敞,你一上就上十几个人的话说……打倒了一地人,就和那反攻一样,反击,它冲上来,我们往那边一反击,一反击就到渠里去,到渠下

---

① 访谈录音整理编号(960209QQS),由访谈日期与被访者姓名拼音缩写构成。
② 同上。

面去了。对于这个反击这个事吧,打倒了(邻村)十五几个。赶到邻村反击上来,那下可顶不住了。邻村反击上来以后,人家一露头我就觉得顶不住,我对一个人说,你赶紧去,你骑上我们的车子赶紧走吧,法院公安局的去报告,说这儿打起架来,打死人了——怕人家不来。"①

械斗的帷幕一经拉开,郏家庄的干部们也开始有组织、有步骤地行动起来。在械斗之前,两个村干部先组织村民开了一个代表会。"金发和庆寿把大家集中起来,就在富来现在盖房子那儿,说咱们今天去抬石头,有可能和邻村的打架,如果打起架来,咱们谁也不能往回退,男的参加打架,女的保护这个车子。打的时候,别打死人。打人不是咱们的目的,后来就打起架来了。到了晚上,邻村的不服气,说要把郏家庄给灭了。它的口号是集体把郏家庄给灭了。"②因为组织者的有勇有谋,以及村民们的团结一致,所以,在双方实力相差比较悬殊的情形下,对于这场械斗,老百姓也没有感到害怕和恐惧。"也没什么怕的,你把屋里的门顶好,门里面放好铁器家伙,他只要敢进屋,往死里敲。然后村里找了年轻人,男的,咱们还有土枪,邻村的人一来,咱们就往死里打。"③

村民们说械斗的理由是因为从大村里出来的不能受人欺负,这是一个很直观、朴素也很真性情的表达。这种表达反映了中国乡村一种比较普遍性的村庄之间利益格局的分配:村庄大小与势力强弱一定程度上形成正比关系。同时,这种表达也将一个村庄的村民作为一个利益共同体的整体利益体现出来。利益共同体的利益需要每个成员去争取,其中作为"领头羊"的村干部的角色和作用发挥更为重要。当时的郏家庄在新地界尚未站稳脚跟、经济上一穷二白,在村民对生存及发展缺乏安全感、心存忐忑的情形下,村干部个人魄力的

---

① 访谈录音整理编号(960209QQS),由访谈日期与被访者姓名拼音缩写构成。
② 访谈录音整理编号(960719SLQ),由访谈日期与被访者姓名拼音缩写构成。
③ 同上。

施展以及领袖权威的巩固就显得尤为关键。这场械斗,树立了一些村干部的权威,对于从老村搬出来的郊家庄来说,不仅是村庄历史上一段永远抹不去的记忆,也是整个村庄一段光辉荣耀、扬眉吐气的历史。① 对于每个村民而言,这其中又包含了丰富的内容:在村民们为了捍卫与个人利益相关的集体利益一致对外的并肩作战中,共同体的凝聚力和归属感油然而生,这种村庄的集体记忆深深烙印在了每个村民心中,这是属于每个村民的,也是属于大家共有的。唇亡齿寒,村庄的利益维护了,村庄的面子有了,村民也就有了面子和利益。共同的记忆越多,就越将这片土地上的人们牢牢拴在了一起。

二、集体经济的鼎盛

过去的成为历史,而历史未必就成为过去。尤其是那些带来荣耀的历史更容易被当事人选择性地牢牢记住,成为人们心目中永远的记忆。一个家庭荣耀的过去,会被这个家庭的成员一再地提起;同理,一个村庄荣耀的过去,也会被这个村庄的成员一再提起。郊家庄是小康示范村,其副业的发展不仅起步较早,发展势头也很不错。在村民的记忆中,那时候的集体经济红火得很,可谓十八般武艺样样精通。"这以后我们开始搞厂,最早是油坊、磨油的,还有挂面厂,制挂面,打草绳。每年冬天磨山药。磨山药,制粉。我们这儿产山药,磨成粉条。后来搞石灰窑,烧石灰。生产队搞的事儿可多了。"②

郊家庄早先发展的项目之一就是草绳厂,而在当时当地,建草绳厂,郊家庄可谓是第一个吃螃蟹的。"草绳厂,我们郊家庄是最早的"。③ 当时的生产状况是大队的草绳厂生产一部分草绳,郊家庄几乎家家户户也都打草绳,由此在村内形成了一个生产体系。这个体

---

① 械斗的结果是县与公社默认了郊家庄在河滩地的法定权利,将河滩地一分为三,郊家庄、邻村及另外一个牵涉进来的村分别占有三分之一。
② 访谈录音整理编号(960719QQW),由访谈日期与被访者姓名拼音缩写构成。
③ 访谈录音整理编号(960723QQP),由访谈日期与被访者姓名拼音缩写构成。

系在大队这个龙头的带动下,维持了十来年,产品销往离河北较近的山西省。"村民自己搞了以后,村里这个草绳厂统一往外销。你自己家里边安着草绳机,把稻草打成草绳,交到大队上,然后大队用汽车运到山西,它那儿做包装用。后来就发展到个体,集体是统一协调,这样它这个生产的规模和能力无形中就扩大了。另外,这个劳力利用的面也大了,它不是八小时统一上班,八小时统一下班,你在家里边有时间你随时就可以打,你去收你的成品就可以了。所以后来,可以说全村有几十家都是搞这个的。"①

草绳厂带动村集体致富了以后,也是因为生产和销售的需要,集体也买了车,"买车,送草绳,从山西拉煤回来,形成了生产基地,整个P县的稻秸,水稻秆都集中到郊家庄来了"。当时的收入也非常可观"那时候就是三几十万,收入相当巨大,郊家庄发家致富实际上就是靠草绳厂起来的,一个是草绳,一个是面厂,搞挂面,我那时还没到里庄公社呢,我做挂面是好技术。郊家庄起步,是根据草绳。像刘立志的厂子,连富友他们东面那个楼,也是集体搞的。因为咱们形成了生产体系,做草绳的机器原来是从天津买回来的,后来我们自己制造。我们自己制造草绳机,自己制造草绳。外地来买草绳机以后,我们自己安装,实际上搞到这地步了,铸造是跟着641(军工厂)搞起来的。"②

新村集体经济的发展也是老村已有副业发展的延续。从郊家五叔的回忆中,我们依稀可见郊家庄副业发展的历程:"搞农业另外旧村的副业也比较兴旺。我们在旧村是1955年,歇了一年,1956年正是草绳好卖的时候,一家伙几十台草绳机在旧村开始了。是俺三哥在旧村生产队里的副业组,他在搞副业归他管,结果几十台草绳机就发展起来了。在旧村的生产队的集体经济搞工副业是郊家庄的第一

---

① 访谈录音整理编号(961129QQH),由访谈日期与被访者姓名拼音缩写构成。
② 访谈录音整理编号(960723QQP),由访谈日期与被访者姓名拼音缩写构成。

步。(访:五六年又重新开始搞?)变成集体的了。原来是个体的,1955 年中断了一下,1956 年冬季归集体,搞起来集体越搞越大,后来他这个草绳的销售比较广了,比较广了也没有搞得太大。到我们搬了家以后到 1961 年,1960 年冬季搬家,1961 年搬了一年,1962 年又搞起草绳厂。我们郄家庄第一步起步还是搞草绳厂。1963 年搞机织草绳搞得比较大了,机器都通上电了,以前男劳力都变成普通劳力,小姑娘也能干了。小三轮一下就跑到山西去了。"①

在郄家庄发展副业的过程中,自然也少不了村外部关系资源的利用。郄家庄 1963 年通了电,当时电线、变压器在市面上是买不到的,是郄家五叔跑到北京去找在国家部门任要职的大哥给村里拉来了电。有了电以后,就可以用电打草绳了。这不仅大大促进了郄家庄工副业的发展,也让周围的其他村艳羡不已、自叹不如。

可以说,从 20 世纪 50 年代的老村开始,一直到 80 年代,郄家庄在思想以及行动上都是超前的。村民也自认为本村的人思想比较开放,干部们敢带头,村民们就敢跟着走。书记郄青河把握住了十一届三中全会的机遇,他认为自己从小队长、生产队长提成支部书记,对农村的生产情况和老百姓的思想状况比较清楚,所以一看政策放宽了,心想赶紧改,在 P 县差不多是第一个搞起了家庭联产承包制。这一举动在当地可算是炸开了锅,"人家找到我们村里,说郄家庄出了大事了,出了大事了,是个什么情况呢?分田单干了。说郄家庄分田单干了。"②虽然上面干涉过一阵,但郄家庄还是照常种他们的田,对于上级部门的指示,他们知道抬杠是没用的,所以表面上也是敷衍着。较早搞起家庭联产承包制,效果立竿见影。"像我们呢,地非常不足,(水库)淹没村,我们是淹没村,一个人的话仅仅是几分地,所以它这几分地,你家里有个五六口人、四五口子,是不是,五口人分个三

---

① 访谈录音整理编号(960721QQP),由访谈日期与被访者姓名拼音缩写构成。
② 访谈录音整理编号(961129QQH),由访谈日期与被访者姓名拼音缩写构成。

亩二亩地,这三亩二亩地,家里有两三个劳力,农活没有多少,所以这样把这劳力解放了,解放了大批的劳力。你看,它这个种地,一年用不了一百一二十天,那么三百六十天的话,有三分之二的时间搞工副业。哎,所以这样呢,我们这次农民土地的改制腾出了大批的劳力,腾出了大量的时间,另外呢,农民的积极性也调动起来了。所以,我们在1978年以后工副业发展得相当快,相当快,由过去吃国家统销粮变为向国家每年交四五万斤公粮,由过去吃银行的迁建款到后来……由过去村里工副业没有什么发展到十几个工副业摊点,发展到十几个,打草绳呀、织布呀、铸造呀、精加工呀、小五金呀、食品厂呀,它基本上带动了家家户户搞。这就是说,体制改革以后,把劳力解放了出来,把积极性调动了起来,作为我们村,就是先走了一步,先走了一步。到了1983年,中央正式文件下来了,我记得好像是1983年、1982年这两年中央正式文件下来了,在全国推广农民家庭联产承包制。所以我们无非是早走了三年两年,思想解放得早一点。"①

经济的发展也打响了郯家庄在当地的名声,这给郯家庄的村民在获得经济利益的好处之余也带来了无上的荣耀。村民骄傲地告诉我们"我们这副业原来可多了,纺草绳、翻砂……可多了,好几摊子。工副业搞得多,好多人来参观过"。②

三、"口碑好"的村干部

郯家庄新村的立足以及经济发展的鼎盛,离不开村干部的作用发挥,一些村干部在村民的评价体系中获得了一席之地,有了好的口碑。口碑好,这体现了大多数人对一个人社会形象的正面认可。那么,对于郯家庄的村民来说,"口碑好"具体是什么意思?哪些表现和行为可以称得上是"口碑好"呢?通过十几年的实践调查,我们了解

---

① 访谈录音整理编号(961129QQH),由访谈日期与被访者姓名拼音缩写构成。
② 访谈录音整理编号(960719GQS),由访谈日期与被访者姓名拼音缩写构成。

到,在大部分村民心目中,郄家庄"口碑好"的村干部在三个不同的时期各有其代表。

第一个时期是从郄家庄迁村到改革开放以前,代表人物是以孙立本、郄荣希、郄清山等为代表的老干部。从郄家庄迁村初始,这些老干部们为村民的生存和发展可以说是立下了汗马功劳。在同邻村的械斗中,我们已经领略到郄清山等的进退谋略,而其后郄清山等组织村民发展副业、利用家族关系给村里拉电等都显示出村干部社会关系的能量和发展集体经济的劲头。我们那时候办厂,为什么我这决心那么大呢?一个是从老村来呀,你总是党员、支部,我来时是副支书,副大队长。咱们当干部的来了,人家都是,咱们扛着旗,人家后面跟着嘞。你们能理解我说的这话吧?你那根旗杆,你扛着旗头里走,村里人都跟着嘞,和闹革命一样。你都来了,你说你不好好地干。都上到这儿胃饿得吱吱叫的,你得好好地干呀,否则你就对不起老乡们哪。你都带着老乡们哪,叔叔大伯们,你就对不起呀,哎,你看,总得弄副业啊,找我去弄,嗯,白手起家,大队副业就是白手起家。① 后来的书记郄青河也称自身受到以前干部们好的影响。

作为我们村,干部能坚持到一代一代地传下去,我们前面的大队长、支书们都很能吃苦,很能吃苦,我们从淹没村来了以后,我那时还小,十八岁当生产队会计,再看看那大队干部、生产队干部真是兢兢业业为集体,为大家吃上一口饭。我前面的支书叫郄荣希,再前面的叫孙立本,人家都是很能吃苦的,一言一行对我影响很大。那1964年、1965年工作组一撤,干部们照常去干工作了。我们村之所以一直发展得比较快,关键是干部们从思想上牢牢抓住了一条,不管你这个运动,也不管你那个运动,反正我不耽误生产,我不能把地荒了去干革命,我不能不挣钱天天去上政治课,所以我们村的干部始终坚持着不管你什么时候,生产都不能停。可真正的思想一直在抓生产、抓

---

① 访谈录音整理编号(960725QQS),由访谈日期与被访者姓名拼音缩写构成。

经济、抓工副业。①

第二个时期是从改革开放到 20 世纪 80 年代末②,代表人物是郏青河。在改革开放初始,郏青河率先在郏家庄实现了分田到户,将村民的闲散劳动力解放出来;他在全县第一个以个体户的身份买了汽车,第一个组织了汽车运输公司,到外面拉来了到山西运煤的任务;第一个和天津市交通局下属的汽车运输公司联合在 P 县城里开办了汽车修理厂,专门帮助农民修汽车;在乡里第一个成为电视村,同时建起了大队的办公楼、小学的教学楼,给郏家庄全村接上了自来水……③ 郏青河办的这些实事,村民们都看在眼里,所以,他们会认为,"青河当支书那会儿,所有搞的副业摊儿都是为了集体。考虑的还是村上的利益,以后是一代不如一代"。④ 郏青河脑子活又善于总结经验,所以他会因时因地调整发展战略,使郏家庄在当时的发展是一步一个台阶。因此,当里庄乡调他去当乡办企业的厂长的时候,村里的村民都不愿意,有的老党员还哭了。时至今日,郏青河在任时的政绩还为村民们所怀念。因为,郏家庄整体的发展不仅给他个人的业绩抹上了一道亮丽的色彩,也使村民们在其领导和组织下纷纷走上致富之路——后来搞个体经营的大多是集体经济时期接受培训的技术骨干。当初的集体经济虽然后来被个人承包,但也为村里的剩余劳动力创造了就近的就业机会。从另一方面看,因为办企业,他有意无意地在外面结识了一批手中握有各种资源并能对他提供帮助的人物,形成了自己的社会关系网络,从而大大增强了自己的能量和实力地位,使自己成为一个不仅在郏家庄,而且在 P 县叫得响的人物。因此在 1988 年之后,他虽然人已经离开了郏家庄,郏家庄也已经产生了

---

① 访谈录音整理编号(961129QQH),由访谈日期与被访者姓名拼音缩写构成。

② 这个时间段主要是根据郏青河在任的时间来划分的。另外,出于上级领导的意思等,郏青河在离任的几年后对村庄的事务还有很大程度的参与。

③ 杨善华,1999 年。

④ 访谈录音整理编号(060113LSL),由访谈日期与被访者姓名拼音缩写构成。

新的支部书记,但是当时里庄乡的党委书记许诺:第一,郄青河走了之后可以在村里继续兼职,也就是说,村里的事还可以由他说了算;第二,这个村里如果以后出了问题搞不好了,郄青河还要承担责任。这样,他兼了四年村党支部副书记,一直到他觉得可以放心了才脱了职。但是此后村里重大事务的决策还常常征求他的意见,并且在90年代后郄家庄领导班子变更时,作为镇党委的副书记,他的意见仍会对镇党委的决定产生很大的影响。虽然也有村民认为郄青河比较"鬼",但也不得不承认其能力和贡献:"青河这算(好干部),尽管人家捞一点,但是他捞的仅仅是小的。可人家创造的还是大伙的,多了,是不是?"①

　　第三个时期,是90年代中期,代表人物是郄青全。"共产党的干部你就得凭着正直无私。要不你站不住脚跟,就没法开展工作。"这是郄青全的个人信条,家人认为他傻,村民们则称其为"真正的共产党员"。在其出任书记的这一时间,郄家庄的公共设施建设还不足。郄青全在其就任短短的一年多②时间里,"首先建了扬水站,接着硬化路面,这是人家郄青全上去当了一年支书弄的"。③ 而且,郄青全"他太正直的很。一个瓜子,他口袋里装上,他不装"。④ 所以,老百姓深信"他上去是一心为集体,一心为村里"。⑤ 因此,村民们在享受着电话和硬化的路面等切实的实惠时,也对这个能给老百姓办实事的村干部充满了期待:"总的说,90%的人都说他是好干部,因为他任期支部书记没有到一年,就办了3件大事:扬水站、程控电话和硬化路面。这是村里对老百姓有切身利益的事。不到一年办了3件事;

---

① 访谈录音整理编号(080130QYT),由访谈日期与被访者姓名拼音缩写构成。
② 郄青全说其真正任职时间为两年,一年多的说法是被村里后来的干部们给篡改了。
③ 访谈录音整理编号(080015GBCFF),由访谈日期与被访者姓名拼音缩写构成。
④ 访谈录音整理编号(080130QYT),由访谈日期与被访者姓名拼音缩写构成。
⑤ 访谈录音整理编号(980015 GBCFF),由访谈日期与被访者姓名拼音缩写构成。

他要是干10年的话,他可以办30件事。村里的面貌可以改变了。"①可是,为什么郄青全只干了一年书记就不干了呢? 村民们对此有疑问,有猜测,更有不满:"好干部当了不到一年就调走了,他不让你干。那扶贫款都是张榜公布了,这大伙都知道。我可以直言不讳地说,如果村里有个好干部,上边就没油水了。郄青全确确实实是好干部,村里人都知道。我就奇怪为什么不用他? 好干部是实实在在为老百姓办事的,为什么不用? 谁能回答我这个问题? 镇上也是,县里也是,书记他们来了也是一样。为什么不用? 说出个一二三来。大伙都知道他是好干部。不说别的,他给村民一年办了3件事。我说这中间有徇私有舞弊,而且刹不住歪风邪气。这事很难说清楚。"②

村民们记忆中"口碑好"的村干部各有其时代背景所赋予的开拓精神和先天禀赋的人格魅力,但对于村民来说,他们认可和拥护的是:村干部自身的生产组织能力和为集体、为村民的责任感。村民的理性之一就是不是凭主观想象,而是会用客观的指标来衡量村干部。你为集体为村民带来多少利益? 你为村庄的公共设施建设做了哪些? "口碑好"的村干部以美好的形象留在村民们的记忆中,而这些对好干部的衡量指标也成为拷问后来的干部的标尺。

四、集体记忆背后的情结

以上呈现出来的村民心中牢固的集体记忆,并不是尘封在了村民的内心深处,而是成为村民的手头库存知识,即可以将它随时表达出来。这种对过去的回忆,并不只是为了回忆过去,而是村民在对现实不满的情况下,对过去的美好回望,因为过去不仅给村民带来实在的利益,也给村民带来了整体性的荣耀。如此来看,很容易得出一个的结论:村民们很怀念集体经济时代。

---

① 访谈录音整理编号(980116GHH),由访谈日期与被访者姓名拼音缩写构成。
② 同上。

张鸣对很多农民怀念集体化时期这一现象进行过分析。① 他总结出两方面的原因。一方面是集体化时期在农民看来相对美好:集体化时期严酷的阶级斗争氛围固然紧张,生活也很艰辛,但农村的干部群众,在生活待遇上,却基本上处于一个平面上,即使有污点的干部,也仅限于"多吃多占",加上人群中又有成分不好的"贱民"垫底,一般农民的心态,还比较正常。同时,由于城乡整体结构上的高度统一化,"群众专政"的威力,也使得社会治安状况良好;国家在农村建立了虽然是低层次,但却相当普及的农村教育和医疗体系。各种政治运动中下放的城市知识分子和"文革"中后期大规模知识青年的下乡,在一定程度上改善了农村的文化、教育和卫生状况,使得一部分农村的卫生和教育体系的有效性有了很大的提高。另一方面的原因则是农民对现实的失落与不满:尽管在农村改革的最初年月,农村的变化让人瞩目,但农村改革的好日子并没有延续太长的时间。在市场经济面前,能够先富起来的农民毕竟还是少数,多数想要搏一搏的农民由于信息的缺乏以及没有协会的保护,往往在市场面前损兵折将,甚至重归贫困,而一般的农民,在解决温饱以后,几乎没有多少发展的余地;与此同时,随着政策的落实,大批的知青和各种下放乃至发配到农村的人纷纷返城,由于这些人承担了相当比例的农村技术含量比较高的职业,一时间农村的文教、卫生等岗位出现了空位的恐慌,从而导致农村教育、医疗、农技推广等行业的退化。更为严重的是,基层政府(包括村委会)在退出生产经营领域之后,随着集体财产的流失,农村的公共事业逐渐处于无人管理的放任状态,水利失修,道路泥泞,公共卫生退化,社会治安状况恶化;此外,20 世纪 90 年代以后新一轮的现代化起步和城市化的步伐加快,使农民迅速地被卷入其中,除了少数地区可以原地进行城市化革命之外(比如部分的珠

---

① 张鸣:《为什么会有农民怀念过去的集体化时代?》,《华中师范大学学报(人文社会科学版)》2007 年第 1 期。

江三角洲和长江三角洲地区),大多数农村都在这个浪潮中被边缘化,仅仅作为城市劳动力的供应地存在。进城之后的农民也更加深切地体验到了被边缘化的悲哀。①

所以,张鸣认为,在这样一个大背景下,农民中出现怀念过去的情绪,并不意味着过去的美好,而只意味着今天存在新的问题,而且这些问题恰好跟过去的某些"优点"存在着反差,畸形地两两对照。②通过村民们的叙说,我们稍作思考也会发现,正是对现实的不满,才导致村民将过去神圣化和完美化了。哈布瓦赫也认为:集体记忆跟过去无关,它只是反映着当今的社会需要和当今的社会状况。③

但是,村民这种将过去神圣化和完美化的做法是值得我们探究的。探究的过程会使我们更加理解村民的逻辑。以械斗为代表的新村的立足,不仅奠定了村民生存的基础,长了村民的志气,也使村民对日后的发展心中有了底;集体经济的鼎盛,不仅让依附于集体经济的个体经济获得发展,也使村民获得一种身处较先进村庄的先进村民的自豪;而前两者的实现离不开有能力"口碑好"的村干部,村民心中的好干部,能够带领大家共同致富而不是中饱私囊,这让有着"均平思想"的村民心里也获得了平衡。关于农民的"均平"思想,很多学者都有关注。周晓虹认为,土改中农民就已经体现出一种"吃大户的心理"。④ 卢晖临认为在正常秩序下,农民对财产的敬畏和尊重是明面,平均主义是暗面,后者潜伏在农民心理的角落,即或表现,也是

---

① 张鸣:《为什么会有农民怀念过去的集体化时代?》,《华中师范大学学报(人文社会科学版)》2007年第1期。
② 同上。
③ 莫里斯·哈布瓦赫:《论集体记忆》,毕然、郭金华译,上海:上海人民出版社2000年版。
④ 周晓虹:《流动与城市体验对中国农民现代性的影响——北京"浙江村"与温州一个农村社区的考察》,《社会学研究》1998年第5期。

在日常生活的一些细节中。① 土改以及合作化这一社会主义的平等化实践在相当大的程度上缩小了村庄内部贫者与富者的差距,拉近了二者在操办仪式庆典等方面的经济能力上的差别,而曾经有过的平均主义使得村民越来越难以接受彼此之间的差别。所以,对比现在郊家庄集体几乎没有一分钱、村干部只顾自己发财的现状,村民难免会由对现实的不满回望过去的美好。而这种回望之中,也充满了作为个体的村民对集体的各种寄托。由此,让我们不禁反思:作为一个共同体的村庄,对于农民意味着什么? 村民希望集体的壮大和发展,但很难说这是一种集体主义,因为"集体主义是一套有组织的感受、情绪、意理及行动,其中心信念为:生存与生活的基本单位不是个体,而是集体(团体)。强调的都是集体的权力与利益大于个体"②。显然,村民更多地希望将个人利益、家庭利益寄托在集体来实现,因为任何时候,农民都是相对弱势的群体,"原子化"的单打独斗从来都很艰难。在这一点上,充分体现了农民的理性和算计,也充分体现了老百姓所说的"大河有水,小河满,大河无水,小河干"的道理。但如果从集体的壮大带给村民荣耀这一点来看,又不能说村民只是"唯利是图",除了带来利益的实现,村庄还是心理归属地,是身心避风港,是情感的寄托,也是一切荣耀实现的场所。可以说,不管是对过去的记忆,还是对现在的经历和感受,村民的生活和情感是深深嵌入在他们身处的村庄中的。

第二节 集体记忆的形成

通过上一节内容的呈现,我们知晓了村民心中较为牢固的集体

---

① 卢晖临:《革命前后中国乡村社会分化模式及其变迁:社区研究的发现》,黄宗智编:《中国乡村研究》第一辑,北京:商务印书馆 2003 年版。

② 杨国枢:《中国人孝道的概念分析》,杨国枢主编:《中国人的心理》,南京:江苏教育出版社 2006 年版,第 36 页。

记忆,也探寻到集体记忆的背后有着村民太多情结的寄托。一个事物的形成总有其发生发展的过程,而对事物发生、发展过程的开掘也是有意义的。科泽勒克区分出两种用以存储回忆的记忆存储器:身体和语言。在身体和语言里,回忆以两种完全不同的方式巩固下来。阿莱达·阿斯曼认为可以把这两种存储形式同"痕迹"和"轨迹"这两个神经学术语联系起来。痕迹是通过一次性印象而产生的,而轨迹则是通过在同一小段距离上反复运动形成的。① 所以,通过身体和语言,集体记忆如何形成,如何被存储、充实,又如何能被清晰牢固地传承下来? 这是本节试图揭示的内容。

一、身体的实践

人人都有可以以及值得回忆的东西。但我们记忆的内容有的多,有的少;有的清晰,有的模糊;有的平淡无味,有的令人感奋。

对于村民来说,他们也有太多的经历与回忆,其中充满着他们身体和情感的付出。每每回忆起这些亲身参与的事件,村民们的头脑中就像过电影一样,把当时的情景,包括很多细节都清楚地再现出来。比如前文提到的新村迁来不久与邻村的械斗,距今已有几十年,但村民的回忆如此清晰,让人吃惊。像孙立清,他会清晰地记得当时他和他媳妇两个人共同参与了械斗,以及当时他们行进的路线:"到9月底10月初,是阴历,天气也冷了,结冰了。在这时候打的架。咱们村兵分三路,从河滩上有一路,有一路是从水渠,现在没水了。有一路是从丁字岸上面,咱们在河滩上汇合,从河滩来的先到,两个人一个车子,男的你抬,女的你拉车,年轻的拉车子。我和俺爱人,俺俩一个车子。十九了,能推车了"②;械斗的发起者和组织者郄清山更是能够细致地再现当时郄家庄村民的进退方向、进退位置以及对方

---

① 〔德〕阿莱达·阿斯曼:《回忆有多真实》,〔德〕哈拉尔德·韦尔策编:《社会记忆:历史、回忆、传承》,季斌、王立君、白锡堃译,北京:北京大学出版社 2007 年版。
② 访谈录音整理编号(960719SLQ),由访谈日期与被访者姓名拼音缩写构成。

的反攻之势:"这儿两人一辆车子,带着两杆锹。邻村下来,他是铁锹加那个称杠子,他那个杠子长。都是从这个打到这儿村边啊,我们占有利条件呀。我们赶紧往回撤了,北边有个渠,得赶紧撤,把住这个渠、这个桥。你把不住这个桥,你再撤,你就没地守了。呼咕隆咚撤回来,撤着去把住这个桥,后面就是妇女们了。把这个桥把住了,人也撤掉了。到这程度了,有人说:'去摆枪!'我说:'别!'这土枪啦,拿枪,我说:'别,可以撤回来了。''不行,顶不住。'唉。那个说去搬枪,我说别。不行,顶不住。年轻人,这抬枪,这一枪打了个崩,一枪打了个太阳,那戳得多近呢。这儿打兔子的多,枪都装着子弹呢,现成的。嗯,检察院的和公安局的来了,我们都撤到北边那排房子那儿,那个岸"①。早年跟着兄长搞副业的郏清平会娓娓道来村里各项副业发展的时间、持续的时间以及各个阶段经历的起起伏伏;还有其他的,比如说我们行文到现在还没有提过的村庄选举,村民会将当时的时间、地点、人物以及不同场景中的气氛和形象各异的表情等要素清晰地刻画出来。②

  从个体的角度来说,每个人的记忆能力和记忆内容是有差别的。但如果从群体的角度来考查一种共性,就会发现,个人记忆内容较多和记忆较清晰的往往与当事人自身的经历密切相关。亲身的参与,与道听途说获取的信息相比,留给当事人的记忆最为准确也最为深刻。因为村民很清楚道听途说来的内容与自己亲耳所听、亲眼所见的内容很可能大相径庭,其中不知道会添了多少油加了多少醋。这应该算是一种常识了,就好比影像资料相比其他资料给人的印象更为深刻一样。伴随事件的发生发展,事件的亲历者会不自觉地将身体的实践反映到记忆中。道听途说来的信息,只会让当事人记下事件的大概内容,或者再记忆下叙述者当时的表情、语音和语调等,甚

---

① 访谈录音整理编号(960209QQS),由访谈日期与被访者姓名拼音缩写构成。
② 因为书中各个章节表现的主题会有不同的侧重,所以,关于选举的内容在其他章节会有较多篇幅的呈现。

至有可能对叙述者的记忆要强于事件内容本身,因为相比内容本身,叙述者自身的表情和话语更富表现力,以一种外显的直观的特征进入到对方的记忆当中。前面提到的集体记忆,不仅是村民亲眼所见、亲耳所听,而且是村民切实的身体的实践的结果,其中有汗水、有艰辛、有愤怒、有失望,甚至有的还要面临付出生命的代价,这些实践经历已经融入村民的生命历程当中,成为其身体和精神不可分离的部分。

此外,由于这些参与不是个体性质的,而是群体方式的实践。"人作为社会记忆的主体并不是孤立的个体的存在,他总是生活和活动于一定的社会关系中并与其他社会成员按一定方式结合成范围层次大小各异的人群共同体。"①所以,对于共同的经历,村民彼此之间还可以相互佐证,相互补充彼此忽略或者错过的情节。在这样的过程当中,集体记忆不管是内容上还是留下印象的深刻性上都会越来越饱满、越来越深刻。

同样,在村民们生活和体验着的村庄里,村里大部分的事情,与每个村民的利益息息相关,自然也纳入了几乎每个村民身体的实践,包括亲身参与、亲眼所见、亲耳所听。具体的浸透着情感的身体实践留给村民的记忆成为挥之不去的东西,它会随时随地在不同情境下冒出来,在承载着过去的历史的同时,又影响着现在。可以说,身体的实践留下了痕迹,直接引发了集体记忆的最初形成。

二、事件的累积存储②

虽然不能说是生活在同一屋檐下,但是农村居住格局的较为开放性以及村民彼此互动的频繁,使很多周围发生的事件不自觉地就

---

① 孙德忠:《社会记忆论》,武汉:湖北人民出版社 2006 年版。
② 以个体性的事件(区别于群体性的事件)为记忆内容的集体记忆,在因为事件的累积存储得以形成和传承上表现得更为鲜明。所以,本部分内容主要呈现的是个体性的事件。

被大家知晓了。但是,如果是关系又不近,居住距离也相对较远,那是否就难以知晓了?答案当然是否定的。这是因为通常人对自己不知道的他人的事情天生有一种好奇心,不管这跟自己是否"八竿子都打不着"。当然,如果"他人"对"己"来说存在一个距离远近的差别,那么大多数人都会更热衷于了解身边的人发生的事情。对于生活在村庄里的人来说更是这样,他们热衷于了解周围其他村民的事情,因为很多"他人"的事情跟自己是能够建构出关联的,不管这个关联是否紧密。此外,因为村庄范围的狭小以及村庄传播渠道的畅通,掌握其他人的事情,哪怕是很久远以前的事情也没有太多的阻力。

如此说来,村庄里发生的较大的事件,基本上可以说是被村民共享了。村民共享的直接结果就是将事件累积存储到集体记忆当中,而这一累积存储的过程也是有章可循的,它自然形成了一种存储的规律:将事件按照门户的不同进行分类存储以及将事件按照类别的相同或者相近进行同类存储。这一事件存储进记忆的过程是现在事件的存入,也是过去事件的调取,最终的结果是集体记忆的充实与传承。

(一)门户不同的分类存储

社会中的人从来都不是孤立的存在,都要同社会中的其他人和物发生互动。个体的行为,虽然不能将其广泛地联系到与其发生互动的任何事物,但考虑到"农村是中国传统文化最为发达和最有代表性的社会,家族意识是儒家伦理的重要的、基本的组成部分"①,将个体的行为同其家族联系到一起,在村民看来就成为再自然不过的事情了。所以,针对发生的不同事件,村民会在头脑中对此自然地加以分类:属于哪个人、哪个家庭、哪个家族,形成对某个人、某个家庭和

---

① 王思斌:《家族意识在农村工业化中的作用》,乔健、潘乃谷编:《中国人的观念与行为》,天津:天津人民出版社1995年版。

某个家族的记忆。

像李喜菲在控诉村干部郄二贝拿了低保户的钱不给的"坏良心"行为时,不仅提起他的其他"罪恶行径",也很自然地扯到了他的家族:"他家的这户人家也可坏了。他们家的大人们也不那个什么,大人们也不好,他们那一家子不是男人们和别人就是娘们和别人,就是那,坏人们。现在(村民)也不搭理(他们),他家的孙子也是,去住了几年监狱。(他们家人)全是不好。"①

郄家四婶提到村里的"无痞"②老李新近让人不齿的行为时,也自然地扯出了他的祖辈。"他年轻的时候就是这样。他爹,他爷爷一辈子就是胡闹。他爹和他娘离了婚,找到庄头那家女人没丈夫,他和庄头那个女人去过了。去过了,他娘不和他离婚,那时候他强迫,你要是不离婚,就得让他爹回去和另外那个女人住,她那时候不让他回去住。就得让他回去住,后边让他回去住了,他在自己家里住的也不多,后边跟上那个女的上了庄头了。后边那个女的也死了,死了他爹在那也胡闹。"③

上面两个案例,清晰地展现了村民的惯常思维:由某个人现在的行为,村民马上就回忆起这个人过去的行为,也联想到这个家族其他人的行为。由此,关于这个人、这个家族的记忆因为新发生的事件而有了新的存储,原有的关于这个家族的记忆也因为现在事件的发生而被继续传承下来。"众人拾柴火焰高",这是一个积极的值得称许的行为;而郄二贝弟兄、老李及其祖辈的行为却给自己的家族抹了很浓重的"黑",这种每个人都做点"贡献"的行为产生了一种总体大于个体之和的累加效应:家族的坏名声。

---

① 访谈录音整理编号(080129LXF),由访谈日期与被访者姓名拼音缩写构成。
② "无痞"的意思相当于"无赖"。老李是一个无赖的人物,对于这点,村里是形成共识的。他的无赖行径,在其他章节会有较多的呈现。
③ 访谈录音整理编号(080127QSS),由访谈日期与被访者姓名拼音缩写构成。

（二）同类事件的累加存储

村里的孙海洋喝酒喝死了。他平时就是一个酒鬼，喝了酒又打老婆又骂娘的，喝酒喝死的当天上午，他在街里下棋，中午说去喝酒，下午回来的时候虽然还和以前一样烂醉如泥，但较以前还是有些异样。几个村民包括酒友赶紧将其送往医院，但已经来不及了，送往医院的路上，他就死了。在村民眼里，这是比较少见的新鲜事，对村里来说也是一件大事，因此大家都议论纷纷，分析他死的原因，也捎带想起了以前类似的喝酒喝死的人。

他这个人和别人不一样，性格又急，弄什么都往狠的弄。你像喝多少酒，你说，他一下就喝了，那脾气就太痛快。那也怨他，有病死了，这没法。喝喝高兴，你喝酒喝死了，怨他，都怨他。俺们村还有个喝酒喝死的。那个死得早，那个死了有10年了。①

他们几个不错的，整天在一起喝酒，那你没办法，喝酒后，跟这个吵，跟那个闹的。连父母也乱来，他那是早一天晚一天的事情，自己控制不了自己。让我说，那是正常现象。②

他那喝酒喝死了，那是真事。俺们村两个了。还有一个人，叫来发也是喝酒喝死的，太爱喝。太爱喝，他那没别缘故。现在的喝酒喝死的多了。那个村也有，那也有喝酒喝死的。③

以前村里喝酒喝死的酒鬼郄来发被大家想起来，其他村里有喝酒喝死的人，也被村民从记忆中调取出来。关于喝酒喝死的案例丰富了村民们对此的记忆，不仅如此，对于有可能走上这条路的人，有村民也将其作为同类事件预先关注了，这种潜在的案例从某种程度上也深化了这一类记忆。

村里还有一个这样的呢，时间长不了，也就喝死了。那个是我干

---
① 访谈录音整理编号（080129QQW），由访谈日期与被访者姓名拼音缩写构成。
② 访谈录音整理编号（080127SEC），由访谈日期与被访者姓名拼音缩写构成。
③ 访谈录音整理编号（080128LMM），由访谈日期与被访者姓名拼音缩写构成。

哥呢。他那是思想受到刺激,原来我们家孩子多,兄弟三个,家里穷,他家兄弟两个,他顶替了他爹的班。很好的,算正式工。后来在 P 县汽车队上上班,车队后来散了,没工作了,喝酒喝的,去那里也干不了。现在在家里就是喝酒,不出门,每天就是喝酒。喝完了就是跟家里人闹,也没有别的办法。①

所以,虽说人的思维发散能力比较强,但发散本身也不是杂乱无章的。同类事件的联想是相对容易发生的。某些记忆就像村民的手头库存知识,往往因为当下同类事件的激发而被唤醒,由现在的事情想到过去,由此实现了从现在到过去的回溯;现在以及过去的融合不仅强化了原有的记忆,也是把其作为一个类别的记忆,在现在发生的事件的存入基础上进行了累加的存储。

可以说,集体记忆的形成之初主要源于身体的实践,而集体记忆的丰富以及得以传承,直接的诱因就是事件的不断发生,在村民记忆里形成累积的存储。

三、舆论的强化

一个人不能脱离社会群体独立生活,人们通过语言、情感的交流每天都在发生或多或少的联系,有时是直接的,有时是间接的;同时,每个人又都力争以自己的态度去影响他人。② 社会学家莫里斯·哈布瓦赫曾指明,回忆是在同他人和他人回忆的语言交流中构建的。有许多事情,我们对它们带有多少回忆,取决于我们有多少机会对别人叙述它们。③ 村庄里的生活氛围,语言交流是非常充分的,其主要表现就是自发或者自觉形成的舆论。自从人类社会诞生,舆论就如影随形地产生了。在劳动和生活中,人们会自然而然地形成大体一

---

① 访谈录音整理编号(080127SEC),由访谈日期与被访者姓名拼音缩写构成。
② 刘建明:《社会舆论原理》,北京:华夏出版社 2002 年版。
③ 〔德〕阿莱达·阿斯曼:《回忆有多真实》,〔德〕哈拉尔德·韦尔策编:《社会记忆:历史、回忆、传承》,季斌、王立君、白锡堃译,北京:北京大学出版社 2007 年版。

致的意见、看法,并以此来协调人们的行为,评判人物和事情。① "谁人背后不说人,谁人背后不被说",村里每天发生的大大小小的事件,只要被村民知晓,就会一传十、十传百地形成信息共享和评论的蔓延之势。

针对当下发生的事件来说,围绕事件的舆论可以说是事件的延续。一个事件的发生,有人知晓,就会将其作为一个谈资传递给别人;有人有好奇心,就会向他人打听;越来越多的人关注,围绕这个事件的舆论之势就形成了;舆论铺天盖地时,即使原来对事件不知晓也没有好奇心的人也被动地吸收了相关内容。在舆论中,会有对事件的补充、修正,会有个人观点的发表,也会有彼此的讨论和争执,因为不仅人们的文化程度、智力水平不同,其与事件的利害关系也不同,这决定了人们对同一问题的意见和看法就会存在很大差距。不管这个舆论的范围或大或小,观点的发表或明或暗,可以肯定的结果是:舆论将事件的影响扩大化了。舆论使更多的人了解事件,在使拥有集体记忆的主体范围扩大化的同时,也使其加深了对事件的记忆。

针对以前发生的事件来说,对当时围绕此事件的舆论内容和舆论影响的探询,也能够再现事件的发生发展过程。事实上如果人们不去讲述他们过去的事情,也就无法对之进行思考。而一旦讲述了一些东西,也就意味着在同一个观念体系中把我们的观点和我们所属圈子的观点联系了起来。② 在"当时那个事儿闹得很大吧?当时张三是什么看法?李四是什么看法?其他人是什么看法?他们为什么会这么想?难道不是因为那个原因吗?事情到底是怎么回事?"这样一系列的追问中,发生在过去的事件的发生发展、关键人物的行为和语言又重新登场。每当我们回溯到这些事件和人物,并对它们加

---

① 徐明阳:《舆论、谣言与毁灭——莫泊桑短篇小说〈绳子的故事〉的传播学解读》,《上海第二工业大学学报》2006年第1期。

② 〔法〕莫里斯·哈布瓦赫:《论集体记忆》,毕然、郭金华译,上海:上海人民出版社2000年版。

以反思的时候,它们就吸纳了更多的现实性,而不是变得简单化。这是因为,人们不断进行反思,而这些事件和人物就处在这些反思的交汇点上。① 所以,对舆论的内容和影响探询的过程强化了村民对以前发生事件的记忆,而且也可能填充进去已有记忆当中缺漏的部分,使记忆的内容更全面。

不管是对当下发生的事件,还是对以前发生的事件来说,舆论内容本身既包含了现在的事件,也包含了过去的事件。通过对舆论内容的考查,我们发现,舆论的发生,离不开横向纵向的对比,以及前后左右的参照:村民对村庄经济发展现状的失望,主要是基于当前经济的凋敝同集体经济时期的繁荣对比,也有本村同其他后发展但当下经济实力强的村庄的对比;村民对村干部的埋怨,主要是基于普通农民的不富裕、被排斥在权力以及公共资源占有之外同村干部的富裕和对权力以及公共资源占有的对比;村民对村干部能力的不认可,主要是基于现任村干部的无所作为同以前村干部带头发展集体经济和公共设施建设的对比;村民对所属身份阶层的不满,主要是基于农村以及农民同城市以及城市居民在居住、工作环境以及享受权利方面的对比;小家族村民对村庄政治格局固化的气愤,主要是基于自身所属的小家族势力弱登不上政治舞台同大家族势力强霸占政治舞台的对比;村民针对一件事情,会参照当事人以往的作为以及他的家庭、他的家族的作为来判断和评价;村民对特殊、新奇事物的议论,主要是以传统的伦理道德,以及村庄权威的行为规范为参照;村民对有悖伦理道德的事物的抨击,主要是以村庄情理和占据主流的价值判断和行为规范为参照;村民对自身及自己人的认可,对他人的不认可,是在将自身同他人的多番的对比和参照中产生……舆论是大家对现在的事件的意见和看法,但是意见和看法的产生是有标尺在衡量的。

---

① 〔法〕莫里斯·哈布瓦赫:《论集体记忆》,毕然、郭金华译,上海:上海人民出版社2000年版。

对于村民来说,这个标尺就是村庄权威的行为规范和将已有的被认可和称赞的人物和事件加工形成的典范。人物当然是真实的存在,而事件当然也是具体的发生过的,那么规范呢?对村民来说,行为规范不是抽象的概念和条款,也是体现在已经发生的活生生的事件中①。所以,众多对比和参照之下产生的舆论并不是空穴来风,也不是村民大脑细胞的一时活跃和个人情绪的一度放纵,而是建构在客观的鲜活的事实基础上的。在舆论的建构和表达中,过去的事件被多次从村民的记忆中调取出来,在对比与参照中,已有的记忆被进一步强化。因此,集体记忆不仅包括事件,也包括围绕事件展开的舆论。

第三节 村庄集体记忆的特点

在文献述评中,笔者提过,与很多学者关注重大历史事件给当事人留下的或荣耀或痛苦的记忆不同,笔者在本书关注的是日常生活中的大大小小的事件留给村民们的记忆,以及这种记忆对村民而言的意义。所以,本节内容在论述村庄集体记忆的特点时,就不自觉地会与其他研究呈现的由重大历史事件投射的集体记忆相对比,像知青的集体记忆就是一个可以相对照的典型。通过对比,村庄集体记忆的特点主要凸显为具体而非抽象、共识而非己见、延续而非定格三大特点。

一、具体而非抽象

通过知青文学或者对知青聚会的描述,我们可以发现,虽然他们的记忆有很多对往事的细节性回忆,但也不乏用一些形容词、名词或者名词短语等对那段历史所进行的高度概括。而且,也正因为那

---

① 村庄当中规范的呈现,在以后的章节中会有较多的分析。

段记忆不断地被不同的知青书写下来,高度概括性的词语积累得也越来越多,有意思相近的,也有截然对立的——这完全取决于当事人的经历与理解。与此相对应,一个村庄里也总有为数不多的几个读书较多、颇有见解的村民,他们常常会语出惊人:理论性的、政治性的、时髦的语言经常从他们的嘴里冒出,让周围的人心生佩服。像村里郐家的五叔和老郭应该算是这样的人物了。他们可谓是"家事国事天下事事事关心",不仅党中央和国务院,台湾动态、国际局势都是他们关心并谈论的问题,他们在发表自己观点的时候,常常会用到官方的一些概括性的理论性话语,精练而又抽象。这种姿态和视野,会导致他们在处理过去的记忆时也会有很多类似的概括和凝练。但是大部分的村民,作为普通的老百姓,他们对过去的记忆的再现则很少有抽象的和概括的语言,展现的都是具体的活生生的事件。在我们的调查经历当中,虽然很多时候我们希望对方讲得越详细、越原汁原味越好,但有些时候,我们也希望对方作出主次的取舍,能够对一些事件给出总结性的概括。这种要求往往对村民来说很难,他们没有这种惯常的思维习惯。所以,他们大都会将事件从记忆中调取出来,不遗漏很多细节地娓娓道来,至于如何概括和总结,那就不属于他们的职责范围了。

分析原因,这一方面是因为村民自身语言抽象概括能力的缺乏,另一方面也主要因为充斥在村民脑袋里的记忆太多,很多祖辈传下来的东西还依然在他们记忆深处安营扎寨,所以,太多的记忆让他们来不及细细琢磨,遇到新的事件的发生,先以其"本来面目"存储到记忆中成为首要的行为,而具体的分类和仔细分析则要在日后可能出现的某个情境下再将其从记忆中随时调取出来。

二、共识而非己见

虽然知青集体记忆通过知青文学和知青聚会的方式已经呈现了很多,但是,因为个体当时的经历以及当下的境遇千差万别,再加上其他主观客观的因素,导致知青的集体记忆作为一个整体,其中也会有很多不同的声音:有人无悔,有人有怨;有人称其为浪漫,有人称其为噩梦。此外,面对同样一个较为客观的事实,也有知青因为当时的误会或者不理解而将其歪曲,这种歪曲因为日后大家纷纷返城,空间距离拉开以及联系较少而难以通过沟通得以更正。所以,在笔者看来,虽然知青的集体记忆有很多时代的烙印,但也充分表达了一种个体抒发己见的特征。

在村庄中,若一个事件发生,知晓的人会有一个最初的印象,产生一个原始朴素的记忆。在这一初始阶段,每个人的看法自然也会因为对事件了解的深浅等因素产生不同的观点。因为生活在一个村庄的村民不仅空间位置紧密,而且沟通频繁,所以,不管事件跟多少人相关,都会引来大家的叙说和议论。在这种叙说和议论中充斥着各种观点,多番的讨论过后,总会形成一个得到多数人认可的比较权威的观点。所以,这种议论本身以及讨论最后形成的权威观点会影响到那些保留原始记忆的人,而没有存储过原始记忆的人则直接吸收了讨论后的结果。如果这一轮的记忆存储被一些村民错过了,那也不怕,因为此后会有多种机会,大家共享的集体记忆会因为新事件的发生、新的舆论的产生等各种情况而随时被调取出来。调取出来的集体记忆,在新一轮村民的参与中被补充、更正,而原来没有存储这一记忆的村民也会借此补上"功课"。也可能会有一些在上一轮持不同意见的村民在经历了这样的场合之后修正或改变了自己的观点。经由这样的多轮重复,不仅信息得到了充分的共享(持有此集体记忆的村民越来越多),而且也会帮助村民对这一记忆形成很大程度的共识——在观点上相近或相类似。

三、延续而非定格

知青文学作为一种传播广泛的刻写方式,知青聚会作为一种普遍参与的操演方式,对知青集体记忆的建构起到了不可忽视的作用①;因为社会的变迁,往日的知青因当下的变化从而对过去重新做了解读。但不管是刻写、操演,还是重新解读,其记忆内容都是定格在了那个年代那个空间的。虽然知青生涯的记忆对知青以后的生活产生了很大的影响,但那段历史从时空的角度来说毕竟还是成为过去,知青以后的生活基本上脱离了那个空间以及与此相关的人物。

与知青等集体记忆不同,因为累世聚居以及村庄范围的狭小,村庄的集体记忆在空间以及相关的人物和事件上体现了一种延续性,即集体记忆不是定格在了过去,而是因为空间(居住的地方还是原有的村庄)没有改变、人物还是那些人物、同类事件又有新的发生……从而使过去的人和事自然地延续到了现在,与现在自然地联结起来。说其自然,是因为这种将过去与现在的联结不是人为地刻意为之,而是人们对日常生活事件持续发生的一种自然的反映。这种延续具体是怎样发生的呢?我们前文提到过,在村庄集体记忆的形成和传承上,村民对过去以及现在的事件按照门户以及按照事件类别所进行的"合并同类项",在舆论建构中,将"过去"与"现在"的对比,在舆论表达中,将"过去"事件的调取,都会使村民对村庄中的每个人、每个家庭、每个家族以及同类事件的记忆不断地进行着积累、重新地建构和解读。所以,随着时间的推移,村民所共享的集体记忆也并不是原封不动的,其中的一些内容、形式或形象潜移默化地发生着改变,一些原有经验在新经验的不断充实中也逐渐丰富、完善和更新。

所以,如果说知青的集体记忆是定格在了"过去",定格在"过去"那个空间中的"过去"的人物和事件上,知青集体记忆的产生是在当事人都跳出原有的那个空间之后,以一定的距离对过去的一种回溯的话,那么,村庄的集体记忆不是定格的,"过去"的人物和事件

---

① 王汉生、刘亚秋:《社会记忆及其建构——一项关于知青集体记忆的研究》,《社会》2006 年第 3 期。

随着时间的绵延具有了累积性,村庄的集体记忆是村民对其身处其中的村庄以及周围的人和事的近距离的回溯。

村庄集体记忆的特点,直接影响到以集体记忆为建构基础的村庄舆论的内容与表达,也影响到村庄舆论对村民行为的制约力。具体内容会在以下的两个章节中分别呈现出来。

第四章　村庄舆论

"除了最忙碌的季节外,我们在每个中国村庄都能见到成群的男人聚集在小庙这样的乡村公共场所,冬天在太阳下,夏天是在荫凉里,坐在几根树段上交谈。即使在隆冬时节,他们也会挤在一起,以求温暖和亲密,他们整天地聊呀聊,直到吃饭时才散去。从前、现在和以后的天气状况、集市行情、小道消息,尤其是最新官司的细节,都构成了这类无休无止闲谈的经和纬。"[①]这是美国传教士明恩溥在描写中国的乡村生活时记录下来的一段很为平常的场景。这个场景给我们一个很直观很朴素的印象:村民经常在闲聊。在我们的具体调查当中,也随处可见类似的场景,村民就村庄范围内的人和事会发表不同的意见,村民的闲聊形成了村庄里的舆论。那么,是否如明恩溥笔尖透露出来的意思一样,村民的舆论表达就只是打发时间、漫无目的的闲聊呢?马克斯·韦伯告诉我们,行动者的行动都是被赋予主观意义的;很多关于农村、农民问题的研究也向我们展示了农民生存理性和经济理性的一面。所以,从理性小农的角度来考虑,村民的舆论表达都是被其赋予了意义的。从对舆论内容、舆论产生的直接作用以及舆论的受制因素的考察中,我们可以去努力挖掘这种意义。

---

① 〔美〕明恩溥:《中国乡村生活》,北京:时事出版社1998年版,第308页。

第一节　舆论的内容

在不同的维度上,对舆论内容可以有不同的划分。比如说根据舆论的指向,即舆论内容的主体,可以划分出基本的两大类:针对人的舆论以及针对事儿的舆论;根据舆论的表达目的,可以划分出以利益诉求为主的舆论以及以规范呈现为主的舆论;如此等等。本章根据论述的需要,采取后一种划分,在舆论内容上划分出利益的诉求与规范的呈现两大类。

一、利益的诉求

通过文献查阅发现,很多学者的研究集中在农民的利益表达方面,由此也能看出利益诉求是村民表达的主要动因。利益有公共利益与私人利益之分。在中国,尤其是在农村,公与私的边界是很模糊的,具有很大的伸缩性。明恩溥在1882年所写的《中国人的特性》一书中,以"有私无公的中国人"为名,指出中国人的生活习惯中有私无公,说中国人压根儿没有属于"公"的东西和"公有"的概念。他说:"中国人有私无公或公私不分的脾气,其实远不止此,他不但对于'公家'的事物不负责任,并且这种事物,要是无人当心保管或保管而不得法,便会渐渐地不翼而飞,不胫而走。"① 这是外国人视野里中国的"公"与"私",那么,我们本土的学者又是如何看待自己的呢?一生致力于乡村研究的费孝通先生,在《乡土中国》的《差序格局》一篇中开门见山提出:"乡村工作者看来,中国乡下佬最大的毛病是'私'。"不过,在与西洋社会相比较后,费老提出"差序格局"的概念,很好地解释了中国人以"己"为中心产生的一圈圈的关系网络。这个范围可放可收,具有很大的伸缩性,由此"在差序格局里,公和私是相对而言

---

① 潘光旦:《民族特性与民族卫生》,上海:商务印书馆1936年版,第119页。

的,站在任何一圈里,向内看也可以说是公的"。① 本书中,公共利益主要指关系到每个村民利益的整体利益,涉及村庄政治权力的行使、公共资源的分配等。而私人利益指与个人、家庭或者稍大范围的家族利益相关的利益,因此会涉及公平和正义等问题。

（一）公共利益的表达

1.家族政治与村民利益的被剥夺

郗家庄家族政治特色比较鲜明,从附表一可以看出,几十年来,村庄权力几乎把持在郗家人的手里。村妇女主任李文英是郗家的儿媳妇,她一连串地说出了这些年来村书记的更换。（访问员:那大队长是谁?）那时候是郗五发。郗永喜不当了后来换成了郗青河。郗青河不当了换成刘立志,刘立志②不当了换成史秀英③,史秀英不当了换成郗青全,郗青全不当了换成郗富来。（访问员:你们这是几年一选啊?）俺们没有讲那个。他愿意的话那就年年让他当。俺们村的干部大部分都是你连着我,我连着他,都是一家子的,你看,秀英、富来、俺们,这都是一家子。孙立清是叫姐夫哩,是俺娘家的闺女,俺婆婆家里的叔伯弟妹叔伯姐姐,刘立志这也和我们都是。刘立志姐家的媳妇就是俺小姑子。俺这里里外外的都是亲戚。④

我们前文提到过的做过国家某司司长的人物是郗家里面最有势力的一支的老大⑤,他有五个弟兄,老大、老四在北京,其余三个在村里。我们访的比较多的有三叔郗清山和五叔郗清平。三叔、四叔、五叔的儿子也是我们一直关注的对象,他们大多自身都有所作为,成为

---

① 费孝通:《乡土中国　生育制度》,北京:北京大学出版社1998年版。
② 刘立志是郗家的女婿,不仅如此,他的亲属也和郗家有亲戚关系。
③ 史秀英当时(后来离婚了)属于郗家上院的儿媳妇。
④ 访谈录音整理编号(960719LRQ),由访谈日期与被访者姓名拼音缩写构成。
⑤ 课题组的刘小京老师将郗家庄的郗家分为上院、下院与外院,这一支属于上院。具体请参看刘小京:《谁在调解》,载杨善华、罗沛霖主编:《当代中国农村研究——实证调查》(下),香港:八方文化企业公司2000年版。

村里的政治精英、经济精英或者集两种精英于一身。除此之外,他们丰富而又生动的生活史也有待我们挖掘。对于大家族掌权的事实,郗家上院的人也毫不避讳①:"它在农村里边吧,一般是一个村吧,它都是家族,一族一族的。这家族里边呢,如果这个家族里边大,容易产生干部,这是一个;另外一个,家族里边虽然小,但人家有才能、有威信的人,也容易产生干部,但作为我们这个村来说呢,郗家占了将近三分之二,所以它在这个同等的情况下,有才能,你就是说这个家族小有个有才能的,这个家族大也有个有才能的,他们两个才能上下差不多的情况下,家族大的往往是掌了权的。所以,我们村为什么郗家掌权,基本上就是这种情况。这从客观上讲是这个情况。"②

　　大家族掌权不仅仅是郗家家族或者郗家庄特有的,在郗家庄迁村之前的老村,这已经成为村庄当中比较平常的惯例了。那时候"老村的支部是刘家掌着权",因为在老村,不是郗姓,而是刘姓是第一大姓,所以,迁村成为郗家家族"上台掌权"的一次契机。当然,不管是老村还是现在的郗家庄,很多小姓的"少数民族"(这是村里郭青山对自己家族和其他小家族的统称)就一直处于郗家家族的阴影之下。每次进村,我们都会听到村民们对此的议论纷纷,根据我们多年的调查以及对村庄人物比较深入的了解,可以判断出,这种舆论是一直蔓延在村庄当中的。

　　左家在村里是小姓,但是在"四清"时期,左全有曾当过贫协主席,以夸大事实的手法揭发村里干部贪污的问题,想以此取而代之。他的孙子左立禄谈到大家族势力大,很为自己有才无处发挥而愤愤不平。当时你想想,当时搬迁时当干部的,最起码说最有威信,他才能当干部,掌钱掌物,俺农村离了家族不行,可一样,我这是自信呢,要是具有他们那个条件,我比他们不差,我可以这么讲。自己这底儿

---

① 之所以不避讳,也是因为我们是朋友的身份。研究者与被访者的关系直接影响到被访者叙述的真实性等。

② 访谈录音整理编号(961129QQH),由访谈日期与被访者姓名拼音缩写构成。

不行,你说这村吧,比方说我们厂子,村里有一笔扶贫款,人家家族人在这村里边,你和人家的关系不一样,国家是扶持你还是扶持他,那谁来提你呢?实际上我在外面混得不错,来到村里就难了。我是这么想,比如说,你假如有点什么特长、才能,你在外面搞搞比在村里好,村里是我看你是这个人才,可我不用你。你不是我的人我不用你。在生产队上的时候就这样,你和我不错如果咱们是一家子。即使另一个人是个人才也不用他,这个圈子,这个圈子你难突破。有这个圈,有很多人从青年到中年这段时间,一个人啊很不好发挥,谁家认识你?在农村这个很关键,可现在我们村有这么一个,什么事我都好想,我想这么一个事,有时候在某一段时间里我也感到自豪,我这么想,从前生产队上实际上你管着我,生产队就是咱们村的家族,从投票选队长选干部,人家是一家子,实际上他也没有多大本事,在农村在那个社会搞好搞坏他搞呗,干了一天工分合五毛钱还是合五分钱也是他。他是干部。这个家族,实际上他没多大能力,现在市场经济、市场化,他不行啦,他当时也有权,现在也不挣钱。干不了买卖,干不好赔钱。这个人有一个妹夫,身体不好,在俺这儿干活,他以前也是干部。他不挣钱,他现在得给我干活。我一想也就翻过来了。就是在那个社会,你是个人才很难,在农村这个圈子,你有能力没用。现在不了,你比如说你在郄家庄你有一个圈子,可你郄家庄有多少计划经济呢,你郄家庄有什么钱,咱出去了,在外头人家可不说你家怎么样,去了外部人家不说你的家族。俺们这一带常说你怎么样怎么样,对我有一个评价有一个议论,我可以这么想,我在郄家庄能力发挥不出去,我也发挥不了。我说有什么事咱出去,他不敢低看咱。农村这些事可多啦,我说这些事是咱切身经验。①

村民们对大家族的垄断有议论和不满,但这种不满大多局限在物质利益的被剥夺上,很少人会意识到自己或者自身所属群体当权

---

① 访谈录音整理编号(960722ZLL),由访谈日期与被访者姓名拼音缩写构成。

机会的被剥夺,即表达不满的村民中并没有很多人认为自身能力强且可以替代当权的大家族势力。左立禄不仅是普通村民中的一员,他还可以说是代表了村里那些小家族中自认为有些才能的人。① 与普通村民相比,他们自身的能力和素质可能更强一些,因此就多了一种与当权者一比高下或者同分天下的可能,所以其谋求成功的动机更强烈,但现实中得不到机会,也会使其相对剥夺感更大。他很形象地给我们描述了那个生活中牢固存在的、由家族和亲缘关系构成的圈子。圈子这里表示的不是一个空间概念,更多的是一个心理概念,是一种对"自己人"的自我认同。② 而他们再有能力也跻身不了这个核心的圈子。所以,最后像左立禄这样身处小家族的有能力之人,利用市场经济发展的社会环境,将发展的路子投向了村庄外部,切合实际地给自己的生活定下目标:"小姓求小康。"咱也没有什么,刚才你也提到咱是一个小姓,我又没有兄弟,咱们扯家带口有老婆有孩子,咱不指望发大财,咱先奔一个小康,先顾咱的生活。在保持这个的基础上再发展。现在我可以说时机成熟了。因为厂子搞了十来年,技术上的东西也积累了经验,设备咱也置办出来了。所以我也总结一下自己,现在五十的人了,自己与一般人比,俺们村里的人吧,咱也没有少干一分,也没有多睡多少觉,毛病也来了,觉也少睡了,钱也没挣多少,搞到现在这个样子,俺觉得惭愧,惭愧吧,咱一想咱也不容易,俺们这个家庭,迁到郏家庄后我们才从外面回来。③

  家族政治问题每每遇到三年一次的村委会选举便会更加凸显,因为台上的人要维持原有的平衡,而台下的人试图借这个"合法""民主"的机会打破原有的政治格局。2000 年的那次村委会选举,让很多村民对此大发不满。因为那次选举,这个过程看着可民主了,实

---

① 书记郄富来曾说过左立禄挺聪明的。
② 徐勇、徐增阳:《流动中的乡村治理——对农民流动的政治社会学分析》,北京:中国社会科学出版社 2003 年版。
③ 访谈录音整理编号(960722ZLL),由访谈日期与被访者姓名拼音缩写构成。

际上内里的事差距就大了——它没法防御怎么不串票,这很难说。不民主的地方就是实际到选举的时候,到最后投票的时候,它就不民主了。因为俺们村里的班子就是一家子串一家子,家族观念太严重了。我就说过俺们家是"少数民族"①。像选举这个事,大伙坐下来,咱们村选谁?文化好,有组织能力,他选出来怎么能把村里改变面貌。他根本就把这个抛在一边。他不,他就是利用家族了,选哪家的人。真正能办事的,他选不上。② 具体来说,2000年的村委会选举,家族内部不仅互相拉票,还搞起了贴"小字报"的手段,这种"小字报"具有针对性,立场鲜明,但是攻击力不是太强,很多内容看着还透露出一种诙谐的趣味,比如刻画老郭的"锅贴闲着没事干,骑着车子满街转"。此外,村干部还守在大队部门口,阻止村民前来投票。因为一旦内部商量好的人选没有被选上,而其他力量上台,这对原有的班子来说是一个很大的冲击,如何平衡内部的势力就成了一个问题。2000年的时候,全国各地农村的村民直选可以说是广泛开展,那这里村民直选受到阻挠为什么没有人来管呢?除去村里干部在"封锁消息"方面下的功夫,其实更为主要的是,村里掌权的家族势力完成上级下达的任务,即"国家代理人"角色扮演得很好,同时掌权的郏家多年来也打通了很多职能部门的关系。从上级乡镇政府来说,郏家庄村"两委"能自身调节平衡村庄内部的势力,能保证上级任务的顺利完成,村庄也一直处于相对稳定的局面,作为家长又何必介入太多呢?

所以,在这个村里,村庄政治格局已经相对固化。村里的小家族要想闯进去改变这个格局是很难的事情。就连现任书记的堂兄弟也发出感慨:"他们旧班子权力大,有钱自己还想花呢。现在他们几个局部力量凑到一块,已经稳定下来了,外面的人很难进去。你有那个

---

① 村民的一种比喻,指其姓氏在本村较少,属于小姓。
② 访谈录音整理编号(001110GQS),由访谈日期与被访者姓名拼音缩写构成。

关系,他有这个关系,凑到了一块。选举是好但有时通过关系很难打破这个结构。"①因此,即使在大家族内部,也还是存在着不同房支和不同家庭之间的利益争斗,家族的边界显现出其伸缩的张力。

2. 村干部"光想着自己发财"

我们前面提到过,对家族政治不满的村民并没有很多人想取而代之,对于大部分村民而言,谁当干部都无所谓,关键是身为干部,只要帮老百姓办事,给老百姓谋福利,老百姓尝到甜头,就会说你干部好。在村民看来,郊家庄的干部们,即掌权多年的郊家人与其亲戚,占用了很多公共资源来发自家的财,没有牵头带领大家一起致富②,涉及公共资源的分配时也是任人唯亲,没有达到村民心中的公平。

根据村民的表达,村干部占用公共资源主要体现在两个方面:扶贫款等款项的挪用与占用村集体的土地。当时属于班子成员的村会计——也是郊家上院的人告诉我们村民对此的意见:整个村里现在穷得嗷嗷的,你知道成什么样了?村里存在折子上的只有140多块钱,这是最大最大的事,底下反应相当大。主要干部们都花着上边的移民周转金,应当往集体多交钱现在是不交,承包费应该是翻番了现在是这点也不想交。底下社员们意见可大了,人家党员直接去找我说这事。这事不好办,自己在班子里,人家几个都有企业,人家都这么办着呢,人家觉得可合适了,人家觉得就该这么办。③

村民自觉地把自身利益的实现同村企业的发展联系在一起。在这种简单的因果推论中,村干部把企业办得红火发了财了,村民自然就能就近就业,并获得一定的收益,可现实是村集体几乎一穷二白,村民们指望不上靠村干部的带动来达到整体性的共同致富。在村里很多公共场所,村民们都直言不讳地会把这种牢骚发出来,由此可见这种意见的表达早已经过"遮掩""避讳"的阶段,已经进入到大家可

---

① 访谈录音整理编号(080131QFG),由访谈日期与被访者姓名拼音缩写构成。
② 对此,村干部则认为是村民素质太差,总想挖集体的钱。
③ 访谈录音整理编号(980114QQW),由访谈日期与被访者姓名拼音缩写构成。

以无所顾忌地公开高声谈论的地步:"现在这是集体经济没有了,基本上都是干部,一人一个厂,自己干。我当时有一个想法就是要弄大伙一起弄,大伙共同富裕。国家是这么提倡的。现在大家意见可大了,因为没有按国家的一套,现在是小家富了……哎,没有人带头。"①但有的村民在发牢骚之余,会对村干部给予理解和宽容,同时也寄予了期望:我认为让干部们提高素质,认识到这个问题,他们现在带领大家致富也不晚。给大家想想办法,给大伙筹集筹集资金,上几个摊子。你该干你的干你的,你该发你的财发你的财,你该沾集体的光沾集体的光,可你得关心关心大家。现在是这个问题,并不是非要把你拉下马。像这是非常低的条件都达不到。②

　　大部分村民认为国家(上边)的政策和精神是好的,只不过被下边的和尚把经给念歪了。上边的精神是以经济为核心,到村里以后干部们不是努力为大伙办什么事,他只关心个人。要我说现在村里的干部一个月不要说干10天,干5天就算齐了,就算完成任务。上边派个什么事,他光把这个事商量商量。他不是说为村里找资金,带领群众致富……他没有那个能力,不一定要钱才能办事。我的观点是像带领群众致富,让户里投上资,他们几个搞品种,这也好哎。他们不是那带头人,不带那个头……过去说做一天和尚撞一天钟,我就说现在咱这些和尚连撞也不撞。③ 笔者通过自身调研发现,村民对于政策及其执行者的这种评价,在中国的很多区域广泛存在。

　　在肯定国家层面的领导和政策的同时,村民对包括县、乡等级别的基层政府抱有不满。村民会将村干部"贪污"的行为直接联系到更上一级官员的腐化。按说过去一年了,应该党员支部开个会,总结总结。谁也不说。账目公开人家都是有规定的,每年要向社员代表公布账……镇上能吃一点鱼,他们吃不上鱼吃虾米。他官小吃虾米,人

---

① 访谈录音整理编号(960719QFQ),由访谈日期与被访者姓名拼音缩写构成。
② 访谈录音整理编号(980116GHH),由访谈日期与被访者姓名拼音缩写构成。
③ 访谈录音整理编号(011209QQSFF),由访谈日期与被访者姓名拼音缩写构成。

家官大吃一条鲤鱼。这事弄的,他们跟人家学坏了。"① 在村民看来,不同级别干部们的贪污腐化的结果,就是害得老百姓成了被挤压的"油料作物"。"老百姓是个油料作物。为什么说是油料作物?上边和下边要钱,要钱你没钱,他就给你上上劲,你就咳,借给我点吧,不借上边逼得不行了。赶到再过一段时间了,上面又起了新名词,又要钱,不行再给你上上劲。所以说老百姓是油料作物,这是实际情况。"②

村干部手里的权力表现在很多方面,一个很直观的表现就是对公共资源的分配。但凡是涉及公共资源的分配,就总会有纷争。像低保名额的分配就是一个很明显的例子。随着相关政策施惠面的进一步扩大,郊家庄的低保名额从2007年的4个增加到了2008年的17个,这本来是一个好事情,但是却引发了村民们意见纷纷。有村民强调低保户和干部们有关系才上的,低保户都是干部们,那和干部们有勾结。都是,他也不管你有钱没钱。有一天我在那大街里听了听,我也不是说我要,我给他们提了提,说了说。我说这低保户有小子,有孙子,也没生病,就让他当了低保户了,那对吗?你说这低保户是干什么的,真正说有病了,给谁,也不生病就当低保户。我不当,我也不要,我就是觉得那个不公平。姓米的那个人他家还和那支书是干哥,认着他娘呢。人家一直害病,人家也没借钱。③ 也有村民强调村里最贫困的一家应该全家给上,但是没有。"你比如说王巧鹏吧,要让我算的话,人家应该全家低保。他确实穷,穷得吃不上饭了,应该是低保,结果不是保全家。李春妞,那是巧鹏他娘,保一个。这你显然就……两孩子,还没成年呢,媳妇也死了。瘫痪了多少年,他那瘫痪比我早多了,瘫痪了多少年,傻乎乎的。这样对待的话,很明显公平就很难。"④

---

① 访谈录音整理编号(980015GBC),由访谈日期与被访者姓名拼音缩写构成。
② 访谈录音整理编号(980114QXF),由访谈日期与被访者姓名拼音缩写构成。
③ 访谈录音整理编号(080129LXF),由访谈日期与被访者姓名拼音缩写构成。
④ 访谈录音整理编号(080130QYT),由访谈日期与被访者姓名拼音缩写构成。

低保名额的分配让村民感觉不公平,这是很容易理解的事情,因为公平从来都是相对的,村民们大都会站在自己的立场来想问题,得了低保的觉得公平,相应的,没得到的觉得不公平。当名额是4个的时候,大家几乎没有什么意见;但是当名额增加到17个,即这块福利蛋糕变大了以后,很多村民,不管生活水平如何,就开始动了心,由此产生意见也在所难免。在此,我们不去探讨实质上的公平问题,只是想呈现村民在其自身利益逻辑支配下的舆论表达。公平问题是相对的,但有的问题就有着绝对的是与非了。让村民包括低保户非常气愤的是,一个品行不端的村干部将低保户的钱从镇上领了回来却一直不发放到低保户手里。这让村民们很不齿,对社会也多了一些负面评价。"我说这世界坏了,以前的人们可讲义气了,现在的人们不讲义气了。现在这个,就和明抢一样,你说是不是?你看支给人那点钱。你说把那钱花了人家的,良心对吗?把人家的钱就支了花了。你说把那人家的钱花了,良心对吗?什么钱都敢花。"①

3. 城乡二元差别

不仅局限于村庄内部的资源分配以及公平问题,从村里那些吃"公粮"拿"工资"的人身上亲眼看到的,以及电视、报纸等大众媒介传播的内容的吸取,城乡差别也成为村庄舆论的一个主题。农民的议论并非空谈,而是现实情况触动的结果。比如说农村当中出现的赡养问题,以及老人在丧失劳动力后只能依靠儿子的"尴尬"处境,就会使农民想到城市老人拿着工资、经济独立的"从容"。

总的来说,咱们这儿农村不比城市,这个差别相当的大。你像现在是吧,俺们这个年纪,我今年56岁了,如果要有退休金,或者是当干部的,那钱就花不完,一个月一千多块钱、两千多块钱,看病上医院实报实销,国家把人家包了。人家钱花不完,人家儿子女儿也挣钱,人家这钱多了。光说解决差距,俺们这里没有收入了,也挣不下了,

---

① 访谈录音整理编号(080129LXF),由访谈日期与被访者姓名拼音缩写构成。

你说这个差距是多少。你就说这吃药,俺儿子没钱了,俺自己也没钱了,你没了这个经济状况,你就等着,你能怎么着,你这病就别看了,回家里去等死了。你看干部们,人家每一个月有,你农民睡觉后,睁开眼了,你去种田才能挣到钱,去哪里挣啊,怎么挣啊,今天能挣多少钱?能挣20元啊,能挣30元啊,可人家干部们或者有点什么的人,人家每一个月都有。像俺这样的农民,在家里歇着,一分钱没有;可是人家干部,人家在家里歇着,不用去挣钱,人家也有钱,你说这个差别能有多么大?是吧?愿上哪儿上哪儿,愿咋花咋花,干部们,他们每一个月都有,给农民们太少,这个乡村差别太大了,大得很来着。这个差别可难受了。教员们一年的工作时间,暑假,年假,干部的工资都涨。现在农村实际上中央一亩地补助,种子补贴,化肥什么这都要补贴,可能你有补贴了,农民的生活水平实际上增加了,也提高了,人家工人工资、干部工资涨了几倍,涨得更多,你远远赶不上去。①

郭斌才夫妇的不满直指农村的社会保障问题——医疗保障、养老保障以及城乡收入差距问题。作为最直接的相关者,村民认识到城乡二元差别对其生活质量的深刻影响。在农民教育水平以及法制观念大大提升的今天,农民的权利意识也随之增强,尽管他们还说不出法律上的各种专有名词。虽然有着城乡横向比较的牢骚,但同以往生活的纵向对比后,农民们也都一致承认现在生活水平提高,惠农政策越来越多,越来越好,所以这种表达也不会采取比较激烈的方式。从表达空间而言,他们平常只能在村庄内部交流着彼此的意见,我们作为从北京——在农民们看来就是中央的所在地——来的学者,他们会把这当作一个难得的机会,把这个声音发出来,以期望这个声音能够传播得更广,得到政策制定者们的重视。孙敏真媳妇说:"政策可活了,也可死了。俺们这老百姓受屈哩,俺们这种田种地的,

---

① 访谈录音整理编号(071006GBCFF),由访谈日期与被访者姓名拼音缩写构成。

就是后妈养的。"①这话背后的意思就是:我们只求"种田种地"的也能和城市居民一样,是同样被疼爱的亲生的孩子,能享受同样的待遇。从全盘接收、完全服从到反思和质疑,这不能不说是农民整体性权利意识的进步。

(二) 私人利益表达

1. 情与理的矛盾

小家族的人会不满郄家上下两院的人垄断政治权力、侵占公共资源以及在公共资源分配上"以亲画线"的取向。从处事公正的角度而言,村民们这种指责无可厚非,因为站住了理儿,伸张的是村民的公共利益。但是,如前所述,即使在(包括了姻亲和干亲的)大家族内部,也还有着情与理的矛盾,也会有人的利益要求得不到实现。这时,公私的张力就显现出来了。在一个大家族内部,我们也能听到不满的声音。

华恩厚与郄家上院的郄青文是姑表兄弟,郄青文是村班子成员,也是村里的会计。郄家庄搞小康村,干部们提出要求,村内的街道必须是直的,要留出一定的宽度,离路面五尺,不允许修东西。华恩厚家恰巧在这个主干街道的旁边,他在路边上砌的一个东西,还有他的邻家砌的东西都给扒掉了。用华恩厚的话说就是村干部们硬生生地"扒成小康村了"。不仅如此,他们还被罚了二百块钱。罚钱的时候,华恩厚乖乖交了,这并不是他多么知错认罚,而是自己心里打着小算盘。他认为凭借他跟郄青文姑表兄弟的关系,郄青文出面,村里肯定过后会把这个罚款退给他:他不是我的姑表兄弟?我受了点委屈,找他,到他家里面,说说,把钱退了,是这么一种情况。村里也不管人的死活,要达到小康。达到小康,谁也不知道。什么时候达到小康了?② 可实际上他却碰了个钉子,没有要回那200块钱的罚款,因此

---

① 访谈录音整理编号(080131SMZXF),由访谈日期与被访者姓名拼音缩写构成。
② 访谈录音整理编号(960720HEH),由访谈日期与被访者姓名拼音缩写构成。

耿耿于怀,大发埋怨。

  郄富贵在前面出场过,他是书记郄富来的堂兄弟。在村里低保名额上升到 17 个的时候,他也打电话给书记,要求书记将自己的父母,也就是书记的五叔和五婶纳入低保的范围,理由是五叔在村里干了那么多年,现在也困难。五叔是村里的能人,才从镇里的水泥厂退下来不久,之前也积攒了一些钱,儿子们又都过得不错,如果五叔和五婶成了低保,村里舆论的压力会更大。郄富来不可能不想到这些,所以一口回绝了郄富贵,"给他打了个电话,和他一说,还生气。(郄富贵)说那不沾(行),我说不沾你去上面找,你愿意去哪就去哪,我这是不沾"。① 这个时候,郄富来更得考虑村里人的想法。因为每年都有村民前来找他要名额,而他要是答应了富贵的话,这个工作就没法做了。"他那就是觉得俺们近,应该照顾他。打电话说我不记得他们,当干部白当。有那个想法,我不知道远近了,这个思想。但是我给他们说的也不好听,我说你愿意怎么就怎么,你们那个不行,一个也便宜不了你,不信咱试试。家里这事,你办这个事,村里人们不满意。"②此外,郄富来也有自己的判断,郄富贵的父亲,即他的五叔肯定不知道这个事情,如果知道了是肯定不会让儿子这样要求的。所以,他按照规定的标准行事,虽然拒绝了自己的叔伯兄弟,也伤不了与比较开明的叔叔的和气。

  上面的两个例子中,亲戚的私心表现得过于强烈,但是假如这种想靠关系来达致的私人利益都被满足,那就必然会招致其他村民对掌权的郄家人的不满。因此,郄家"自家人"的这种不满是没有道理的。但是,对于华恩厚以及郄富贵来说,他们较少考虑大家认可的"理"是什么,他们考虑更多的是与血缘、姻缘相关的"情",想的是近水楼台总要先得月,胳膊肘总应该往里拐,他们觉得对方不讲情面,

---

 ① 访谈录音整理编号(080129QFL),由访谈日期与被访者姓名拼音缩写构成。
 ② 同上。

就是没了人情味。这就是我们常见的村落社区中行为评价标准的两重性。这样的两重性也会通过村民的表达体现在村庄的舆论中,尽管它未必会得到大多数人的支持。

2. 家庭内部的纷争:夫妻矛盾

村庄里每天都会有大大小小的事情发生,有些事情无足轻重,悄悄地来了,也悄悄地去了;但有些事情则来得轰轰烈烈,让大家不得不去关注,一下子变成村庄舆论中的中心话题,而且还会以它的持续性给村民们留下深刻的印象,保存在村庄的集体记忆里。

郄家三叔的儿子郄富友和妻子史秀英的夫妻矛盾以及后来因为郄富友要和郄家一个没出五服的叔伯妹妹在一起所引发的他与妻子的婚变,曾在一段相当长的时间里成为村庄备受瞩目的焦点。在本节中,我们将侧重通过他们夫妻双方私人利益的表达来看这种表达和村庄公共舆论的关系。在我们的调查中,郄富友、史秀英向我们倾诉对方的缺点及其所受到的伤害时是轻车熟路的,这不能不让我们产生一种联想,即他们经常向他人倾诉,试图借舆论的力量来获得对自己的支持。

郄富友对史秀英的不满主要表现在两个方面:史秀英为当官不顾自家利益、史秀英脾气暴躁不给他留面子,后者是夫妻关系中最致命的。哎,她是这样的人,是。她心特别直爽,特别好。但不好的一点就是骂骂咧咧,说骂就骂。和我在一块儿也这样,和别人一块儿也这样。我们两个一吵架她就说:离婚,谁不离婚谁是王八蛋,谁是大闺女养的。一吵架就这样。后来,我说,要离就离吧。因为我们两个闹纠纷这事儿啊,我们的业务上特别不好意思。我说,你看,特别矛盾的时候,我们留我们业务上的客人吃饭,把碗摔了就走了。当时弄得我脸上就(下不来)。① 即使当着公公婆婆的面,史秀英也敢大骂,这样显然使公公婆婆对儿媳妇也有了很多不满。所以,在妻子如此

---

① 访谈录音整理编号(041204QFY),由访谈日期与被访者姓名拼音缩写构成。

这般的情况下,郏富友对自己提出离婚这一行为给出了合理的理由:农村那边有个封建的思想,就是劝嘛!睁一只眼闭一只眼,能过得去就算了,别要求那么高了,但是作为我们来说,因为人活着,是给自己活着,不是给社会活着呢。总的来说,产生矛盾不能在一块过下去了,我们必然要分开嘛!①

而且,史秀英也没有"家丑不可外扬"的意识,比如,她会到处宣扬郏富友要跟家族里的妹妹在一起的丑事,即使史秀英在郏富友坚持离婚时低姿态地挽救婚姻时,她也没有放弃在村庄内外靠舆论的力量来搞臭他。②她对郏富友的评价是,他可会讲话哩,可会说。我史家一家人可上他的当了,他一张嘴可会说哩,他那人太坏,心太坏。人家现在可自私了,光管自己不管别人。③

富友和秀英的纺织厂办得红火,秀英城里娘家的哥哥、姐姐通过自身的行政权力和社会关系网络对其帮助很大,包括贷款、销售等方面给予的特别优待。所以,富友感情上背叛秀英,让村民感觉富友很对不起秀英,对不起其娘家人。对此,史秀英跟大家倾诉时会强调娘家人的帮衬,而富友则会强调他对老丈人家的付出以及厂子办得好,还是靠业务上他们自己的能力。

这个厂建起来从生产上技术上他父亲可以说,但是资金啦,在外边都是我哥哥给他搭好了的,这么一说,我哥哥他也挺有名望的,一说,搭得都挺好的,省公司管办这个工厂吧,都挺好的,都挺支持。两年我这厂搞得特别好,都有关系呗。④

她哥哥虽然在外贸部门当个副科长,那时候没有多少钱,才一百多块钱,最多也不到二百多,八三年的时候,我刚回来的时候,我的收

---

① 访谈录音整理编号(041204QFY),由访谈日期与被访者姓名拼音缩写构成。
② 本书没有引用史秀英大骂郏富友和情人的原话,其语言的使用完全没有顾忌,不文明用语很多。
③ 访谈录音整理编号(961123QFYSXY),由访谈日期与被访者姓名拼音缩写构成。
④ 访谈录音整理编号(960717SXY),由访谈日期与被访者姓名拼音缩写构成。

入就高多啦,我始终在接济她。无论是他们买自行车啦或什么,三百、二百块钱就送给他啦……再一个就是说,我这个人勤快,到她们家干活也好,做饭也好,一到她们家以后,我就炒菜。我自己一去了以后就买几个菜,炒去。到她哥哥家也是,所以这个关系都处得特别融洽。后来我上了织管以后,上了织布以后,她哥哥就说,他当时是纺织公司的一个副科长,他就说什么布出口,能给打点儿预付款,因为他有这个人事关系,给打点预付款,所以叫人家做,这时候就是他哥哥给我们搭桥……把这个桥给搭上,其实直接的业务关系还是我们和下边的做的……如果没有这个途径,通过别的途径我发展得更大。我不是吹我这个,我本身(充满)业务细胞,我愿意做这个,开拓精神,这个,你现在就是,一点他哥哥的力量也不借助了,我的厂开得更红火。①

史秀英不仅以口头表达来争取舆论的支持,还以实际行动来争取乡亲们的认同。尤其在郄家长辈们用各种方式劝说郄富友未果而同意他们离婚以后,史秀英更是感觉受到郄家整个家族的欺负与玩弄,所以,村中郄家家族以外其他家族的人或者郄姓人里与郄富友家关系比较远的人就成为她有可能拉拢的对象。当然,史秀英在村里的乐善好施也使她获得一个好人缘,变成她争取舆论支持的一个群众基础。村里边能办多少好事咱就办多少好事呗,去年我出了这事以后,老太太、外甥女什么的经常上我这儿,有人给我的孩子做棉鞋,编毛袜子,做棉衣。就凭这个我也不能离开这个村啊,他们家才几个人呢,是不是。告诉我哥哥后,他们说也是不能离开,要不伤了社员们的心呢。我觉得咱是这村的媳妇,出了这事人家都是这么关心咱们。②

总之,在郄富友和史秀英的夫妻矛盾中,他们充分认识到聚焦在

---

① 访谈录音整理编号(961123QFYSXY),由访谈日期与被访者姓名拼音缩写构成。
② 访谈录音整理编号(960717SXY),由访谈日期与被访者姓名拼音缩写构成。

他们身上的广泛的舆论。所以,借助这种舆论力量的推动,他们适时地充分表达了有利于自身的内容,以实现"为自己活"和"捍卫婚姻"的私人利益的诉求和争取。

3. 家庭之外的纷争:仇与恨

一个家庭内部的夫妻在争吵时都想讨个说法,获得舆论的支持,更不用说家庭之间的恩怨了。

秀儿的娘家是郊家庄隔壁西村庄的,她嫁到郊家,成为三叔的大儿子郊富鹏的儿媳妇。郊家是大家族自不用说,郊富鹏在军工厂上班,家里又开着小工厂;秀儿的丈夫是家里唯一的儿子,秀儿又很争气地生了儿子。如果光从表面来看,肯定很多人会认为秀儿是掉到"福窝"里了。谁知在1995年正月,秀儿喝农药自杀了。这是郊家庄第一个喝农药自杀的,又是这么年轻漂亮的一个媳妇,村里立刻像煮沸了的锅一样炸开了。与此最相关的两个家庭也被推到了舆论的风口浪尖上,这就是秀儿的婆家郊富鹏家以及秀儿的娘家。但是在这两家的背后则是两个家族的对垒。郊富鹏家自然有包括村干部在内诸多郊家的人,娘家这边呢,不算西村庄秀儿娘家的家族,单就郊家庄而言,不说远的亲戚,秀儿的亲三姨——孙敏真媳妇就在村里。人家的女儿在自家喝农药自杀,郊家于情于理都觉得惭愧,所以想方设法动用家族里可以充当"谈判员"的人去跟秀儿的娘家谈条件,以求平息这件事。孙姓在郊家庄也算比较大的姓,孙敏真媳妇以前做过妇女队长,是个能说会道的人。对于亲外甥女的死,她有太多的话要说:我这个外甥女儿啊,确确实实是聪明,是顶难得的。① 是在这个情况下,刚一开始嘛,还是怨两家大人们。(秀儿)跟她婆婆过不着。跟吉辉(秀儿丈夫)能过着。两个孩子能过着,没有什么气。就是跟她婆婆生气。我外甥女不爱说话,可是勤快了,也可懂礼呢。可是婆

---

① 村里大多数的人都认同秀儿漂亮、聪明、能干,所以谈起她喝农药自杀都觉得非常可惜。

婆不懂礼,郗家庄谁都说她婆婆不懂礼。可是郗富鹏——这是她公公,他就支撑不起他这个家来。啊,他这个家弄得很乱。啊,过不着,现在这是死了人,死了儿媳妇了……人家都知道。和人过不着。死牛瞎僵,不说理啊。①

在其他村民眼里,不管谁的对错,都是家庭内部的矛盾,而谁家没个生气吵架的事儿呢? 但是在秀儿的三姨眼里,秀儿同其丈夫小两口相处得不错,关键是婆婆不懂礼,公公不管事儿,所以婆媳关系紧张,姑嫂关系不和谐,搞得家里关系比较乱。秀儿曾经向三姨表示过离婚的想法,但是连管离婚的也是郗家的关系户,所以,她也只能在三姨的劝说下打了退堂鼓,只想搬出公婆的家争取单过。但是没想到,秀儿终究是没有得到解脱。

虽然很多村民认为秀儿死得不值,是不应该发生的事儿,因为也没有什么说得过去的缘由,但是孙敏真媳妇作为秀儿的亲姨,她要为自己的亲戚、自己的娘家人讨个公道。她的表达鲜明地指出了秀儿自杀的源头——郗家公婆的过错。显然,这一点为秀儿娘家在解决这件纠纷的过程中占据了相对有利的地位,有助于他们为自家争取到更多的好处。而且,因为秀儿的婆家正是郗家上院的人,所以,"帮外甥女讨个说法"的背后也隐含着她作为普通村民对郗家上院当权的村干部的不满情绪。显然,她的这种情绪通过事件表达得到了发泄的机会。

二、规范的呈现

(一) 农村中的孝道

传统的中国不仅是以农立国,而且是以孝立国,孝是最重要的善行与德行。在诸善之中,孝最具有超越性;在诸德之中,孝最具有普

---

① 访谈录音整理编号(970407SMZXF),由访谈日期与被访者姓名拼音缩写构成。

遍性。① 与西方"接力"式的养老模式不同,中国的养老模式是"反哺"式的,即子女有赡养老人的义务。城市的老人一般都有退休工资,他们不必在经济上依赖子女,但农村的老人在丧失劳动力后,则主要靠子女在经济上给予赡养,这就是传统意义上的"养儿防老"。在我们调查过的北方和南方的几个农村地区来看,"养儿防老"这种观念和做法现在依然盛行。因为女儿没有赡养老人的责任(虽然法律规定儿子和女儿具有同等的赡养责任),所以儿子和媳妇是否孝顺就在很大程度上决定了老人晚年生活是否安乐。

根据我们的调查,孝顺不孝顺的标准通常由社区情理决定。而社区情理则是与当地的区域文化和经济发展等相适应。郄家庄的情况也是这样。

村里一个老党员郄山成因为年老多病喝农药自杀。村民们谈起这个事情,又恨又怜,恨的是儿子媳妇的不孝,怜的是山成尤其是山成死后抛下的老伴儿遭受的罪:"(山成)喝农药死了。死了死到炕上了,那儿媳妇说,那还装呢,装死呢。这山成,受不了他儿媳妇的虐待,山成儿子也管不了自个媳妇,当时他喝上这农药,他去死了,不管老婆了,老婆她死吧,又瘫,走不了,躺到那炕上了,屁股底下冻着冰,给那老人送的饭,一进,自己吃,扣到那碗里,那碗几天不刷,和喂狗的差不了什么了。这出去可不敢说,这是他们家里的人们去看的。臭的不行,到了中午……婆婆就在炕上躺着呢,你看,那人们都看着,来送饭了,你开这门,过去,嘎,一扣,碗就在这,婆婆在炕上躺着,送第二顿,饭还是那样的。倒上,端上像喂狗喂猪一样,你也问问她吃了那顿饭了没啊?"②

郄山成及其老伴遭受的虐待着实让大家看不过眼。而村民因为怕得罪人,也很少敢当面指责其儿子儿媳,只能在背后互相议论,表

---

① 杨国枢:《中国人孝道的概念分析》,载杨国枢主编:《中国人的心理》,南京:江苏教育出版社 2006 年版。

② 访谈录音整理编号(080131SMZXF),由访谈日期与被访者姓名拼音缩写构成。

达出对这种对待老人的方式的不认可。此外,村里的长辈郤家五叔向我们透露出其他的内情,原来郤山成在村里的名声不够好,和儿子们的关系也不好,儿子们结婚成家从他那里没有得到什么好处,而郤山成的老伴儿一辈子受他欺负,拿不了事儿,自然与儿子媳妇的关系难有实质上的改善。所以,郤山成年老得病后很清楚地预期到不会得到基本的赡养,自杀就成了一种逃避,只可惜苦了老伴遭受这么多的罪。五叔的话,将农村的养老规范拓展到老人年老前同儿媳的代际关系的相处上。不仅儿子要尽到赡养的义务,同时,老人也要有相应的家庭责任:按照农村的惯例,在儿子结婚成家时必须提供相应的财产支持,这才能为老人将来的养老打下一个牢靠的基础。

按照五叔的总结,村里的养老情况,80%,90%不能说是好吧,但也是不错的,真正好的很少,真正坏的也是个别的,两个极端都属于特殊情况。占绝大多数的是不错的,意思是老人和子女能够享受差不多相同的待遇,在村里人看来,也就可以了。如果有对老人再"高档"一点,老人们就会感觉是受到特殊待遇的特殊人了。当然,能受到特殊待遇的老人,一个是老人或者子女经济上有来源,另外一个就是子女特别孝顺。

孝与不孝,如果非要郤家庄的村民说出一个具体的标准,也许很多人拿捏不了,但是,像郤山成及其老伴儿这样的养老现状呈现在大家面前时,村民们就自然产生了自己的判断和议论。关于孝道的规范也在这样的议论中比较清晰地呈现出来,而这样的规范的形成反过来也丰富了这个村庄的社区情理的内涵。

(二) 村中过事儿①的规范

中国是个礼仪之邦,越是重要的事情越是强调"礼"。② 婚嫁是人们社会生活的重要组成部分,它不但关乎当事人的个人幸福,对整

---

① 这是用的村民的原话,就是办事儿(红白喜事等)的意思。
② 常人春:《红白喜事——旧京婚丧礼俗》,北京:北京燕山出版社 1996 年版。

个家族来说也具有重大意义。所以,自古以来,结婚就有着众多的"礼"。在农村地区,结婚办事儿一直保留了很多传统上的礼节。因为这样一些原因,村中某家的嫁娶也会变成村庄的一件大事,他们对婚礼的操办自然也成了村民议论的内容。

孙恩超是村里比较好管闲事、有些小聪明的人,他儿子的婚礼,用他的话说就是"一天清"。对此他自鸣得意:现在农村里结婚好多天,我们家就一天,别人家折腾好几天,我们家,也就我这个小家不,我有钱没钱都不,我觉得那是浪费。这在水碾村里我也是第一家,一天办完。一天清,那天人们吃了喝了,第二天完事了。有的人说我弄的可好了,他只是说好,但是不跟着我走。怕人们笑话。(侄媳妇插话:其实人们说一天清可好了)(一天清)节约,你说什么现在吃点,喝点,谁也不缺,又麻烦,又浪费时间,一点用没哟。原来过事儿都是老人管事,这是风俗习惯。他们始终控制着呢。最起码我们孙家过事儿,都重用他们。靠着人家呢,人家说了算。从我家过事儿开始,郄家庄第一个大胆创新的。把辈分大点的,一律起了个名字叫顾问。完全把他们放到顾问团里边。不让他们管事,这在郄家庄里,我们家是第一家。我干什么,喜欢创新。①

乡土社会里是"人怕出名,猪怕壮"。不为人先,不为人后,做人就得循规蹈矩。这种社会用不上常态曲线,而是一个模子里印出来的一套。② 现在村中出现了孙恩超这样一个不"循规蹈矩"的人,但村民并没有赞赏或者肯定这种"创新精神",而是像孙恩超自己预期的那样笑话他不懂"礼"。"人们都叫他鬼恩超。他就是光顾头不顾屁股。你看别人家过事儿,给个彩礼,别人家过事儿都是两天,宴请人们都不赖,请去了。请上干部们,请上相好不赖的,村里有头有脸的。他一天就办清了。给人家发烟,上年纪的就发一盒,年轻的发两

---

① 访谈录音整理编号(080127SEC),由访谈日期与被访者姓名拼音缩写构成。
② 费孝通:《乡土中国 生育制度》,北京:北京大学出版社1998年版。

盒。第二天不让你吃饭了,别人家都觉得这人们辛辛苦苦,都给他上着礼,第二天还应请上再去吃顿饭,弄上酒菜,喝喝,吃点饭,人家都是这么弄的。他一天清。他把村里有头有脸的、有钱的都请上,都给他上上礼。第二天不管人家了。就是说你上礼以后,就让你吃一天饭。别人家请,过事,俺们村请的可多了,100以上的人,帮他弄一天事,有管大灶的,有管小灶的,很多人帮忙。就说他光管他省钱。他认为上年纪的不能吸烟了,给人家发一盒。上年纪的都给他们起的名叫顾问。说有事问问你们就算了,你们这样的就给你发一盒烟。(村里)没么么干的,就是光管自己,可能(耐)了。"①

孙恩超打着"节约"的旗号"一天清",将两天的宴请变成一天的宴请;让老人退居二线成为顾问,而且顾问的待遇也从两盒烟降到一盒烟,这让村民透过这个"节约"的幌子,得出孙恩超的行为是在贪便宜、逃避对帮忙宾客的宴请这个结论。所以,孙恩超的"创新"在村民看来就等同于自私自利。村民的舆论呈现出农村或者至少在邹家庄结婚过事儿的一种礼节和规范。作为农业社会中最大的社会群体,中国农民汲取了传统道德的内涵并在自己生存的社区环境中形成了自己的道德标准和价值判断,这可以称为"圈子意识"。② 在这种"圈子意识"的影响下,"循规蹈矩"的村民被认为是乡村生活中代表正统的和主流文化的人,而试图冲破村庄"惯习"的人就成为"出头鸟",必然遭到舆论的"枪击"。

与红白事密切相关的礼金,或者说"份子钱"在邹家庄也呈现出一些特点。当城市里红白事儿的礼金水涨船高之时,这个距离省会城市五十公里远的不算落后的村庄,在近二十年的时间内,礼金几乎没有太多增长。咱们村的份子钱没怎么涨,咱们村的份子钱出得比邻村的都高。邻村的像 DN 他们都收的 10 块,有的收 20 块。我们村

---

① 访谈录音整理编号(080129QQW),由访谈日期与被访者姓名拼音缩写构成。
② 程贵铭、朱启臻:《当代中国农民社会心理研究》,北京:首都师范大学出版社 2000 年版。

都是20块、30块、50块、100块。①

熟人社会的一大特征就是一定的地域,以及生活于此的相对固定的人群。村民的礼物以及礼钱的流动是注重礼尚往来的,即有去有回。而当这些人群发生了流动,流出了这片地域,再加上彼此之间交往减少,关系变淡,礼尚往来就实现不了。所以,从郗家庄的情况进行分析,礼钱近些年来没有较大上涨的原因之一,在于现在社会流动的加剧,人情往来被空间距离隔离开来。村民会有自己的小算盘,掏出口袋的这笔钱能否在他日收回来?收回来的概率有多大?比如说你们原来家里边的,有熟人办事,生日、结婚,你得随礼,但是以后,他一上学,一毕业,或者出去打工,唉,都走了,甚至都没有联系了,就白给了。你结婚我送点礼,但是以后我们不在一块儿,你联系不上了。要是一个组,有时候还在一块儿,下次我办事你也还来。但是有的都走了,你办事他也不来,以前送的礼就……②

礼金的流动在村庄内依然保持着传统,来来往往中保持着社会交换的平衡。"其实这个份子钱就像存折,像那个存款一样,你给别人上的大了,别人给你也上的大。"③同经济交换的即时等价交换不同,社会交换的平衡是非即时性的,有时会体现在两代人的承继上。当村民年事已高,就会从这种人情往来中逐渐退出,代之以子孙后代的相继登场。"我老了,这就不关我什么事了,这是孩子们的事了。这是孩子们的存折了,我就不用了。"④

村庄中红白喜事如何操持,礼金的数量和流动的规矩在郗家庄体现出一种社会传统和社区情理的融合。这些行事的规范在村庄内部形成并被维持着,发生变化的直接动因更多是村庄内部的经济发展、人口结构和互动关系,而所有这一切的变化又都来源于村庄外部

---

① 访谈录音整理编号(0901SXH),由访谈日期与被访者姓名拼音缩写构成。
② 同上。
③ 访谈录音整理编号(200901LG),由访谈日期与被访者姓名拼音缩写构成。
④ 访谈录音整理编号(0901LG),由访谈日期与被访者姓名拼音缩写构成。

社会的变迁与发展。

（三）男人"样儿"、女人"样儿"

在村民看来，办事儿得遵循一定的规范，做人也是要有一定的"样儿"的。当然，因为性别的差异以及社会对男性女性的不同角色期待，男人和女人应该有的"样儿"自然是不同的。

史秀英曾经是郑家的儿媳妇，娘家有钱有势，自己也有能力，不仅在村里担任过支书，还是县人大代表，也算县城周边有名的企业家。对这样一个成功的女强人村民是如何评价的呢？史秀英这个人吧，也不错。个人英雄主义太大，就是太张狂。再一个也是个女人，男的觉得你不行，她的家庭也破裂。她觉得自己太厉害，特别是当了一年书记，外边来了人，她越是骄傲。这是最不好的。强不能那样强，不能说不让女人强，她那是，老百姓说，太显摆，太出风头。我给你举例子，她当支书，第一天开会，当着全体村民，她就说有钱的光荣，没钱的可耻。这句话该说不？你问问我们村谁不知道她说这个，这话是不是有出头。谁愿意穷，你说谁愿意过的穷，她说穷是可耻的。从那会儿就对她反感，你是多有钱的啊，你是拿国家的钱。原来移民款都是往村里拨，不像现在直接到户，直到现在村里还有几十万元。然后你们拿这个钱去办企业，老百姓能有一分钱啊。你们发财了你们光荣，老百姓面朝黄土背朝天的，挣不到钱，这成了可耻的了。你说这出头不，当了一年，她就当不成了。农村里跟外边不一样，当了一年，人们就给她家门上写白色的对联，说不好听的，老百姓给她贴白对联，晚上把玻璃给她砸了。从开了这会，后来她不敢当了，当不成了。①

刘真好的儿媳妇凤英个头儿和长相都不错，但是，她为人很厉害，公公作为退休教师，工资有一千多块钱，她经常因为没有分到太多钱而和公婆大动干戈，甚至把公公头部打出一个血窟窿。虽然家

---

① 访谈录音整理编号（080127SEC），由访谈日期与被访者姓名拼音缩写构成。

庭内部的矛盾很难说清,但对于这个凤英,村民还是有些议论的。要工作也没工作,耳环、项链,应有尽有。其实都能干,(可)什么也不干。以前这个供不上花,这个儿媳妇是实在太夸张。穿的要高档的,吃的,有一个钱不能掰开花,今天非把明天的钱花了。她不挣钱,她老公打点工,挣点钱,有个一千多块钱,不够她花。①

在上文中我们已经领略了孙恩超的小聪明和"创新"精神。虽然大家对这点不满意,但是,这并不妨碍看着他长大的村里的长辈们用发展的眼光对他做一个全面的评价,比如郄家上院的五叔就曾这么说:看恩超,人家这属于改革开放后的一个典型吧。你看,原先他跟着这村二朝他们去做点营生了,后边人家开始种点花椒树,种点苹果树。盖上房子,人家过得挺不赖。拿上冬瓜、白菜,每天拿上去 P 县城里卖白菜。他这都是正路。恩超这个人改邪归正了。人们对恩超还是可满意了。还是自己创造财富,有的做买卖,挣个钱也行。总是人家劳动创造的。②

五叔这里提到孙恩超的"改邪归正",那么对于郄家庄的村民而言,什么是"邪",什么才是"正"呢?从五叔列举的事例来看,到处晃荡,没个正经营生不算"正"③,而通过辛勤踏实的劳动创造财富,就会以很"正"的形象得到大家的认可。以孙恩超为代表的男性的"样儿"有所体现:辛勤踏实、劳动致富。而村民对史秀英和凤英的评价则显示出女性该有的"样儿":勤劳、朴素、节俭会持家、温柔善良、为人处事得体、低调等。也许这样的"样儿"按照当前具有现代社会特征的城市社区的标准来看,会显得过于守旧。但是,这些标准既然在郄家庄这样的农村社区存在并获得大部分人的认可,它就是村庄当中符合社区情理的规范,大家都得接受这样的规范的衡量:符合规范

---

① 访谈录音整理编号(080201QQP),由访谈日期与被访者姓名拼音缩写构成。
② 同上。
③ 村里其他人跟我们说过,孙恩超在集体经济时期有过小偷小摸的行为。五叔这里没有指出这一点,但其评价孙恩超的前后对比时,肯定是考虑了这个因素。

的人就会获得舆论的支持,反之,则要被村民"说三道四"。

当然,在村里,不管是对男性还是对女性,"生活作风正派"也是一项基本的要求。"好事不出门,坏事传千里",一些村民的"风流韵事"也会受到村庄舆论的评议和拷问。

比如老李,他年纪六十出头,在村里制锁厂看大门。前两年他老伴还在世的时候,对他拈花惹草的事村里就有议论。2007年他老伴喝农药自杀后,没过一两个月,他就找了邻居家一个刚死了丈夫不久的寡妇和自己同居。这下引发了村里人很大的不满。这种不满主要集中在两个方面:第一,品行不端,他老伴生前受了一辈子的窝囊气,自杀也是因为生病花钱受到老李的责骂,所以他老伴的自杀虽非直接,也是间接受他所害。老李这个人,人性不太好,挺无赖的,爱出风头,什么事都爱占点便宜。他老婆一辈子受他气……一辈子就是受窝囊气,特别是作风上的问题。连句难听话都不敢说。……他老婆更年期可能是有点病,成天看病,他嫌花钱花得多,成天骂。① 第二,老李的老伴儿在生前曾经表示过要喝农药,老李不仅不劝阻和安慰,而且还扬言:他就说你死了就死了,死了俺就去和人家惠芳(指寡妇)过了。② 在老李老伴儿真的喝药自杀以后,老李既没有悲痛也没有内疚,没过多久就和邻居家的寡妇住到了一起。而且,和这个寡妇在一起,也是老李主动去勾引,后来当那寡妇的孩子表示反对时又拿刀来威胁,这让村民们很是生气。那男人死了时间不长,他不是正经东西,怎么也是他去……去勾引。③ 老李把人家的老婆接过来一起住,可有意思了,你们没有见过。二全(寡妇去世的老伴儿)有个姑娘,这个姑娘跟她妈说……(表示反对的意思)她(指寡妇)都不敢,老李把她(指寡妇)给威胁住了。④ 还让村里很多老人看不入眼的是老李和

---

① 访谈录音整理编号(070331QQP),由访谈日期与被访者姓名拼音缩写构成。
② 访谈录音整理编号(080127QFLMQ),由访谈日期与被访者姓名拼音缩写构成。
③ 同上。
④ 访谈录音整理编号(070331QQP),由访谈日期与被访者姓名拼音缩写构成。

这个寡妇没有任何登记手续就"不合法"地同居到了一起。当然,对于老李这样的无赖,背后议论未必会对他发挥多大作用,所以,就有热心肠的敢于直言的李萌萌①这样的人物当面告诫老李:我告诉你呆呆(老李小名儿,村里人们之间的称呼经常都是喊小名儿),你可争点气,你好好着和人家惠芳过。别人都说你俩过不到头,你以后对人家不好,告诉你,你要对她不好,你就该背兴了。

除了老李,村里还有一些和老李一样有"生活作风问题"的人。在当今社会中,对这类问题和这类人很难诉诸法律(在没有犯重婚罪或触犯其他法律规定时),所以道德的力量、舆论的谴责就成为农村社会生活中最惯常使用的武器了。虽然这种谴责未必会直接有效,但是在一个基本上还是"熟人社会"的农村社区里,它会将触犯这样的规范的人打入村庄"道德分层"②的最底层,让他们背上这样的污名一辈子甚至连上他们的后代都翻不了身。这才是由舆论体现的道德力量的最厉害所在。

第二节 舆论的直接作用

村庄舆论的一个直接作用,或者说是作为发表舆论的舆论主体——村民通过舆论表达想要达到的一个结果就是实现了"气"的释放、信息的分享以及共识的形成。

一、"气"的释放

村民的舆论表达,既有为公共利益的一面,也有为私人利益的一面。从理性角度而言,村民的表达肯定包含了对自己诉求实现的希冀。但很多时候,因为表达渠道或者客观现实条件的制约,他们的诉

---

① 李萌萌现在七十多岁,她是郜家的媳妇,而且还是同辈里年纪最大的大嫂子。大嫂子的地位加上自身直率的性格,使她在村里很敢说话。

② 关于道德分层,本书第五章会有相关分析。

求往往在一定时段内无法实现或者根本就不可能实现。这时,他们的表达就是为了"出口气",凸显出它发泄的意义。

像孙敏真媳妇就这样说过:人们这么说,说别和你们说,和你们说有什么用,没什么用。人家说调查组来了,知道你的情况,能反映上去吗?气得老百姓们实在是没法。看不过眼的事,比方说咱们大集体的学校,被霸占了去住上家,谁能承受?不能这么办,你办了这事还不准人说。弄那扬水站,尽买那假劣伪的东西。只头一年出水,就使上一年。你说这能过好吗?他们拿集体的钱,五十万元,血汗钱买的房子。明知十块钱的东西,他说二十块。给那开票的一点,一下他就贪了。胡闹,没办法。一年卖地卖五十万元,第二年花光了,账上没几块钱。像我们过年连化妆品也买不起。①

因为在郄家庄追踪调查有些年头,所以孙敏真媳妇敢于把很多真话告诉我们。既然把很多事情告诉我们,我们也没有能力反映上去,那为什么村民每次在我们到来的时候还要跟我们倾诉?不仅如此,就是在日常生活中,他们也没有放弃议论。其实,她自己也告诉了我们答案:老百姓气得没法。对他们来说,既然有气,总得释放啊。陈柏峰②认为"气"是人们在村庄生活中,未能达到期待的常识性正义衡平感觉时,针对相关人和事所生发的一种激烈情感。它有身体暴力、语言暴力、上访、自杀等诸种"释放"方式。"气"对于当事人是一种极大的心理负担,对于村庄也是一种社会负荷,在很大程度上需要排遣、宣泄、释放。郄家庄的村民对干部有意见,但这个意见可以说是在村民可以承受的底线之上的。所以,村民的这个"气"相对来说还是比较弱的,还没有发展到暴力行为阶段,他们的语言表达多数也是在"背后"进行。应星认为,"中庸"是通过"忍"这个小传统的表

---

① 访谈录音整理编号(031207SMZXF),由访谈日期与被访者姓名拼音缩写构成。
② 陈柏峰:《"气"与村庄生活的互动——皖北李圩村调查》,《开放时代》2007年第6期。

达在民间实现其意识形态功能的。① 而"忍"在传统中国民间社会具有很现实的意义,它与村庄生活是相契合的。在村庄生活中,"权利的主张"没有多少理念上的价值,而"忍让"则被赋予了村庄社会公共性的价值。

有气,需要释放。但是"释放"也是需要条件的。在农村社区,村民"气"的发泄成为可能,可以归于以下两个条件。

第一点,大量的倾听者的存在可以帮助发泄者疏导,扮演了心理医生的角色。农村社区,劳动力相对闲散,即使有去上班的村民,也还会剩下很多老人和妇女留在家中,他们会聚在村里的商店门口、树下或者院子门口,一边聊天,一边做着手里的营生,两不耽误。此外,一些红白喜事的场合,人群聚集比较多,也是大家发泄的好机会。所以,大量闲散人员的存在,就为村民的"气"的释放提供了倾听者。如果是家庭内部的"气",发泄出来,经过乡亲们好言劝说,再举自家或者身边其他亲戚的例子,做一类比,表明这种现象的普遍性,往往也就使发泄者消了气。有足够的人在场,大家不仅是倾听和安慰,有善解人意的人表示理解,有聪慧热心的人提供建议,也有人被牵动着说起了自己更为生气的家事,让发泄者觉得比上不足,比下有余,心里亦可以舒坦些。如果是对村干部或者地方政府政策的不满,则更会引起大家的共鸣,形成热闹的气氛与高涨的舆论,发泄者也会因得到村民集体的支持而获得精神上的满足。

第二点,快速顺畅的传播渠道有利于发泄者实现将其发泄的内容广泛传播的目的。能有更多的人倾听并受其影响,这是发泄者所希望的。农村社区的舆论氛围以及舆论传播的特殊性,会让很多村民自觉利用舆论达到个人的目的。比如我们上文提到的秀儿自杀的案例,她的娘家人在村里向他人发泄心中的气愤,目的之一是希望更多村民站到他们一边,同情秀儿,指责其婆家;目的之二也是期待秀

---

① 应星:《"气"与中国乡村集体行动的再生产》,《开放时代》2007年第6期。

儿的婆家通过这一信息的快速传播获知秀儿娘家不依不饶的姿态，从而不得不为此付出更多的代价来实施安抚。

二、信息的分享与共识的形成

哈贝马斯认为，在任何社会中，人们的行动可以分为两种类型：沟通行为和决策行为，而沟通是人们的主要行为动机之一。

从郜家庄来看，村民表达的目的也是为了沟通，通过沟通来实现信息的分享，并试图去达致共识。村民们互相沟通的信息主要包括致富信息、国家与地方政府的政策以及村庄范围内的公私事务。

当今的农村社区，虽然农民们不能达到集体化时期的共同生产和互助，但在日常的交流当中还会体现一种互助与互补。利益表达未必会收到什么成效，但交流致富的信息和发财的门路还是会直接关系到个人、家庭经济的发展，因此具有很强的现实性。郜家庄集体化时期工副业就有了发展，早期的经济发展既给农民带来了实实在在的实惠，也开启了他们谋求非农发展的心智，用他们自己的话说就是与其他村相比"不封建，比较开放"。比较开放的观念表现在生产方面，就是大家不是固守着田地不放，而是积极找寻着发家致富的路子。郜家庄养殖业、铸造业、木器加工、运输业、铲车作业等都有发展，有的年数较久，有的则是新近才开发出来的。其中，村民通过经常讨论来实现信息共享也起到了一定的作用。村里经常出现村民们一起携手经营，或者一个人搞好了带动了其他人也来搞的多种做法。即使是分开搞，村民们也会在生产以及销售的方法和技巧上进行沟通，这会形成"智慧的聚合"，也能达致一种互帮互助共同发展的局面。农民互帮互助谋求发展，在一定程度上将农民谋求经济发展的依靠从村干部的带动和村集体的发展上分流一部分出来，这样也有利于村庄内部干群矛盾的化解。

农民权益意识的增强，其中一个表现就是农民有意识地去了解中央以及地方政府的政策具体是怎么规定的，并以此为根据理直气壮地评价和议论干部们的行为。村里有些人（比如老郭）经常看电视、看报纸,所以对中央政策了解就比较多。也有些人四处跑跑,门路也多,能够打探到一些地方政府的政策。当然,这种信息会在人群中辗转传递,村民们会在传递过程中根据自己的主观猜测,结合自己的"手头知识库"来作出他们自己的解读。当然村民对信息的这种"再加工"也有一个优点,就是它能够很生动形象地解读政策,上文中我们提到的村民认为农民是"油料作物"的这个比喻,就非常贴切地表达了他们对自身社会地位和生存处境的认知。

村庄内部出了什么事儿,大家都是怎么看待的,这是村民非常关心的。因为现在的郄家庄不管发展到什么程度,它还是一个熟人社会。熟人社会中,人际交往相比其他社区更为重要。良好的人际交往首先得有一个彼此了解的基础,而且这个了解必须保持一种动态的跟进。那就要求村民在沟通中了解哪一家最新出现了什么事情,具体是什么状况,大家怎么看待的;这一事情有没有牵涉到其他的家庭或者家族,如果牵涉了,对方是怎么反应的,双方的关系有了什么变化?村民的这些考虑不能只理解为他们的好打听和八卦,还应站在他们的立场上考虑到与他们的生活密切相关的现实因素。在郄家庄这样一个家族特征鲜明的农村社区,在家族之间以及家族内部有纷争的背景下,村民的行事有着多方面的考虑,他们得摆正自己的位置,也得随时调整自己的位置。一次不经意的行事,在其他人看来,就代表着行事的人的立场和偏向,如果他们的立场和偏向倾向了这些人,就势必会远离那些人,加上农村传播迅速的舆论环境,个人或家庭(家族)这一立场和偏向就进入到了很多人的耳朵里。有的时候需要避讳,但有的时候可能还需要呈现,以此表明态度,获得对方的认可。村民都说农村的事儿复杂,对人际关系的不断调整和回应可以说是这种复杂性的一个主要表现了。

信息分享的一个结果就是形成了关于某些事物的共识。在很多问题上,农民们会表现出基本相同的观点,口吻一样、用词一致,不仅如此,他们所持的论据,即理由都一样,举的例子都差不多。由此可见,舆论既是一个过程,也是一个结果。在过程中,村民会表达不同的观点,有的观点因为其内容更有说服力,更能站得住脚,也因为观点持有者的智慧与名望比较被大家认可,那么,这个观点就有可能成为大家普遍接受的观点;有的时候不能立即形成一个大家可以普遍接受的观点,那么就会形成观点之间的交锋,不同观点的持有者就会各抒己见,通过摆事实、讲道理的方式力图说服对方,不管多少个回合,最终还是会有一个观点略胜一筹,被大多数人接受。而且,被很多人接受的观点还会继续被传递,影响更多的人在这一方面的见解和看法,最终成为村庄舆论中的一个主流导向。

共识的意义体现在使村庄内部的合作和群体性的行动成为可能。日常生活当中村民的相互沟通,会使村庄内部的村民对彼此的态度有更多了解,从而也会对整个村庄的主流意见有所把握。所以,当需要村民集体行动的时候,发起者很容易找到可以参与的人。

第三节 舆论的受制因素①

我们亲眼所见的舆论表达场景以及我们亲耳听到的舆论内容,并不是随意发生的,而是受到多种因素的制约。这里有性别因素、角色因素、亲缘关系的因素等等。

一、由"父杀子"案件引发的舆论

中新河北网 S 市 5 月 19 日电 5 月 13 号,P 县郄家庄发生了一起令人震惊的刑事案件。该村村民郄金亮用铁锨杀死了自己年仅 23 岁的儿子。

---

① 在第一章,笔者提到过,舆论的建构基于村庄的集体记忆,村庄的集体记忆也包含了以往的舆论,而村庄集体记忆有"共识而非己见"这一特点。这一特点的总结是基于一个长时段的较为总体性的考虑,本节内容主要分析的是针对一个当下事件的舆论,所以,就一个具体的比较即时的舆论而言,舆论内容中对事件以及与事件相关的过去的记忆存在的分歧与前文提到的"共识"并不矛盾。

5月13号中午12点10分,P县公安局的报警电话突然响了起来。P县公安局城关刑警队队长给我们讲述说:"P镇郏家庄的村民郏金亮把儿子郏海涛杀死了,然后他本人很快到派出所投案自首。"接到电话,刑警队的民警们迅速赶到了现场。警方看到当时死者郏海涛躺着,旁边有把铁锹和一把斧头……犯罪嫌疑人郏金亮正是用这把铁锹,把手拿斧头的儿子杀死的。对此,犯罪嫌疑人郏金亮说:"当时他拿着斧头在屋子里,跟我说,你不让我活,你也活不了,然后我就用铁锹劈了他几下……"①

这起发生在郏家庄的刑事案件时隔几天就被搬上了报纸和新闻网页,而村里更是舆论四起。死者已经不能再为自己辩护和喊冤,那么生者对此又说些什么呢?新闻中死者的父亲——杀人凶手郏金亮告诉记者,造成现在这样的后果,他并不太后悔,而他不后悔的根据竟然是"他不干活,总是上网。"记者从村民们口中得知,郏海涛小时候是个聪明可爱的孩子。然而,自从5岁时父亲再婚后,他的生活就改变了,孩子的后妈对他很不好,正是由于继母对郏海涛不好,才导致他和继母以及父亲郏金亮的关系越来越紧张,最终导致父子反目。前年冬天,再也无法忍受的郏金亮和还没结婚的儿子分了家,这个做法,让郏海涛更加愤怒。不过,村民的说法遭到了郏金亮以及他的兄嫂们的否认,他们认为继母对他很好,反倒告诉记者说:去年,他把父亲家里砸了,然后带着刀子,到村口截继母,杀她呢。

在我们时隔十个月的时间来到郏家庄时,关于此事件的舆论还在持续着,我们也听到了不同的声音。下面的一段访谈记录可以清晰地展现一个家庭当中七十多岁的母亲与四十多岁的儿子对此不同的看法。

四婶:是这样的,这个小孩儿,他爹和他娘离了婚了,他爹

---

① 关于这起案件的新闻内容来源于TOM网新闻网页。下文中提到的新闻内容也都是同样的来源,对此不再标注。

又说了一个媳妇儿,带了一个女娃儿过来,过来又生了一个男孩儿。这个男孩儿啊,从小就聪明,念书也可沾(好的意思)了。

郄富来:沾什么沾?能有人家大学生沾?

四婶:他们住新房子,大房子,这个孩子自己住旧房子,后娘对这孩子可不好了,也不让吃饱饭。

郄富来:你知道什么啊?你也跟着说?

四婶:怎么不是这样?

郄富来:他沾?他自己考不上怨谁啊?

郄富来:他(父子矛盾)不怨一个人。

郄富来:她这观点比较偏向一面儿。

四婶:他(指富来)整天不在家,他不知道这些。

问:这个孩子怎么样呢?是单过呢,还是跟他们一起过?

郄富来:单过呢。

问:结婚没有?

郄富来:没有。

问:没有结婚,就单过。是干活?在外面上班?还是干吗?

郄富来:对,干活。也是,这个后妈对他不太好,后来,他就"以歪就歪"。后来也不像话,一天三顿方便面,也不干活,整天看电视。

问:那后来这矛盾怎么又激化了呢?

郄富来:这个以前,村里帮着处理过这个事情,后来不是让他单过了吗?单过后,就说不行,得再给他点儿钱,说是。我们都给处理过,要几千块钱的,都处理了。后来,这钱就花完了,他就老去找他们碴儿,也讨厌。

四婶:这次不是这样的。

郄富来:你知道什么,你知道?

四婶：这次是这孩子跟他爸要那个房产证。他就去要这个房产证，他们不给。

郗富来：你知道什么，你知道？你知道个屁啊？

四婶：要不是因为这房产证。

郗富来：讲什么房产证？是土地使用证，还说什么房产证，你不懂，乱说什么？

四婶：他想要那个房子吗，所以去要房产证。

郗富来：现在没有这么说的，什么房产证，是土地使用证。你不懂，在这乱说什么？

问：宅基地是吧？

郗富来：嗯。①

后来四婶儿跟富来又继续争论几句，四婶坚持富来整天不在家，不了解情况；富来坚持四婶儿就是老太太们瞎说，不懂什么，坚持一面之辞。四婶儿争不过儿子，讪讪离去，富来从小板凳上起身，坐到刚刚四婶儿坐过的沙发上，面对我们：这都是老太太们说的。这个后娘对他不太好，这也是实际情况，不过后来，这个孩子精神上不大正常，就是有点那个。就在家里面老呆着，也老去他们家找他这个后娘什么的，去闹事儿。还提着刀在路上等他后娘下班，给她吓的啊。他也没和父母在一个院儿住着，他就自己。有时候回家闹什么，就是以歪就歪了。哪怕父母有一方好，就是对他关心点，也不会这样，他不是说没有责任。

第二天，我们又去看望四婶，这次四婶看到我们不仅继续表达她是了解情况的，而儿子富来不了解情况的观点，还把我们拉到她的侄媳妇李萌萌——也是一位与四婶年龄相仿的老太太家，意图通过他人的观点证明她自己对事实掌握的正确性。在那里，不仅有四婶和李萌萌，还有其他几个女性的村民。在这里，关于"父杀子"事件，大

---

① 访谈录音整理编号（070329QSS），由访谈日期与被访者姓名拼音缩写构成。

家的立场、观点非常一致,都是用活生生的事实强调后妈对这个孩子如何的坏。其间,几个女性谈到伤心处,还掉下了眼泪。

二、舆论背后的性别、角色与亲缘关系

从前文关于"父杀子"案件的舆论的呈现中,我们可以看出制约舆论内容的几个要素。

首先是性别要素。费孝通在《乡土中国》中曾用一个章节谈到传统的乡土社会中"男女有别"的原则。① 而我们在这里要讨论的"男女有别"主要是指男性和女性对待同一事件的观点以及观点表达上的差别。关于"后妈"的民间传说和歌谣很多,不管哪种形式表达的都是催人泪下的继子(女)惨遭后妈虐待的故事。无形中,"后妈都恶毒"这样一个污名化的结论就先入为主进入村民的脑海,形成大多数人对后妈的刻板印象。所以,"父杀子"案件一旦产生,对后妈的指责远远超过了对亲手杀子的亲生父亲的指责,因为在村民看来,事件中的这个后妈就是一切罪恶的源头。② 俗话说的"三个女人一台戏"不仅生动说明了女性彼此沟通过程中信息的发散程度,也充分说明了女性沟通过程中的热烈气氛。在女性村民讨论"父杀子"案件的时候,后妈的恶毒形象在这种被刻意渲染的气氛中很容易被无限夸大,因为女性村民在对日常后妈虐待继子的细节描绘③中,会"越说越生气,越说越难过",随之,在对被杀孩子的怜惜和对后妈的痛恨这样的对比中,孩子的形象变得越来越美好,而后妈的形象则越来越恶毒。最终,在女性村民的舆论里,"后妈不好"就压过其他因素成为事件的唯一解释。相比城市,这样的民间传说和歌谣对村落社区里的人影响尤其大;但在同一个村子里,男性村民较之女性村民,感情没那么

---

① 费孝通:《乡土中国 生育制度》,北京:北京大学出版社1998年版。
② 通过对多数村民的访谈,可以确定,后妈确实对这个继子不大好,双方关系很恶劣。
③ 性别社会学的研究结果表示,女性较之男性更倾向于细节性的描述。

冲动,情绪发泄相对比较能够克制,有一种男性特有的看问题的理性与全面。因此,男性村民受到的影响比女性村民相对少一些。

其次,从四婶母子的分歧中,我们还可以看到个人所担当的社会角色在其中的影响。郯富来不仅是一个男性代表,他更重要的身份是村里的书记。村书记这一角色赋予他很多权力,也有很多相应的义务:对上和对下的义务。对上要完成上级下达的任务,维护村庄的稳定,对下则要保护村民各方面的利益。郯家庄即使现在也是一个在当地被很多人知晓的"小康村",在网络上可以搜索到郯家庄的内容,包括村里企业的信息和对村里人物正面形象的描述。① 这次郯家庄又上了报纸和新闻网页,不过披露的却是这么让人震惊的不光彩的事情,所以,相对很多村民将其愤怒、哀伤等情绪的充分宣泄,作为书记的郯富来想的就不能不多一点。他首先想的肯定是如何减少这一不光彩的事件给村里造成的负面影响。其次,在对事件的评价中,也显现出他与一般老百姓不一样的见解和眼界,而这也是其扮演的社会角色对他的要求。所以,针对"父杀子"案件以及这个再婚结合的家庭的复杂代际关系,作出什么样的评论,哪些话能说,哪些话不能说,都成为他要考虑的内容。所以,我们会听到他冷静、理性(不掺杂各种情绪)、一分为二、较为全面和客观的分析,也会看到他对母亲在一旁的"捣乱"行为的恼火,脱口说出"你懂个屁啊"这样的粗话。② 包括四婶在内的很多村民都认为应该严惩亲手杀子的父亲;而郯富来对这个案件的参与——帮助找律师应付死者生母的起诉,也表明了他作为书记在自己力所能及的范围内对(活着的)村民的庇护。

此外,结合记者的新闻报道和我们的访谈,也可以看到亲缘关系的远近在其中的影响。面对记者的提问,大部分村民会表达出被杀

---

① 像村民郭辉辉就被冠以"农民画家"的称号在新闻网页里出现。
② 这是以往十多年的调查当中所没有过的现象,一直以来,我们都认为郯富来对其母亲还是很孝顺的,这句粗话也不能表明他的不孝。

孩子因为继母对其不好,所以导致其与父亲和继母关系的不和睦。在我们的访谈中,几乎所有村民也是类似的说法。但是郄金亮的兄嫂对此却断然否定,他们首先驳斥了"后妈不好"的说法,代之以"后妈对他很好"的说法,此外,又添加了这个孩子砸父亲门、携刀要杀继母的"不良行径",由此对这个父亲的疯狂给出一个合理的因果解释。如果说村民是试图反映事实的真相,以告慰九泉之下惨死的孩子,那么郄金亮的兄嫂则是试图掩盖真相,以挽救活着的兄弟,也给家族留下一个不那么坏的名声。亲缘关系的远近对每一个人表达观点时的态度和立场的影响因此也一目了然:亲缘关系近的,因为与犯罪嫌疑人的切身利害关系,他(她)可以不管法律的外在约束以及良心、道德的谴责而有选择性地"说谎",亲缘关系远的则可以不受此约束而讲出实话。在这个案例中,郄金亮的兄嫂恰好成了重私德(公德、私德指依与自己关系的远近亲疏奉行的有差别的道德标准)的典型。这一现象也可以体现在其他人的身上,即如果角色互换,其他村民作为郄金亮的兄嫂或者其他亲缘关系近的人,也很可能去为他辩护;郄金亮的兄嫂如果作为普通村民评判其他人家类似的案件,也会坚持实事求是。所以,因为亲缘关系的远近不同,其奉行的道德规范就出现了较大差别,即其所遵循道德的标准有两重性:内外有别、公私分明。这或许就是像郄家庄这样的具有"熟人社会"特征的农村社区,其作为舆论背后之支撑力的道德标准的一个特点。而这也是我们对亲缘关系如何影响舆论内容的一个解读。

　　本节所选案例,比较清晰地反映了性别、角色与亲缘关系这三个制约舆论内容的因素。除了这三个因素外,还会有一些其他因素,比如说年龄、利益关系、空间场所等其实也制约着村庄舆论的内容和表达形式,这将留待以后再作分析。

第五章 集体记忆、村庄舆论与社区秩序

在前面两个章节当中,笔者已经指出,集体记忆是村庄舆论建构的基础,而村庄舆论会强化集体记忆,促进集体记忆的充实与传承。这是集体记忆与村庄舆论互相作用的辩证关系。那么,把对集体记忆和村庄舆论这两者本身以及彼此的互动的关注拓展到整个村庄范围的话,集体记忆和村庄舆论与村庄中其他要素的关系互动体现在哪里?换言之,集体记忆和村庄舆论在村庄中的作用体现在哪里?对于一个社会来说,社会秩序是根本问题;对于一个村庄来说,则社区秩序就是根本问题。因此,在这一章中,我们将讨论和揭示村庄舆论以及集体记忆同社区秩序之间的关系。

第一节 社区秩序[①]与行为规范

一、社区秩序

社会秩序是人类社会生活得以正常进行的基本条件,也是人类

[①] 文中的社区秩序是指农村社区的社会秩序,与乡村秩序、村庄秩序所指是一样的,只不过在不同的行文中,根据表达的需要而有不同的应用。

社会生活的重要特征。虽然不同的社会会表现出不同的社会秩序,但它们都是由特定的社会条件及人们采取的各种社会控制手段造就和得以维护的。

按照《中国大百科全书·社会学》卷对社会秩序的定义,社会秩序是表示社会有序状态或动态平衡的社会学范畴,主要表现为3个方面:(1)一定社会结构的相对稳定;(2)各种社会规范得以正常施行和维护;(3)把无序和冲突控制在一定的范围之内。① 袁亚愚将社会秩序定义为:"它是指既有的社会关系体系(一定社会的社会分层结构中分属各阶级、阶层的人们所处的社会地位的等级顺序)的稳定、保持和持续存在;它也是指体现和服务于既定社会关系的各种社会规范和规则在全社会范围广泛地得到遵守、贯彻、施行及维护。一定的社会关系体系,要成为一种社会秩序并能稳定、持续地存在下去,必定要借助一定的社会规范和规则。"② 哈耶克这样定义"秩序":"我们将把'秩序'用来描绘一种'事态'(state of affairs),在这个事态中,各种不同的众多元素相互关连起来;由对在整体中占有某些时、空的部分的认识,我们可以建立起对于其他部分的正确的预期,或者,起码是一种极有机会被证明是正确的预期。"③ 博登海默认为秩序"意指在自然界与社会进程运转中存在着某种程度的一致性、连续性和确定性"④。

虽然从定义本身可以看出学者们的理解和解释还不够统一,但前两个比较具体的定义大体认同把社会秩序看作是对社会生活、社会活动、人们的相互关系井然有序的反映,而后两个较为抽象的定义则特别强调社会秩序的可预期性和确定性。可预期性,可以说是确

---

① 《中国大百科全书·社会学》,北京:中国大百科全书出版社1991年版,第353页。
② 袁亚愚:《新修乡村社会学》,成都:四川大学出版社1998年版,第261页。
③ 石元康:《自发的秩序与无为而治》,《中国社会科学季刊》1994年第2卷。
④ 〔美〕E·博登海默:《法理学——法哲学及其方法》,邓正来译,北京:华夏出版社1987年版。

定性的一个前提,而确定性必然也是可预期的,所以,不仅后两个定义显现出一致性,它们同前两个定义本身也显现出一致性:社会生活的井然有序,必然包含着一定程度的可预期性和确定性。即一个事情大概会按照什么轨迹发展,人们对一个事情的评价基本会有哪些表现等等。但是,可预期性和确定性的一个可以把握的标准是什么?我们从抽象的定义再回到稍微具体的定义中就可以发现,对规范的遵守可以说是一个可以把握的标准。

具体到一个村庄范围来说,乡村社会成员的社会生活也是在确定的社区秩序中发生与进行的。乡村社会的社区秩序是整个社会的社会秩序的重要组成部分。① 虽然农村社区与现代化程度较高的城市社区有很多差异,但农村社区在更大程度上保留和延续了传统文化及其规范,故农村社区成员需要遵守更多的源于传统的规范,所以,探讨农村社区秩序的维系、考察对规范的遵守就格外重要了。

二、规范

对于一个社会来说,其自身的运动、变化和发展的正常进行,依赖于社会秩序的稳定。遵循社会正常的秩序规范,人们方能从事正常的经济活动和进行社会交往。② 如果共同生活的人们,相互的行为、权利和义务没有一定的规范可守,社会必然会无序,人们会不知道怎样行动,因此也说不上"治"了。③ 由此可见规范对于秩序实现的重要性。

袁亚愚④认为,社会规范是指约束和指导人们思想行为的各种准则和规则的总和,它在维护社会秩序、保障社会生活的正常进行

---

① 〔美〕E·博登海默:《法理学——法哲学及其方法》,邓正来译,北京:华夏出版社1987年版。
② 程贵铭:《农村社会学》,北京:中国农业大学出版社1998年版。
③ 费孝通:《乡土中国 生育制度》,北京:北京大学出版社1998年版。
④ 袁亚愚:《新修乡村社会学》,成都:四川大学出版社1998年版。

中,起着重要的作用。一个社会的社会秩序,就是通过该社会提倡和施行的各种社会规范在全社会得到遵循和贯彻而实现的,故社会秩序便又体现为社会规范的贯彻、施行及维护。朱岑楼①认为规范是文化在社会与个人的关系中所产生的。规范是个人行为的蓝图,划定范围供个人从中选择,以达成其目标。规范的建立,是以文化的各种价值为基础。而包含于规范中的行为,可以控制和指导社会关系的发生,保证社会互动的顺畅无阻。一个没有规范的社会,是难以想象的。如果没有一个人们可以遵循的规范,那么个人的行为就不能预期,导致的结果就是社会一片紊乱。

在笔者看来,从较为宽泛的意义上来理解,社会规范的内容主要包括强制性的法律、伦理道德以及具有地方性知识特点的风俗习惯等。风俗习惯是人类社会中产生得最早的社会规范,大都是在人们共同的社会生活中,自发地形成又自发地作用与变化的,它本身又包括许多种类并渗透到人们社会生活的各个方面。风俗习惯在乡村社会中的作用较之城市要大而广泛,乡村中的人们大都比较尊重在他们生活中已形成的风俗习惯,力求循规蹈矩地按照风俗习惯行事。道德是晚于风俗习惯的社会规范,是从风俗习惯中演化而来。道德的特点是通过人们的善恶、美丑、荣辱等观念及各种伦理规则,通过社会、群体对有关行为的道德评价而约束与指导人们的行为、保证社会生活的正常进行。而且,从人类进入文明时代以来,它便与一定的道德学说结合在一起并以比风俗习惯更为明确和强烈的形式要求人们遵守和遵循。在我国,这种与道德规范相结合的学说主要表现为儒家的伦理学说。② 法律具有强制性,是对人的绝对外在的硬控制,是国家力量的体现,这不是本书想要讨论的内容。与之相比,伦理道德、风俗习惯等已经被个体不同程度地内化,从而靠个体的"自律"和

---

① 朱岑楼:《从社会、个人与文化的关系论中国人性格的耻感取向》,载杨国枢主编:《中国人的性格》,南京:江苏教育出版社2006年版。

② 袁亚愚:《新修乡村社会学》,成都:四川大学出版社1998年版。

群体的互相监督来实现对人的软控制。而且，很多规范已经通过内化以及具体的实践，成为个体的生活惯习，所以，这时候的个体对规范的遵守就成为不自觉的行为。就像费老所说的"礼"并不是靠一个外在的权力来推行的，而是从教化中养成了个人的敬畏之感，使人服膺。而且人服礼是主动的，说明礼也是可以为人所喜好的。①

综上所述，考察一个事物对秩序的影响，或者说其促进了秩序的维系，那么，外显的可以把握的标准就是对规范的遵守。在邰家庄，至少通过村庄舆论，已经呈现出很多村庄内部公认的规范。这包括：村干部应尽的职责、男人女人应守的本分、每个村民要尽的孝道、村中过"事儿"的规范等等。所以，考察集体记忆、村庄舆论同社区秩序的联系，人们对各种规范的遵守就成为一个重要的可以把握的标准。

第二节　从舆论到规范到社区秩序

上一节对农村社区秩序的讨论中，我们已经提出，规范的遵守是把握秩序的一个标准。在这个前提下，我们可以继续回答在本章节开篇时提出的问题：在村庄范围内，集体记忆和村庄舆论如何影响社区秩序？

一、事件、舆论到行动典范

事件的发生以及由此引发的舆论强化了村民对此事件以及舆论的集体记忆。集体记忆作为"过去"对"现在"的影响之一，就是某些发生过的事件形成了典范，具有了一种给他人指路的作用。事件发生之初，每个人对此会有不同的看法，这取决于每个人的生存状态、生命历程以及其他主客观因素的不同。同时，也是因为各种主客观条件的不同，事件作为一个外在的冲击，对每个人的影响也是不同程

---

① 费孝通：《乡土中国　生育制度》，北京：北京大学出版社1998年版。

度的。比如说一个跟养老问题相关的事件,对村庄内的老年人的影响是最大的,因为养老问题对他们来说是最紧要的、利益最为相关的问题;对中年人来说,养老问题也不算太遥远,所以他们受到的影响其次;对年轻人来说,这么遥远的事情,恐怕用不着这么早就掂量,自然其受到的撼动就要小了许多。由事件引发的随之而来的舆论,让村民对其他人的观点也有了了解,由此每个人将自己的观点与他人的观点作一比较,心里也就有了度量,知晓了大多数人认可的观点是什么。知道大多数人认可的观点是很重要的,因为舆论会将村庄内部认可的行为规范呈现出来,这会提醒人们:哪些事情能做,做了会得到较大的收益,并会得到大多数人的支持;哪些事情不能做,做了就要付出很大的代价,要遭到舆论的否定。

(一)养老:从左枝叶到李喜菲

农村的赡养问题相对比较突出,但大多是日常的小打小闹。真正特别出格的,或者闹得声势很大的还是寥寥无几。在郜家庄调查的十几年中,一提到赡养纠纷,左枝叶这个名字就会跳出来,成为一个典型。镇司法所所长在有关赡养案件中能够有印象的也是左枝叶的案子。

左枝叶这不是才最近去世了。她四个儿子。她那二儿媳妇不太孝顺,为这个事啊,从我们这个角度来说也专门为她办过家庭学习班。哎,咱们定个时间,把家里所有的孩子们这个闺女、闺女女婿、孙子孙女、大伙一块儿学习学习《婚姻法》。学习有关法律知识,办过两期,看来效果还是比较好的。同时也订了一些必要的赡养协议,就是说怎么关照老人。比如说每个月你给她多少钱、多少面,该轮到在哪个媳妇家里吃饭,这些就完了。但是由于家庭的经济收入不平衡,老二他收入(低),他媳妇一是身上有病,一是她养活三个孩子负担比较重,所以她不能够及时给老人,应该拿东西也不能够及时拿出来,所以导致弟兄们、妯娌们关系不睦。特别是剩下她婆婆一人以后,人老了后,她(左)好像性格变得比较暴躁,所以她断不了把这些媳妇们臭骂一顿,结果引起婆媳关系不睦。为这个事,去年俺们跟着去执行了一次。然后法庭上限制一下,从法律上说是限制执行一下。应该到她(二儿媳)家吃饭了,她家不让进。不让她(左)进只好到老四家去吃饭,反正她到老四家吃饭你必须出粮食、出油、出煤。她(二儿媳)还是不给。不给咱叫上法庭的书记、法院的院长,我们这儿去了以后先礼后兵,先给她做工作,结果一做工作,咱(原先)以为这问题可难处理了,可去了把这个问题一说以后,这个儿媳妇还不是那么胡涂,因为她下面已经有了孩子,三个小子再加上她家里也有老人,通过咱们给她解释再加上一些法律知识。过去也给她办过家庭学习班,一说她说行可以给点。当时就把这应该给她的粮食给她装出来,咱们帮她抬过去磨成面,就给了老太太了,应该给老太太的煤俺们给她推过去了。这个媳妇本身有病,现在也去世了。哎,咱们给她推过去了。应该给她的八十来块钱,当时家里就是六十几块钱,又去亲戚那儿借点,把钱也给了,在我这个印象中,这个纠纷比较难。①

左枝叶的女儿——孙敏真的媳妇对于这个弟媳,有着很大怨气,她这个害人的死了,罪有应得。以往母亲同其他儿媳妇抬杠,不用她去找,人家都会主动找她征求意见,她去调节调节效果也挺好的。但是这次,她比较难做。一般地说会向着我,都想着叫我去打抱不平,可是我的脾气老是左思右想,这问题大呢。个人要是去打抱不平,要是离了婚,还有三个侄子,还有我兄弟,要是家破人亡呢?这个可不沾,村里支书去说也不沾。志志去说把志志骂了一顿。太不讲理了,她胡涂,一直胡涂死了。②

虽然有着为母亲打抱不平的心,但她对母亲的行为也持不认可的态度。母亲告状是自己决定的,根本没有找女儿商量。当初左枝叶只想告这个二儿媳,但是镇里告知她要告就得告四个儿子,不能光

---

① 访谈录音整理编号(961127QWQ),由访谈日期与被访者姓名拼音缩写构成。
② 访谈录音整理编号(980822SMZXF),由访谈日期与被访者姓名拼音缩写构成。

告一个。所以,不仅其他几个儿子和儿媳对左枝叶有意见,敏真媳妇作为女儿也感觉很冤枉,把俺也弄了去了,弟妹几个都让出庭,其实这掩盖了坏人。俺娘就想告她,气得俺们也劝不住。俺娘想告就去告吧,俺管不了还不如公家管呢。① 此外,在女儿看来,清官难断家务事。虽然她这个嫁出去的女儿也不算外人,但是,你要是外人说着还好说,你越是闺女去说她连俺一起骂。她一骂我就躲着。后来镇上齐伟桥所长,是俺姐夫来着,人家也是骂俺姐夫。②

作为案件调解后的延续,左枝叶同其二儿媳的争吵继续发生着,不久儿媳得了病,儿子领着媳妇离开了家,左枝叶这时候担心儿媳妇去世留下三个孩子不管,就天天烧香祈祷,在害怕中于某天晚上一觉睡去就再也没有醒来。后来二儿媳回家不久也去世了。在其他村民看来,虽然左枝叶和二媳妇都有不好的地方,但很好的一家子就因为生气,导致家破人亡,真是太不值得的事儿了。

其实最先让村民吃惊的不是婆媳矛盾,而是左枝叶将儿子告上法院的事。当时村妇女主任找到左枝叶的大儿媳说,翠丽,你给人家掏东西不,你不给人家掏的话,你婆婆不知道找谁已经把材料写好了啊。写上,有几个儿子,大儿子叫什么,二儿子叫什么,都写上你们的名字,说谁也不管她。我就来街道里呐喊,然后还去 P 县里边呐喊,让你们扬名挂号。不给人家的话,你婆婆就去给你们丢人了。③ 总之,在村民看来,左枝叶的行为非常不可取,一是告状丢人,二是结局悲惨,这给其他村民以很大的警醒。

六十多岁的李喜菲有高血压、糖尿病等已经多年了,在老伴儿去世以后,她把以前跟老伴儿一起经营的养鸭摊子扔给儿子,正式进入了养老期。其实早在其老伴儿在世的时候,关于如何养老,他们早已经有了自己的打算。

---

① 访谈录音整理编号(980822SMZXF),由访谈日期与被访者姓名拼音缩写构成。
② 同上。
③ 访谈录音整理编号(080201LZHXF),由访谈日期与被访者姓名拼音缩写构成。

俺这钱是,那是老伴儿活着的时候,孩子们借的他的钱,借的时候说还给他呢。没了老伴儿了,我觉得我也还有钱呢,不要了,俺那时候就想着,俺死了再给他们分这钱,不给老伴儿这钱了。他没死那时候借了,你说他借了,孩子们也是闹正经的呢,你说现在你让孩子们拿几万块钱,孩子们也拿不出来。老大家,这么几个孩子,自己也可亲这孩子们了,让孩子们去拿这钱,真正拿,他们也没法。自己想着咱花不完还不是人家的,自己去跟人家要,让人家有火,我说,得了,你爹借给你们的钱就不要了。我这点钱也不分给你们了,我这点钱就花。我早些和我老头就是说,咱俩做,咱俩攒了,反正让儿子们给咱拿钱的时候,少拿点,你让人家给你拿钱,可别因为儿子不给拿,光生气。我这么想着,俺闺女也可强了,俺闺女说,你别和他们要,没了再说吧,没了什么的,大伙再给你添。有花的,你就别要了。这就是自己的病多。孩子们也不说不管你,闹下意见了那可就说不管你就……①

可以说,左枝叶事件对李老太的养老做法是有启示的,尽管是作为反面教材。她也是脾气又坏。那媳妇们和她也搞不好。她在屋里炕上躺着,她叫,外边的人们听见也不说话。让给她倒点水吧,人家谁也不说话。不往她屋里走,到死,也可受罪了。老了你就没用了。谁要是跟我在一起歇着,我就会说,咱受点屈吧,别和孩子们闹,闹的僵了,自己眼看就不行了。弄僵了也不好。咱也不跟他学……我早心里想过了,孩子们不会说不管我,真不管我,我要饭也不会去打官司告他。我豁出去要饭咧,也不告他。再说孩子们也不走那一步。孩子们都可强着咧,不会不管……告完孩子们更受罪。告完也不管,不受罪啊?②

此外,李老太认为左枝叶不高明的地方还在于她向女儿指责儿

---

① 访谈录音整理编号(080129LXF),由访谈日期与被访者姓名拼音缩写构成。
② 访谈录音整理编号(071007LXF),由访谈日期与被访者姓名拼音缩写构成。

子的不好,导致儿子和女儿的关系也不好。在她看来,孩子们的不团结对老人来说是没有丝毫好处的。(左枝叶的事儿)是孩子们不强。也不光怨孩子们,都是大人不正,道走的不好。老的也有责任。你像左枝叶,弄得关系也是上不去门了。闺女们来了提什么呢?你说小子们不好,小子们还能养你?①

有了这些批判和反思,李老太较之前人有了更高明的做法,就是通过把女儿的责任纳入进来,把自己养老的保险系数提高了。即使现在,大部分的农村地区还是"养儿防老",女儿是没有赡养义务的,邵家庄也是如此。在这种农村盛行的有关赡养的社区情理下,李老太没有强行将法律规定的那一套摆出来,而是通过自己的行事策略实现了自己的目的。李老太和老伴儿之前靠养鸭经营积攒了一些钱,这次老伴儿去世以后,她给两个儿子各分了五万块钱,同时也给女儿分了几万块钱。倒不是李老太对两个儿子和儿媳妇不满意和没有信心,但是万一呢?万一也像之前的左枝叶等,吃不到媳妇的一碗饭怎么办?所以李老太寻思了:你躺着炕了啊。我住 17 天院闺女守着。好么弄点东西。小子管不住了,你也得管管我。我也寻思这些事儿。② 但是,怎么才能保证女儿和女婿,尤其是女婿将来很情愿地管她呢?李老太也考虑到了这一点,啊,闺女可愿意管你呢。还有女婿呢,女婿(可能以后)说几万元我一个也没有。俺心里也这么想的。③ 李老太想到了给儿子分钱的同时也要让女儿和女婿享受到与儿子差不多的待遇。但是这样一来,又面临儿子和媳妇是否同意的问题,万一儿子媳妇不乐意或者引发儿女之间的矛盾可得不偿失啊。不过这难不住李老太,她先给儿子和媳妇做好了工作,然后"我跟小子们说,你们提出来钱给你姐姐。他们先提出来给他姐姐的。大小子提出来的,她姐姐说我不要,我说黏住你了,到时躺着你也得管我,

---

① 访谈录音整理编号(071007LXF),由访谈日期与被访者姓名拼音缩写构成。
② 访谈录音整理编号(080129LXF),由访谈日期与被访者姓名拼音缩写构成。
③ 同上。

我有老年你也得管我。她说俺不要俺也管你。我说你不要还有女婿呢。(访:对,女儿亲生的,女婿外人啊。)别人,你说说是不是?"①如此一来,李老太在保持家庭和谐的基础上,成功地迈出了养老计划的第一步。

(二)"再婚":从郄三叔到老李

郄富友的父亲郄三叔在其老伴去世以后,就和老伴的大姐,即郄富友的大姨在一起生活了。虽然没有领结婚证,也算是一种"再婚"了。作为儿子,郄富友及其弟兄非常支持父亲和大姨的结合。"这个,我们也认为挺好……你(大姨)过来,正好,咱们就是两家合一家啦……过来以后,精神状态就好多了,这就是感情,任何人都代替不了他这种感情来,找个保姆也不行,保姆就是保姆的……这样就好。"②

但是,大姨那边的子女并不乐意。因为大姨跟她自己的子女关系不大融洽,刚过来的时候,她想着要跟儿子处理好关系,因为将来养老还要指望他们。但是待在郄家时间一长,她觉得这边的孩子对她好,对比之下看自己的孩子就更不满意了,也不想再靠自己的儿子了,就想把她的财产都带过来。③ 这种打算,那边的子女自然强烈反对。所以,大姨人虽然过来了,但是同其子女那边的联系是断不了的。她在这边待一段时间,就得回去处理一些自己的事和家里的事,经常就和儿子、媳妇吵架。大姨几年前去世就是因为心脏病的发作,一共不到两个月就去世了。发病的原因和其儿子有很大关系,她是回去给以前的老伴儿上坟,顺便要解决家里多年的遗留问题。问题的焦点自然还是跟钱有关,儿子就是说,妈,你有多少钱,拿出来,或者你说(你拿了)多少钱。我(儿子)说你看你不住这儿了,你有多少

---

① 访谈录音整理编号(080129LXF),由访谈日期与被访者姓名拼音缩写构成。
② 访谈录音整理编号(071006QFY),由访谈日期与被访者姓名拼音缩写构成。
③ 笔者猜测,因为郄三叔和儿子的经济条件都比较好,所以大姨的这种打算也是为了能在郄家也有一定的经济地位,而不会被人说是过来沾光的。

钱我们也知道,所以这样的话……她又不说,或者说没有钱。儿子不信,儿子以为就是说她还有几万块钱。她那个就是说其实是没有钱,折子都是空的,是吧。可能是这个纠纷……当时我开车,她打电话说,快点儿(过来)。我把她接过来以后,待了一天,她就住院去了。①事实证明,在大姨过世以后,这种老年人"再婚"的后遗症就表现出来,原来大姨和儿子的经济纠纷转移到了两家的儿子身上。大姨的儿子非说母亲将至少两三万块钱带过来,所以前来讨要,而郇富友这边就要解释,双方的关系自然也好不了了。

因为三叔和大姨的"再婚",双方的子女产生了经济纠纷,那么大姨在三叔这边是否也存在类似的经济问题呢?实际情况还比较乐观,三叔因为早年办厂子有些积蓄,所以他分给几个儿子一人五万块钱之后,自己还留了几万块钱。在跟大姨共同生活的时候,大姨的花费是由三叔出,三叔自己治病花钱也都是自己出。"治病花钱花得不多,那是他自己的钱,还有底薪嘛,还有国库嘛。"②但是伺候则由几个儿子轮流,一家一个月。在父亲和大姨治病花钱上,家里没有出现什么纠纷。对此,郇富友认为这主要还是因为自己的父亲手里有钱。"这就是说有钱就好说。如果父亲穷光蛋,(子女)就都得出钱看病去,这个事就麻烦多了。"③

可能是跟自己的孩子伤了心,大姨去世之前坚持要葬在郇家庄,跟自己的妹妹——郇富友的妈妈葬在一起。但是在郇富友弟兄看来,这是万万使不得的。因为"人家还有老伴呢,老头已经入土啦,她那儿死了以后(应该)和他葬一块儿。"④郇富友跟我们说的时候强调的是为大姨家那边的考虑,但实际上,不难猜到,他首先考虑的是自

---

① 访谈录音整理编号(071006QFY),由访谈日期与被访者姓名拼音缩写构成。
② 三叔的钱,放在郇富友那里,三叔到各个儿子家比较大的花费都从那里出,故称之为"国库"。放在郇富友那里的一个好处是,郇富友要付给父亲七厘的利息。
③ 访谈录音整理编号(071006QFY),由访谈日期与被访者姓名拼音缩写构成。
④ 同上。

己的父亲和母亲作为原配肯定是要葬在一起的,大姨掺和进来那不就乱套了吗。所以,郄富友同大姨的儿子沟通了这个问题,结论是得违背大姨的遗愿,将其葬回原来的夫家那里。之后的遗体发送,按照之前的沟通,也是大姨夫家那边的事儿。我们是这样说的,过世了你们自己过,收入多少,那是由他们家里边,还有大伯、叔叔、老人什么的。就是这样的话,赔本我们不管,它就是那样,可能还赚,反正不赔。①

虽然农村老年人"再婚"的现象比较少,但是就我们所了解的,郄家庄新近还有一个这样的例子,就是我们以前提到的村里的"无痞"老李。在第二章当中,我们已经提过,老李的老伴儿喝药自杀,几乎同一时期,隔壁邻居一个妇人惠芳的老伴儿也因病去世,所以老李就以主动勾引和武力逼迫等形式与这个妇人生活在了一起,也是一种没有领结婚证的"再婚"。老李是村里一个工厂看门的,平时除了回家吃饭,基本上是二十四小时住在门口的传达室里。现在,这个妇人惠芳每天大部分时间陪老李在传达室里,经常就在这里把饭做好,再给老李洗洗衣服,看似也比较乐意接受这种生活方式了。

村里对老李和惠芳的这一"非法同居行为"非常不齿,"用农村的话说,男的不要脸,女的不要脸,混着过吧。"②但有些人也表示无奈的理解,就是两个孤独的老人凑在一起搭个伴儿了。村里人的议论,像老李这样的人是不会在乎的,可是来自家庭内部的子女的支持,他还是不得不看重的,讲的实际一点,毕竟将来他还要靠孩子来养老的。最初两家的子女都不满意。惠芳有儿有女,老李是有两个女儿。惠芳的儿女最开始用老李的话说是"意见大了",而说到自己的两个女儿的态度,老李则搬出了"现在的社会,有什么意见?"③关于两个人的结合,老李有自己的理由。"说什么啊? 瞎子和讨吃,我

---

① 访谈录音整理编号(071006QFY),由访谈日期与被访者姓名拼音缩写构成。
② 访谈录音整理编号(080130QYT),由访谈日期与被访者姓名拼音缩写构成。
③ 访谈录音整理编号(080129LL),由访谈日期与被访者姓名拼音缩写构成。

好比个瞎子,她比方是个讨吃。穷凑合。就是要饭的,瞎子和讨吃。"①现在两个人六十出头,身体还比较好,老李每月能有近千元的收入,足够两个人日常的花销了。那以后的养老呢?对此,两个人显然已经达成了协议:"不能动了,我要是死不了,我就管管她。我死了就不搭理她了。我要是有了病,她要是死不了的话就管管我。我死了就抬到我家了,我家孩子们埋了我。她死了,她家孩子们埋了她。我有了病,我家去给我看。现在就是我有了病,花我家的钱去看的,孩子们给我看的。她有了病,她家孩子们给她看。谁也不管(对方)。"②此外,老李还有一个八十二岁的老母亲,惠芳还有一个婆婆,这也是各管各的原则:老李不用管惠芳的婆婆,而惠芳对老李的母亲也没有义务。如此清晰而又理性的这些协议是怎么达成的,这是我们比较感兴趣的。原来老李和惠芳分别找来各自的孩子专门开了家庭会,开家庭会的目的就是把关键性的问题先说到前头,以免以后子女回来对老人不满意。老李没有说,从其他渠道,我们了解到,召开家庭会说清楚这些协议是村里其他人给出的主意。"人家是,这个死了女婿了,他是死了媳妇了,俩人就凑合地过了。我说你俩领结婚证,领结婚证以后还牵扯孩子们,牵扯这财产什么的,事多了。他俩商量商量也不领结婚证。我说写个约也沾,家里孩子们都知道,你俩写个约,是不是?互相都有个约,是不是?以后怎么处理这事。"③还有一点也是达成协议的,就是双方将来去世后也还是和原配葬在一起。

虽然郄家三叔是村里的"能人",老李是村里的"无赖",两个人从地位和名声有着巨大的反差,大家对此的议论也不同,但是,就这一具体行为本身而言,都是双方丧偶后没有领结婚证的"同居",同属

---

① 访谈录音整理编号(080129LL),由访谈日期与被访者姓名拼音缩写构成。
② 同上。
③ 访谈录音整理编号(080129QQW),由访谈日期与被访者姓名拼音缩写构成。

于老年人的"再婚"。从三叔和大姨的"再婚"案例可以看出,老年人"再婚"的主要问题是经济问题,处理不好很容易产生纠纷,也会形成很多后遗症。像大姨的去世也是因为同儿子的经济纠纷,如果双方的关系比较和谐的话,相信大姨是可以多活一些时日的。而且,大姨的去世也间接影响了三叔的心理和身体上的健康,导致没几年三叔也过世了。其次,因为是在农村,丧葬的"规矩"也凸显出来:双方因为配偶去世而结合的,各自去世以后还是与原配夫妻葬在一起。在老李这里,虽然没有明说,但是我们明显看到了三叔事件带给后来者老李以及其他村民的启发:财产、治病花费等经济问题一定要事先达成协议,为了稳妥最好以字据的形式写下来,这样就免除了以后的纠纷;丧葬安排从属于原来各自的家庭,各自葬回原来的配偶那里。

(三)小结

左枝叶事件作为一个反面教材,给其他老人的养老行为提了醒,即在与子女的关系当中,一个老人究竟怎么做才能既实现自己的利益,又能获得家庭内外的支持。作为赡养关系的被赡养的一方,左枝叶的行为可以说是对另一方行为的反应,而且这个反应比较不理性;像李喜菲这样的老人,面对养老已经不是被动的接受和反应,而是有了自己充满智慧的计划,将自己立于主动和支配性的一方。这不能不说是在吸取经验基础上的一种推进。郤三叔事件中有值得吸取的经验,比如说关于经济问题应该协议在先,也树立了处理某种事件的典范,比如说丧葬的安排。在老李那里,我们可以看到一种模仿,而且这种模仿中也是有了推进。我们可以作出一种大胆的推测,如果以后还有类似这样因为丧偶导致的老年人"再婚",在经济问题和丧葬问题上基本会沿袭这种处理方式。如此这般,事件以及舆论提醒人们通过他人行事造成的舆论来获取村庄内部众多人认可的行为规范,村民的行事,不自觉地会参照以往他人的经验,一种新的规范就在模仿过程中形成了。新生成的规范则既包含对原有规范的承袭,也添加了许多在模仿过程中实施的小改良,实现了对社区情理的重塑与再生产。

二、无形的权威：基于集体记忆的村庄舆论

集体记忆的存在，使建构在集体记忆基础上的村庄舆论能够发挥持久的制约力，作为"过去"的记忆深深影响着"现在"。

（一）过去的荒唐历史，现在的授人以柄

我们曾经在郄家庄开过以合作医疗为主题的焦点小组会议，其中一组是找了十来个妇女谈对合作医疗的看法。村民们谈看法，自然就是从自家的家庭成员及亲戚得病说起。但其中一个五十多岁的妇女主要是向我们哭诉她儿媳妇打公婆的事情，当时让我们很是同情。后来我们得知，这个妇女的行为被村民们笑话，因为此举明显是偏离了合作医疗的主题。在接下来的调查中，通过与其本人以及其他村民的访谈，我们了解到更多的情况。这个妇女的丈夫叫刘真好，是退休教师，每月能有2000多块钱的退休金。他有一儿一女，但比较惨的是，女儿在外打工时因为谈恋爱受了些刺激导致精神有些问题，而儿子给他娶回来的儿媳妇更是经常大闹天宫。这个儿媳妇凤英，前面我们提到过，人不仅厉害，而且只知道打扮和花钱，不知道干活。

关于凤英的厉害和打公婆的事情，村民们都知道，也议论纷纷。他家儿媳妇可厉害啦。他们（刘真好夫妇）管不了，他的媳妇可厉害着呢。管着他一家子呢。她老公公整天种着菜园和地。做的不好了，人家还骂他呢。他家小子也可没出息呢。孩子也可怕（凤英）呢。① "上年把真好好一顿打，把真好打的头上几个血窟窿。"② 到底因为什么会有这么大的家庭矛盾？我们常说清官难断家务事，作为旁观者只能看到一部分的表面现象，而内里的很多东西是难以知晓

---

① 访谈录音整理编号（080128QXQ），由访谈日期与被访者姓名拼音缩写构成。
② 访谈录音整理编号（080129QQW），由访谈日期与被访者姓名拼音缩写构成。

的。但是,刘真好一家的争吵和打架,大家可以肯定地指出,直接根源主要出自刘真好这每个月比较可观的收入上。嫌给的人家钱少。他都是几百几百地给人家,你光几百几百地给人家不沾,你得一千一千地给人家。他儿子惹不起他媳妇,那个媳妇也打他女婿。那孩子们爷爷奶奶光叫他们,让他给他们钱,那一叫就给他们钱。上学,就拿钱。反正人们都是说那媳妇。①

村民旁观者清的立场,使得他们对事件的评价不会带有太多感情色彩,而会相对客观和公正。对于家庭矛盾中的公婆这一方,村民认为他们也有问题。实际上真好他们也是,有时候,处理不好。那生气都是两方,有的责任大点,有的责任小点。一个说你一点责任也没有,不可能。你就一个小子,他要多少你就给他多少,不就完了,你还不给他。② 家庭矛盾在村内闹得沸沸扬扬,刘真好很少说什么,大伙自然也认为他窝囊。而刘真好老婆,虽然受儿媳妇的气,但也绝对不是善茬儿,村民们对此有评价,"婆婆那也是个厉害的呢。如果是个不厉害的儿媳妇,那婆婆也得欺负人家了。现在她不行了。一家子呢,还有两个孙子呢。现在她豁不出去了。还有这个儿子,要不人家就跟他离"。③

不管是吵还是闹,事件的当事人感受的应该是最深刻的,刘真好老婆自己对儿媳妇的控诉可谓是有血有泪。人家媳妇那人,不是东西,在我们全村有出名的。(女儿)怀孕时候在家里呢。人家把我们这个窗户、玻璃都砸了,门帘也给我们撕了。闹腾,气的我们家老头子受不了,把她打一顿。然后人家疯起来就没完了,到街道里乱闹腾。乱骂……自打我闺女坐完月子,没有来过这里。这快8个月了。人家一次也没来过。后来我说,闺女女婿挺好的,我家媳妇可厉害了,我家女婿来了,她就泼人家一身水……把我老头子打得血窟窿流

---

① 访谈录音整理编号(080129QQW),由访谈日期与被访者姓名拼音缩写构成。
② 同上。
③ 访谈录音整理编号(080128QXQ),由访谈日期与被访者姓名拼音缩写构成。

着血,脸胖了很高。我不是养花嘛,人家都给我摔了。就那么两盆了。人家把花盆啪啪就给摔了,把鸡窝也给我弄塌了……她打的那血窟窿还不算,晚上也不走,来这里躺着,呐喊"这是我的家,这是我的家"。我有心脏病,气得我也说不了话了,也动弹不了了,医生给我打针后走了。我老头子头上有血,别人把我俩扶到屋子里边,媳妇在外边就是不走,乱呐喊。"这是我的家,这是我的家。"这是她的家,她不走。后边人们实在看不下去,把她给抬走了……整天给他们地里干活。干活,干不好了,也是跟我们没完。上次,种了点葱,她在里边种了点香菜,我们不知道,以为把葱给她锄下呢,结果把人家香菜给锄了,可跟我们没完了。她把花生给我们拔了。不是故意的呢。她拔了一大片花生。我儿子不让她拔。我儿子把她推倒了。两个人在地里就打起来了。人们都过去了,都说她不对,后来人们硬把她抬回去了。我儿子又给我们栽上了,我们开始都不知道。后来又都活了。那天正好下了点雨,都活了。我去地里了,一看怎么我们这花生这么黄,这是什么原因呢,怎么这片不黄,那大片这么黄。我还以为是打药弄的呢,是邻居打药不小心熏的呢。周围人就开始笑起来了。说你怎么不知道啊,我说,我不知道怎么回事啊。我儿子不肯对我说。后来周围人才告诉我,是我儿媳妇给我拔了,然后我儿子给栽上了。我纳闷呢,凭什么你给我们拔啊。后来,才知道是香菜的事。媳妇说我们是故意的。他们地里的活,都是我老头给做。她在家闲着,她不去地里干活。"①

村民们是怎么看待这个儿媳妇,怎么看待这个家庭矛盾?我们上文中提到村民相对客观的看法,但刘真好老婆的转述基本上是村民都认为儿媳妇凤英不对,而刘真好夫妻这般忍辱负重实属不易。

"全村人都说她,没有不说她不好的。人家就是厉害,不是东西,什么都不管,就管自己。哎,这就是稀里糊涂的,我们自己受点气算

---

① 访谈录音整理编号(080201LZHXF),由访谈日期与被访者姓名拼音缩写构成。

了。成全他们一家人,就算了……街道里的人都说。打公公,打婆婆,你不觉得丢人嘛,不像话。我们谁也惹不起人家。看着她高兴,怎么都对……哎呀,我们受的这个气,全村子都知道的。村里干部们都说她,没有一个人不说她的。人们都说,也只我俩能受得了她。如果换了别人,就跟她没完。这都是说她的……别人在背后说,人家跟我说:"那天,我说了说你家媳妇,她差得太多,你是打财神爷呢。你公公挣那么多钱,你婆婆针线活什么也能干。你老跟人家闹腾。人家还愿意管你啊。"……别人都是说:你那媳妇那么厉害,你不敢跟她闹腾啊。你把她管住了,不就行了。要不你能受得了嘛。①

对于夫妻俩忍辱负重的行为,刘真好老婆有自己的想法,既是为了保全这个家庭的完整,也是为了维护家庭的名声,不想丢人现眼,否则会影响孙子们下一辈娶媳妇的。

不行,我不能跟她乱来。我要跟她弄,媳妇离婚什么的。你说我儿子要重新找一个,是后娘,不找吧,孩子们就没娘了。这两个孩子还得我管着,还得我受罪。我就受她欺负吧,就受她一个人的气。我说最后的胜利还是我的,我心里琢磨着,等我孙子都有了媳妇,她还跟我闹腾打我,媳妇还看着她呢,还跟着她学习,逼的她也就改了,最后胜利还是我的。我这一家子团圆着,我不跟她逞英雄……我就是觉得,你说比如我们就一个儿子,你去告她一顿,还不是给自己丢人嘛。去给她扬名干嘛啊?人都知道了对家庭也不好。我们自己受点气,温暖着她,慢慢的可能就好了。说起来,孩子要媳妇吧,不管家里怎么样。你得看下一辈呢。②

因为试图去了解刘真好一家,引子是儿媳打公婆的事件,所以,我们对刘真好夫妻同其儿媳妇的矛盾格外关注。了解到以上的信息,我们也会有一个大概的印象,虽然老夫妻也有一些问题,但主要

---

① 访谈录音整理编号(080201LZHXF),由访谈日期与被访者姓名拼音缩写构成。

② 同上。

还是这个儿媳妇太贪钱、太厉害。老夫妻本身还是比较维护家庭的完整,为儿子和孙子着想了。

但是,随着了解的深入,我们发现了更多的内容,让我们觉得这个事件不可小觑,它绝没有我们想象中的那么简单。

原来刘真好早年离过一次婚,当时离婚的原因不是刘真好同前妻有矛盾,而主要是刘真好的父母同儿媳妇相处不来。那个年代,离婚比较罕见,刘真好离婚以后就不是很好再娶了。所以当说上现在这个比他小很多岁的老婆,他就把老婆捧在了手心里。厚此薄彼,在村民看来,刘真好和老婆对刘真好的父母不够好,基本是没有管过他们。

实际上他爹丧失劳动力以后,一直是老三管着呢。老三就是落了个好名,都是老三管。这最后,临死时,照顾不了了,卧床不起了,那就轮着。没轮就过世了,也没拖累多少时间……刘真好他成天和他爹生气。说的这个老婆,人还是很精的。刘真好和他老婆对刘真好的爹,实际上不管。[①] 虽然刘真好老婆的说法是老人家对他们薄对其他两个儿子厚在先,而她也没有不尽义务。

刘真好和老婆对老人不孝的一个结果是,即使知道他们夫妻挨儿媳妇的打,村民对刘真好夫妇也不大同情,谁让他们对自己的老人也不好呢?说句难听一点的就是"恶有恶报"了。对他们自身利益而言,村民的看法和支持与否毕竟还是外在的、非直接也非强制性的,如果他们不在乎,倒也可以眼不见心不烦的。可如果这让与他们死对头的儿媳妇给利用上,他们想不在乎都躲避不了了。那(真好)儿媳妇和他们在一起,没分开的时候,光记得做什么饭,给他爷爷盛上吃,做下饭给他爷爷去送。五:刘真好的儿媳妇,盛上饭给他爷爷去送,他公公,婆婆不是不怎么管嘛。这孙子媳妇去,你不管,看我管不。那儿媳妇也可厉害了。她和她婆婆生气,说婆婆不管她爷爷。

---

① 访谈录音整理编号(080201QQP),由访谈日期与被访者姓名拼音缩写构成。

实际上和她婆婆过不去。①

　　刘真好夫妻不孝,对儿媳妇凤英来说成为一个可以质问公婆的借口,虽然婆婆可以举出老人厚此薄彼的行为,从而为自己开脱。而婆婆在个人问题上的作风不好,成为她对抗婆婆的另一重要把柄。这个把柄的重要性在于,这对婆婆来说绝对是一个没法辩解的"难言之隐"。

　　刘真好老婆的这段不光彩的历史还是她年轻时候的事。虽然几十年过去了,但毕竟当初这段丑事也是在本村发生的,所以这个事件村里很多人知晓。本来,儿媳妇凤英应该是很难知道这段历史的。因为她的娘家是外村,而她嫁过来的时候,离婆婆"出事儿"的时间也隔了很久。但农村里的事情很难瞒得住,尤其是这不好的事情。这个有什么事,都瞒不住。反反复复传这不好的事,还不是传这好事。你看农村的也是一样,几个人在一起说说,说长问短的。他是说笑话别人的,问别人家那什么什么事不好。说别人的事,笑话人家。自己家有什么事,别人也笑话自己,但自己也听不到,人家不对自己说。② 正如我们之前谈过的,事件成为集体记忆保留下来,而村庄舆论会将记忆中的事件传递出来,所以外来的媳妇凤英也被补上了功课,被普及了几十年之前的有关婆婆的历史。对于村庄社会的这一特点,村民的认识程度是不同的,认识深刻的会牢记"一失足成千古恨",认识不深刻的,或者有着投机心理的、一时冲昏头脑的,就有可能暂时将其抛之脑后。刘真好老婆对儿媳妇的忍让,一定程度上正如她所说的维护家庭的名声③,以免波及孙辈,这说明她做事情也并不是不考虑后果的,或者说这也是她在吸取教训之后的更加谨慎行事的一种表现。对于她个人早年的不光彩历史,恐怕刘真好老婆自己也有着类似的投机心理,心想儿媳妇知道这个历史的概率不会那

---

① 访谈录音整理编号(080201QQP),由访谈日期与被访者姓名拼音缩写构成。
② 访谈录音整理编号(080128SLQ),由访谈日期与被访者姓名拼音缩写构成。
③ 关于农村社区的名声、脸面等问题,下文中会有比较深入的探讨。

么大。如果她要知道段荒唐历史在几十年后还会成为不是别人而是儿媳妇手中的把柄时,我猜想,她肯定想回到过去,改变历史,抹去村民对其不利的集体记忆,由此减少一个实现现在安定生活的阻碍。

(二)不易摘的帽子,难改换的门风

事件的不断发生会强化集体记忆,郑家庄的"无痞"老李我们在书中多次提到,应该也会给读者留下较为深刻的印象。老李的"无痞"行径用四婶的话说是"什么事都能做得出来"。这样一句对老李的总结,意涵是很丰富的,包括他跟前妻整天吵架、他口无遮拦胡说八道、他不正经到处勾搭别人家的媳妇……现在人们对他的议论纷纷,就是因为前妻喝农药自杀,他将责任推得一干二净,而且还不择手段地和隔壁的寡妇住到了一起。其实村里类似喝农药自杀的媳妇还有几个,虽然村民也议论其丈夫或者家里其他人的原因,但唯独老李的老婆自杀,村民几乎都将原因归结到他身上。在村民几十年的记忆中,老李对老婆不好,经常因为拈花惹草让老婆生气,这次也是因为老李对老婆生病吃药骂骂咧咧,所以,村民认为,多年来老李的无痞行为不仅让老李的老婆身心遭受伤害,也间接导致了老李老婆的喝农药自尽。这充分表现了村民看问题的一种连续性,同时也包含了村庄集体记忆的历史连续性。所以,同样是未领结婚证的"同居",郑三叔就没有引发村民至少舆论上的不满,而老李则被村民甚至当面指着鼻子教育。村民在评价老李不正经、不要脸的同时,也捎带评价了老李的父亲和祖辈,道出了老李的父亲和爷爷那一辈也是这样胡闹。

俺们村就他这么一个,他参就是那样的。先在老村那里这样胡闹。俺们在水库那边住着,他参就生下他弟兄四个孩子,生了四个孩子以后,他就不和他娘在一起了。有一个,原先在管庄姓李,和那个妇女有了问题了。有了问题以后,他就不回来。人家那个妇女和她老公离了婚了,人家回到东边什么村,张庄,那个妇女人家回去了。人家回去以后,他就跟着去张庄住了,不在原来的村那住了。后来,就是俺们搬到这以后,才离婚。早了,那是五几年,就那么干。俺们搬到这以后,一直说他,在那住着,而老婆在这,去那住着,还有孩子,大了,孩子越来越大,人家干涉你,你还是事呢。说说,干部觉得也没法,给他办了离婚了。和那个结了婚,合法了。然后去那,不回来了。以后死在那里,也不回来了。①

从老李的爷爷、父亲到老李,几代人的"无痞"行为,让村民从归因上很自然得出了这样一个结论:这一家根基不正或者门风不好。其实在老李这一代,他还有一个哥哥、一个弟弟和一个妹妹。大哥当兵以后先是做了公社主任,后来到了公安局,现在是县政法委副书记。弟弟也是当兵以后回来在某个部门当领导。妹妹李文英是郇家的儿媳妇,多年来一直属于村班子成员,负责计划生育工作等。要让村民客观地来评价,老李的兄弟们都很能干,妹妹李文英也很努力。但是,家门里要有了这样"无痞"的传承,也没有改变村民对其门风的看法。不仅是我们觉得,因为有其兄弟姐妹的比照,所以老李的形象更"灰暗"了,就连老李的兄弟和妹妹也都看不上他,不愿意搭理他,这不仅是家里人的好言劝说管不了老李,更关键的是老李这样一块"臭肉"将李家家族不光彩的历史传承了下来,影响了李家现在的门风。老李的哥哥深知门风的重要,曾经向村民表达过,家里人这样的,他得换换门风了。

但换门风这件事谈何容易?生活在农村社区这样一个熟人社会中,每个人过去的行为、历史上祖辈的行为都被村民累计存储到了关于这一家子的集体记忆中。所以,老李一个人的无痞背后,承载着他父辈的无痞行为,所以,看到老李的无痞行径,村民不自然地会想起他父辈的无痞,由此愤怒和嘲笑都有了一种累计的效果:在对老李的议论中,老李父辈的账也都算在了他的头上。因为他父亲的行为发生在50年代,距离现在还比较近,所以村民的记忆还比较清楚:哪年

---

① 访谈录音整理编号(080129QQW),由访谈日期与被访者姓名拼音缩写构成。

走的,哪年又回来了,哪年离的婚……但如果时间更久远的话,往往这个事件的主人公会越来越模糊,到最后,村民的记忆就变成哪一家子出现了这样一个事儿。这样看来,只要是这一家子的,到后来就会受此连累,而且亲缘关系越近的,受此影响越大。所以,对于老李本身来说,不是他的账也算在了他的头上倒也不会让人觉得不公平,因为确实让人觉得他是罪有应得。可对于老李的兄弟来说,管不了自己的兄弟,即使做好自己的事,树立好自己的形象,也难以消除别人这种看法。可见,想摘掉这样一顶承载着历史的不光彩的帽子是何等困难,这得需要多少代人的努力,才能真正"改换门风",将那不光彩的一页完全翻过去!

费孝通说过,"以农为生的人,世代定居是常态,迁移是变态。"① 所以,乡土社会在这样的限制下成了生于斯、长于斯的社会。常态的生活就是终老于乡。假如在一个村子里的人都是这样的话,那么在人和人的关系上也就发生了一种特色,即每个孩子都是在人家眼中看着长大的,在孩子眼里周围的人也是从小就看惯的。这是一个"熟悉"的社会,没有陌生人的社会。② 费孝通最先提出"熟人社会"的概念强调的是传统的乡土社会的特征,但是,即使目前包括农村在内的中国社会都开始了快速转型,多数学者认为中国现在的村落依然是熟人社会。孙立平认为现代社会的一个特征就是"隐名匿姓"③,而与此相对应,中国现今的村落还是一个"熟人社会"。④

在农村社区这样的熟人社会里,因为村民彼此太熟悉,熟悉到对

---

① 费孝通:《乡土中国 生育制度》,北京:北京大学出版社1998年版,第7页。
② 同上书,第9页。
③ 这个特征是美国社会学芝加哥学派的代表人物之一沃斯(Louis Wirth)提出来的。在《作为生活方式的城市性(urbanism)》一文中,他将城市当作一种新的生活方式来看待,其中的特征包括人口数量大、密度高、社会异质性强、流动频繁等。而隐名匿姓也是其中的特征之一。
④ 孙立平:《转型社会生活的基础秩序:守卫底线》,北京:社会科学文献出版社2007年版,第21页。

方的祖宗几代,所以个人的历史、家族的历史会深嵌在周遭的他人的记忆里,并因为事件的不断发生以及舆论的强化而成为村庄的集体记忆。村庄集体记忆会延续而非定格的特点决定了记忆没有被尘封,而是在一些场合不断地被提及,集体记忆可被共享的特点决定了拥有记忆的主体会越来越多……所以,只要在这个熟人社会中,成为记忆的历史会跟随一个人一生,乃至传递给子孙几代。另一方面,像郊家庄这样一个离县城较近、工业化初步发展的北方村落,其村民的流动率也是比较小的,即使一些村民搬迁到县城里,但因为亲缘关系网络状的联结,这些搬迁出去的人也难逃历史记忆的追踪。因为县城里面也总有其他一些人在郊家庄有亲戚,通过信息的传递就会知道他们的历史及其家族的历史。这不由让我们想起我们国家历史上曾经有过的"出身成分",像出身成分这样的符号是特殊时期国家赋予个人的一个标签,这个标签,你被贴了,你还得让子孙后代也贴上这个标签。而由事件积淀的个人、家族的历史,则是民间自发传递的类似出身成分一样的东西,它既让当事人难以摆脱,也让子孙后代继续背负。

子孙后代要背负前人的历史,离不开中国人的家族主义取向。这种家族主义而非西方式的个人主义,让我们看待一个人不是只看这个个体本身,而是将其放到其家族中来看待;一个个体不仅注重自身的名誉也会注重整个家族的名声;当然,个体也会深深受到家族名声的影响。

通过刘真好媳妇和老李的案例,我们深深感受到了舆论这一无形的权威对人的制约:看似无形,却有非常强的杀伤力。更为关键的是,在农村社区这样一个熟人社会中,因为集体记忆的存在,这片土地上的人们不会简单地就事论事,而是将一个事件作为一个片断放在集结了相关人物的事件链条中来认识和评价。所以,虽然是性质相类似的事情,但由不同的人做,结果在村民眼里就被赋予了不同的意义,而不同的当事人也就得到了不同的待遇:一个可能被理解,被原谅；而另一个就可能被指责，被唾弃。这样，集体记忆就使得舆论的影响力具有了一种延续性和持久性，而且舆论的杀伤力往往会有一种滞后性，当事人未必能在自己行为发生的时候就感知其不好的后果，甚至会蛮不在乎，但往往数年后，他就会体会到舆论的持久性的威力。基于集体记忆的村庄舆论——这一无形的权威对人的行为制约的后果就是强化了人们对行为规范的遵守，以此来免遭"历史的追杀"。

三、道德分层与面子

从村庄舆论会派生出很多无形的事物，道德分层就是其中之一。舆论以及由舆论而形成的道德分层能够形成对人行为的制约，关键的一点是舆论击中的是熟人社会中大家格外看重的面子。

（一）道德分层与情绪的润滑

从经济水平来说，现在农村的社会分化越来越严重，而分化严重的结果就会导致底层的不满和抗争。根据我们的调查，客观地来说，郄家庄的贫富差距相对较小，村里是有几户富裕的人家，但正如村里特别贫困的户数一样，处于分化两端的都还是少数，大部分的人家经济水平差不多。这从村里的住房对比就可以看得出来。即使是这样，有着"均平思想"的村民也还是对村干部有着不满。此外，除了针对村干部，对于一些严重违背伦理道德以及村庄内部各种行为规范的行为，村民也是气愤不已。这在前面的舆论内容中已经有所体现。那是不是村民的不满和气愤就会导致村庄内部冲突四起呢？从我们调查的情况来看，那倒也没有。这是因为村民的不满多是以这种相对日常化的舆论表达与发泄出来。关键的是，对于村民来说还有一个可以自我安慰的事物在平息着村民内心的不满，润滑着村庄内部的种种情绪。这就是由舆论引发形成的村庄内部的道德分层。

提出道德分层，首先我们得回答一个问题：村庄内部的道德分层是如何形成的？这还得从村庄舆论说起。村庄舆论会将村庄认可的各种规范呈现出来,而规范的呈现,不仅提醒人们对规范的遵守,还会将村民在道德规范的遵守上排了个大概的先后顺序,即形成本文所说的"道德分层"。村庄内部的政治分层和经济分层很容易判断出来,因为有很多外显的标准。谁在位子上？谁有权力？谁占有资源？通过这些发问基本上可以将村庄内部的政治分层和经济分层搞清楚。而道德分层则不那么外显,它主要存在于村民的口中和心中。从事件以及人们对事件的议论当中,我们可以参透村庄当中的道德分层。像郭斌才的家人议论村干部垄断政治权力、侵占公共资源的时候,总会适当地表态,如果他们有机会成为村干部的话,一定不会贪污腐败的,而是会带领老百姓共同致富。像孙敏真媳妇在诉说郜山成的儿子儿媳虐待老人的时候,也总要将自己团结妯娌、孝敬老人的行为以及孙家大家庭的和谐展现出来。村里的李春妞一家是公认最贫困的,以前她儿媳瘫痪在床,村里人还自发捐过钱给他们。李喜菲认为李春妞确实贫困也该吃低保,但也说出李春妞从小就不勤奋、不爱干活、不能受屈,而反过来,她强调自己从来都没有吃过照顾粮,虽然以前也贫困,也苦过,但自己能受得了那个屈。言语间,她对自己的自力更生充满了自豪。村庄舆论经常会出现类似这样的内容,在一正一反、一高一低的表达之中,至少就某个方面,村民间显现出明显的差异。为什么村民要这样做？不难理解,通过这种正反对比,自身的道德境界和遵守规范的水准就被显现和提升。这种以舆论形式表达出来的道德分层十分自然地将不同的人以及不同的家庭安在不同的位置上:有的位置代表着荣誉,而有的位置就代表着名誉的丧失甚或是耻辱。

那道德分层起到什么作用呢？李怀印在河北省获鹿县各村的调查实例显示,权力、社会地位和财富分配上的差异,并不是影响村民关系的唯一因素。在当地乡民的日常生活中,同样重要的还有体现于种种村规中的集体生存伦理和公共行为准则,以及支撑村规正常运行的公众舆论和话语空间。这些集体价值认同和社会准则,既给村社精英提供了再生其威望和权力的场所,又为乡民集体提供了一个有力的工具,用来节制精英分子的滥权行为。村社内的所有门户都必须遵守该村社的共同准则,亦即那里的村规旧俗。村中的乡民,只有遵守乡规,分担集体义务,才能被接纳为村社的一员。要取得村社成员的资格,除了须具备斯科特所强调的最低限度收入以外,一个更为重要的条件,乃是必须遵守村社的共同规则,亦即这里的村规,承担作为集体一分子应尽的职责。否则就会被视为外人,排斥在村社公共事务之外。① 李怀印的分析,让我们看到了村民遵守村规和承担义务对取得自身和自家"村籍(社区成员)"的重要性,但是还有一个重要方面他没有论及,即遵守村规和承担义务的动力在于维持和提升自己或自家在道德分层方面的层级,而这种提升,则可以有效消解和平衡村民在村庄社会(政治、经济)分层中处于中下层的自卑和焦虑心态,从而使村民在面对生活窘境时依然能保持一种自信。恰恰是这样一种维持和提升自己在村庄道德分层中的位置的愿望,变成了村民约束自己行为使之不出轨的原动力,从而也会有效减缓村庄内部可能会发生的各种冲突,成为村民相处的润滑剂。同时,它也会使那些虽然在政治分层或者经济分层中处于优势但在道德分层中却处于下层的人(其中不少是村干部),出于维护名誉和权力的合法性的考虑,也要尽量多做一些对社区和乡亲有利的好事以提升自身在道德分层的位置,换取村民的好口碑。

道德分层之所以能发挥作用,关键是村民的"他人取向"。杨国枢认为,中国人之社会取向之一是他人取向。这里所说的"他人"既不是指对偶的人际关系中的对方,也不是特定的角色关系中的他人,而是泛指非特定对象的他人。他人构成了一个人真实存在的或想象之中的"观众"或"听众",他们常以复数的形式存在,但有时也可以

---

① 李怀印:《中国乡村治理之传统形式:河北省获鹿县之实例》,黄宗智编:《中国乡村研究》第一辑,北京:商务印书馆2003年版。

以个别的方式出现。"叫我如何面对世人"中的"世人","无颜见江东父老"中的"父老",对当事人而言,都是这里所说的他人。他人取向是指中国人在心理与行为上甚易受到他人影响的一种强烈趋向——对他人的意见、标准、褒贬、批评特别敏感而重视,在心理上希望在他人心目中留下良好印象,在行为上则努力与别人相一致。他人取向所强调的,不是当事人与他人的关系,而是在消极方面要尽量避免他人的责罚、讥笑、拒绝、尴尬及冲突,在积极方面要尽量获得他人的赞同、接受、帮助及欣赏。①

更具体地说,他人取向使村民很重视自己的名誉。② 传统中国人相当重视名誉,因为他们不只是靠角色关系来界定自己,也要用名誉(自己在他人心目中的良好形象)来界定自己。对中国人而言,名誉主要不是指在家人心目中的形象,而是指在熟人及大众的心目中的形象。好的名誉使当事人感到他是一个有面子的人,甚至是一个有头有脸的人。作为一个人,他在家族中的价值取决于他扮演家人角色的成败,他在社会中的价值则取决于他的名誉的好坏。中国人不但是敏锐的社会信息搜集家,而且是灵巧的自我呈现家。根据从他人那里搜集而来的有关自己及其他事物的资讯,经由高度的自我检视(self-monitoring)的认知活动,不断调节个人的自我呈现的内容与方式,借以整饰自己给予别人的印象,以便在他人心目中创造良好的名誉。在传统中国社会里,中国人不但在各种特定的角色关系中努力"做人",也在超越角色关系的他人面前努力"做人"。日常生活中,中国人的大部分时光都是用来做人,不是用来做事,而中国人之

---

① 杨国枢:《中国人的心理与行为:本土化研究》,北京:中国人民大学出版社 2004年版。

② "名誉"的说法在一定程度上可以等同于"面子",关于"面子",下文中会有较为深入的探讨,在此就不多赘述。

做事也是为了做人。①

在村庄范围内,重视名誉的前提就是要重视并遵守村庄广泛认可的各种规范。因为各种规范在一定程度上就是他人的普遍认可的共同意见,因此规范就成为村民言行的主要根据。杨国枢指出,在中国人的心目中,当地的社会规范与标准,已经不是相对的参考原则,而是绝对的社会权威。权威化的社会规范和标准,使传统社会中人们判断一切言行好坏的唯一根据,也是褒贬人物的主要依凭。在言行上违反规范与标准者,必将受到他人的严厉批评或惩罚。因而,在日常生活中,大家都对社会规范与标准十分关注及顾虑。② 即使到了现代社会,就我们调查的郯家庄来说,村民对规范的重视也是很明显的。即使出现像老李这样的"无痞"试图逃脱对规范的遵守,但以规范为参照标准的舆论依然不会放过对其的指责。老李"脸面"的丢尽,对其他村民来说则是一个值得警醒的反面教材,使村民对遵守规范更加重视。

(二) 熟人社会中的"面子"

孙恩超的父亲孙栓堂是村里另一个喝农药自杀的人。对于他的死因,村民一致的看法是孙栓堂得了比较严重的类风湿病,几个儿子又都过得不是很富裕,所以老人不愿拖累子孙,选择了这样一种结束病痛和减轻子女负担的方式。虽说是老人自己选择喝农药自杀,但这对其子孙来说毕竟不是一件光彩的事情。因为也有一些村民会转念一想,俗话说"好死不如赖活",孙栓堂老人在生死之间选择了死,肯定也是孩子没有很好地孝顺老人。

但是在事件发生以后,在村民们的议论中,有些细节内容被人们回忆出来:"这个事,他喝农药,发生太突然了,但事发生以后,人们回

---

① 杨国枢:《中国人的心理与行为:本土化研究》,北京:中国人民大学出版社 2004 年版。

② 同上。

顾这个事,早有预兆了。发生这预兆就是什么时候,光夸这孩子们好,这个老大怎么孝顺,老二怎么孝顺。在外面说,人们都不在乎这个。实际上这是一种预兆。怕(死了以后,村民们)说孩子不好了,提前给孩子造舆论。"①

由此,在孙栓堂老人喝农药自杀事件的前后始末中,我们不仅能够听到村民对事件的议论、家族事件对家族成员的影响,更能看到一位老人在充分了解熟人社会中"名誉"和"面子"对一个个体和一个家族的重要性的基础上,在维护其家族和子孙的"面子"上所作出的努力。在后来的访谈中,孙栓堂老人的儿子孙恩超谈到自身的养老问题时,也把握时机表达出自己对父亲有病喝农药自杀行为的回应。"孙:八九十岁?我把这个都看透了,啥时候动不了了喝点儿农药死了算了。国家还有安乐死呢,以后才不找那个麻烦。什么孝顺不孝顺的。孝顺有什么用,你有病了自己受罪。你早晚得死啊。"②

且不说是在熟人社会,关于中国人爱"面子"的社会事实,中外学者都早有关注。金耀基认为,近百年以来,凡是留心观察中国人行为的人,不论是外国人或中国人,不论是学者或文学家,几乎都认为支配中国人社会生活的一个核心原则是"面子"观念。③鲁迅认为"面子"是"中国精神的纲领"④;林语堂认为统治中国的三女神是"面子、命运和恩典",而三女神中,"面子"又比命运、恩典更有势。⑤

那么,到底什么是"面子"?第一个认识到中国人注重"面子"的外国人是美国的传教士明恩溥,在他 1894 年的书《中国人的特性》(Chinese Characteristics)中的第一章就讨论到中国人的"面子":"在

---

① 访谈录音整理编号(080131SMZXF),由访谈日期与被访者姓名拼音缩写构成。
② 访谈录音整理编号(080127SEC),由访谈日期与被访者姓名拼音缩写构成。
③ 金耀基:《"面""耻"与中国人行为之分析》,《中国社会与文化》,香港:牛津大学出版社 1992 年版。
④ 何友晖、彭泗清、赵志裕:《世道人心——对中国人心理的探索》,北京:北京大学出版社 2007 年版。
⑤ 林语堂:《吾国与吾民》,北京:中国戏剧出版社 1990 年版。

西洋人看来,中国人的脸皮便好比南太平洋里海岛上的土人的种种禁忌,怪可怕、怪有劲,但是不可捉摸,没有规矩……在中国乡间,邻舍是时常要吵架的,吵架不能没有和事佬,而和事佬最大的任务便是研究出一个脸皮的均势的新局面来,好比欧洲的政治家,遇到这种事件的时候,遇有国际纠纷的时候,不能不研究出一个权力的均势的新局面来一样。"①明恩溥所谓的脸皮即是"面子"。

另一位作者吉尔伯特(R. Gilbert)也谈到"面子","为了保持体面,在中国人中产生出外国人无论如何体会不出来的"面子"经。……不论什么样顺良病弱的中国人,为了"面子"可以同任何强者搏斗。当"面子"受到损害而无力恢复,会表现出相当的高傲,因为表现不出这种高傲,愤愤而死者不计其数。被人嘲笑是"面子"的重大丧失,然而对卑怯行为和表里不一行为的隐藏却不是羞耻。可见,丧失"面子"对于中国人是何等重大的问题。"②

明恩溥与吉尔伯特(Gilbert)虽然没有给出定义,只是更多强调了中国人如此程度的爱"面子",但其对"面子"的理解与很多其他讨论"面子""的学者几乎没有太大分歧,他们几乎都认为"面子"是一种社会地位或声望。美国汉学家费正清的看法是有代表性的,他认为对中国人而言,"面子"是一社会型的东西,个人的尊严是从适当的行为及社会赞许中获得的。失去"面子"则是由于不能遵照行为的法则,以致在别人看来处于不利的地位。个人的价值并不像在西方那样是内在于每个人之灵魂的,而是外铄的,从外部获得的。③

美国社会学家戈夫曼是西方学者中研究"面子"问题的代表人物。他对"面子"的定义抽象化程度更高一些:在社会交往中,如果有人认为你所做的某种行为是你可借此自称拥有某种正面的社会价值的话,这种价值就是"面子"。简言之,"面子"是以社会认可的特征

---

① 沙莲香:《中国民族性》(一),北京:中国人民大学出版社1989年版。
② 同上。
③ J. K. Fairbank, *The United States and China*, N. Y.: The Viking Press, 1962.

来界定的"自我形象"。①

在稍后的一些著作中,中国人的"面子"观念得到了更细致的分析,并被置于具体的村社背景下观察和说明。胡先缙首先将面与脸分别为二,指出前者主要是外在的,与社会身份、地位、声望等相连,后者则偏重于内,实际为一种道德性的观念。② 举出一个例子说明,富翁因故不幸沦为贫民,少了"面子",但并没有"丢脸";相反,如果一个人为了追求名利而不择手段,做出一些违背社会规范的事情来,那么,人们往往会指责他"只要面子不要脸",也就是说,他可能因为地位的提升而得了"面子",却因为道德上的错误而丢了脸。③ 何友晖等进一步指出,"面子"具有相对性,不但可大可小,更有不同的类型。"面子"类型的区分,主要是基于不同的取得方法,例如他人给予、竞争而得、通过个人特质取得,或通过个人以外因素(例如财富、社会联系、权威和努力等)而取得。"面子"可得可失,但脸就不同。如胡先缙所说,在任何社区中长大的人,不论是谁,均有相等分量的"脸",彼此同样庄重正当。"脸"只能失不能得,为什么呢?因为在人生各个阶段,个人都生活于文化规范下,循规蹈矩是理所当然的基本要求。满足此要求者的"脸"不会比别人大,但如果未能满足文化规范的要求,便会丢脸。也就是说,当个人的行为操守已鄙劣到无法被接受的程度,或身在其位而不能完成某些基本的角色义务时,"脸"便丢了。因此,要研究什么情况下可能"丢脸",一定要先明白人们期望一个人要做到不"丢脸"的话,哪些义务是非尽不可的。如果一个人不能完成这些最低限度的要求,他便是自曝其无能,其他人也会觉

---

① 何友晖、彭泗清、赵志裕:《世道人心——对中国人心理的探索》,北京:北京大学出版社2007年版。

② Hu Hsien Chin, "The Chinese Concepts of Face," *American Anthropologist*, 1994, Vol. 46. No. 1, Jan-Mar.

③ 何友晖、彭泗清、赵志裕:《世道人心——对中国人心理的探索》,北京:北京大学出版社2007年版。

得他是咎由自取。①

　　将"脸"与"面"进行区分,本身是很有意义的。用较为通俗的话理解,人人都有脸,平常的人要保住脸而不能丢脸;而一些能力或者其他方面有优势的人就可以在保住脸的基础上去挣得一份"面子"。不过在笔者看来,在有"面子"与丢脸并存的时候,即有"面子"的人因为一些违背规范的事情而丢了脸的时候,这时候他所保有的"面子"就不能将其看作是"真实"的"面子"了,而只能说是一种"表面"性的或者说是"虚空"的"面子",因为在这种"面子"背后,不是他人诚挚的认可,而只是一种当面的敷衍。郊家庄的一些村干部就属于这种类型,他们没有得到村民的认可,所以他们挣得的"面子"至少在村庄内部是没有根基的。这种没有根基的"面子"是很容易被动摇的,而舆论就是一个动摇的外力。此外,在笔者看来,"面子"的挣得往往具有一种当下性,即普通村民也可能因为偶然的一个事件而在一定时段内挣足了"面子";而这种当下性也决定了"面子"的挣得不是一劳永逸的,在挣来"面子"的行为随着时间流逝的同时,如果没有新的荣耀的事情填补的话,原有的"面子"也会越来越薄,直至消失。所以,能够长时间拥有"面子"的人,基本上也是能够长期有所作为的人。这一点也能够解释村民对村干部的要求以及村干部自身的无奈。根据"脸"与"面"的区分,就郊家庄这样一个村庄而言,除了一些精英因为有政治、经济资源的占有、家族的威望等而在乎社会地位,要讲"面子",普通的村民首先要保住的就是"脸"了,即社会地位很难或者未曾想过争取的时候,不被人说三道四就是维护了一个普通人家的名声了。这时候普通村民要维护的"脸"对于他们来说也就具有了"面子"的意义了,是一种"脸面"了。

　　为什么中国人这么爱"面子"?本书试图给出两种与中国文化相

---

① 何友晖、彭泗清、赵志裕:《世道人心——对中国人心理的探索》,北京:北京大学出版社2007年版。

关的解释:其一是家族主义取向。我们前面提到过中国人的家族主义取向,这一点在中国人的讲"面子"中也体现得淋漓尽致,像外国人讲荣誉、地位时,基本上都是以个人为单位的,而中国人所讲的荣誉或"面子"却与家族唇齿相依,因此有"一人得道、鸡犬升天"或"一人丢脸、祖宗无光"等连锁反应。① 所以,"面子"就不只是与个人相关,而是关系到整个家族的"面子"。这一点对个体制约非常大,常常让个体背负了沉重的负担。其二是比家族主义取向更为宽泛的关系取向。受儒家文化传统影响的中国人非常重视人际关系,关系对于人们的社会行为具有压倒性的影响。关系取向使人们习惯于从关系的角度,而非个体的角度来感知世界和思考问题。中国文化中的人性也是在与他人的关系中被塑造并获得理解的。所以,中国人会注重人际交往过程中个人在他人心目中的形象与位置,不仅要在他人面前表现出有"面子",还希望他人能给"面子"。所以,就会出现"死要面子""人图名声树图荫"等说法。从积极的角度出发,在调解中国人的社会交往行为时,"面子"虽然抽象且无形,但却常常是具体而精密地发挥着作用。②

中国人普遍爱"面子",在熟人社会因为家族取向和关系取向则更为突出,熟人社会地域狭小,丢了"面子"的人很难躲避熟人的目光,所以,可以说熟人社会中的"面子"更被其成员看重。因为爱"面子",所以人们害怕失去"面子",因为"面子"的失去带来的是耻辱。中国最重要的儒家典籍《论语》《孟子》《大学》《中庸》四书中所屡屡提到的"耻"的概念即与""面子"有很密切的关联。一般的观点是,当一个人"面子"受到损伤时,"失面子"便会产生一种"耻感"。③ 但

---

① 何友晖、彭泗清、赵志裕:《世道人心——对中国人心理的探索》,北京:北京大学出版社 2007 年版。

② 同上。

③ 杨国枢:《中国人的心理与行为:本土化研究》,北京:中国人民大学出版社 2004 年版。

是，人非圣贤，孰能无过？对于做了错事的人，人们也不是一把子打死，而会给对方机会，这个机会就是反省以及知错就改，如此才能更大程度地弥补失去的"面子"。而被称为"无痞"的老李，在村民看来就是一个不知反省、不加悔改的人。这样一个连脸面都不要的人，在村民看来，那是基本就失去了做人的"资格"。本书中的老李只是一个特例，通常来说，像孙栓堂老人那般要"面子"的人还是居多，所以，要"面子"的一个反应就是会顾忌舆论的影响。按照费正清的说法，失去"面子"是没能遵照行为的法则，那么要想不失去"面子"，不受到舆论的谴责，唯一要做的就是遵照行为法则。

规范的遵守是考察秩序时可以把握的外显标准，集体记忆与村庄舆论对社区秩序的影响主要体现在：事件和舆论形成行事的典范，基于集体记忆的村庄舆论作为一种无形的权威对人的行为产生跨越历史的持久性的制约，熟人社会中人们对"面子"的在乎。这些因素会使村庄内部规范被遵守，由此达至村庄秩序的维系。此外，舆论还具有安全阀的作用，有利于村庄秩序的维系。舆论的表达让村民的"气"有所释放，道德分层让村民的各种不满情绪得到润滑，舆论也会给那些让村民感觉不满的村干部以压力，促使做事更考虑村民在舆论中表达出来的利益诉求，尽量靠近村民心目中好干部的标准。这些都有利于平复村庄当中弥漫的"气"，也有利于维持干群关系的和谐。毕竟，对于一个村庄来说，在村民普遍生活安定有保障的情况下，已有政治格局的稳定也是村庄秩序得以维系的有力保证。

第六章 结论以及讨论

第一节 集体记忆、村庄舆论与社区秩序之间的内在联系

通过前面三章内容的分析,我们基本上可以梳理清楚村庄的集体记忆、村庄舆论以及乡村社区秩序这三者之间内在的联系。即基于集体记忆的村庄舆论作为一种无形的权威对人的行为产生具有历史性的持久的制约,强化了村庄内部各种规范,达致对社区秩序的维系。

舆论之所以能够形成对人行为的制约,关键在于舆论击中了熟人社会中被格外看重的"面子"。村庄舆论不仅将村民关于公共利益和个人利益的诉求表达出来,同时也将村庄内部被大多数人认可的各种规范呈现出来,包括:村干部应尽的职责、男人女人应守的本分、每个村民要尽的孝道、村中过"事儿"的规范等等。规范的呈现不仅提醒人们规范是必须遵守的,还会根据村民对道德规范的遵守情况排出大概的先后顺序,即形成"道德分层"。中国人一贯的"家族主义取向""关系取向"和"他人取向"使大部分村民在乎自己以及自己的家庭和家族在他人心目中的形象,而规范的遵守成为大家保住"脸面"、力求摆脱"道德分层"中较低位置的必要条件。

村庄舆论对人的行为之所以能够产生具有历史性的持久的制约,必须强调的是,村庄的集体记忆是从村庄舆论到社区秩序这一逻

辑链条中重要的发生机制。而集体记忆之所以能够成为这一重要的发生机制,则源于乡村这一熟人社会中集体记忆的形成、传承方式以及集体记忆的特点。村民身体的实践使事件留下了痕迹,促成集体记忆的形成;随着事件的不断发生,村民会将事件分门别类进行存储并将后发事件按照其应属类别存储进原有的记忆,这一过程是现在事件的存入,也是过去事件的调取,最终的结果是集体记忆得到充实与传承;在舆论的建构和表达中,过去的事件被多次从村民的记忆中调取出来,在这样的对比与参照中,已有的记忆被进一步强化,而且集体记忆不仅包括了事件,也包括了围绕事件展开的舆论,由此集体记忆得到进一步的充实与传承。村庄集体记忆的形成和传承方式,决定了村庄的集体记忆具有具体而非抽象、共识而非己见、延续而非定格的特点。因为这样的集体记忆的存在,记忆中发生过的事件以及围绕此事件形成的舆论会以正面榜样或者反面教材的形式给后人树立起行事、做人的典范;而且,以所发生的事件和相关人在事件中的言说和作为为内容的"逝去的历史",在熟人社会中会跟随一个人的一生,让其难以摆脱,而一个家族中祖辈的所作所为也会像改革开放之前的"出身成分"一样,不仅成了祖辈的一个道德方面的标签,也会使其子子孙孙都被戴上这顶难以摘除的帽子……所有这些导致的直接结果就是强化了村民对规范的遵守,以免"一失足成千古恨",也免予自己的子孙受到历史的"追杀"。

  不管是一个社会还是一个社区,秩序的表现之一就是规范的遵守。集体记忆的作用和村庄舆论对人行为的制约都会促成遵守规范的意识的强化以及规范的再生产和社区情理的重塑。此外,舆论的表达也让村庄内部的各种"气"得到释放,从而起到安全阀的作用。舆论表达的另一层作用是促成村民间信息的分享和共识的达成。而"道德分层"的形成也有利于村庄内部不同利益集团(这样的集团首先体现为家族)之间和利益集团内部的各种不良情绪(比如说不满和愤怒)得到润滑,这些都保证了村庄内部的不和谐或者说冲突被控制在一定范围之内,而不是直接地冲击原有的秩序。基于集体记忆的村庄舆论达致了对社区秩序的维系,同时社区秩序因为规范的再生产和社区情理的重塑而始终处于一种渐进的变动调整之中,将社会的变迁和与之相伴随的人们的需要反映出来。

第二节 本书实现的各种超越

以往关于乡村秩序的研究,学者的视野或者向上投向来自于国家的行政力量,或者向下①投向来自地方的乡绅和宗族势力。而根据孙立平等学者对中国社会结构的划分,对地方乡绅和宗族势力的关注并不是绝对的"向下看"。孙立平等认为国家、民间精英、民众是社会结构中三个基本的结构因子,由这三个结构因子所形成的较为稳定的互动关系,是社会结构的基本构架之一。国家指国家机构,它是具有明显自主性的实体,是有着独立目标和利益的社会行动者。民间精英则是指身在民间(或者说是处于国家机构之外),在公共领域中起到领导、整合、组织、管理、协调、仲裁等社会作用的力量。民众则是构成社会成员大多数的普通老百姓,是以潜在方式发挥重要作用的一种社会力量。② 所以说,这种并不绝对的"向下看"仍然是一种"精英的视角"而绝非"底层的视角"或者说"草根的视角"。按照杨善华对"农民的视角"的分析③,对地方乡绅和宗族势力的关注显然不是对作为普通百姓的农民的关注,也不是"农民的视角",自然也不能做到对农民的"感同身受"的理解,理解的也不是"农民眼中的农村实际"。"非底层的视角"和"非农民的视角"的研究在笔者看

---

① 这个"向下"是与"向上"相比较而言的,并不是绝对的"向下"。
② 孙立平:《改革开放前后中国国家、民间统治精英及民众间互动关系的演变》,《中国社会科学季刊》1994年第1卷。
③ 杨善华:《农村村干部直选研究引发的若干理论问题》,罗沛霖、杨善华主编:《当代中国农村的社会生活》,北京:中国社会科学出版社2003年版。

来,是农民的主体性地位长期被遮蔽的主要原因。所以,本书的研究就是要从农民的底层视角出发,从村民日常社会生活领域入手,以村庄舆论为切入点,挖掘农民作为主体在村庄秩序维系上的这股恒常的民间力量。在村庄舆论对社区秩序的维系中,农民的主体性地位被清晰地凸显出来;在村庄舆论的舞台上,农民具体情境下的互动与民间智慧也得到充分的展现。

近年来,关注农民的利益表达和利益表达激化而成的群体性事件的研究很多,但这种研究往往特别强调农民的利益而使人容易产生一种错觉:农民的意见表达几乎等同于农民的利益表达。在笔者看来,这是研究者的一个研究出发点的问题。很多学者关注农民的利益表达,都是缘于对各种已经激化的群体性事件的关注,接下来其研究的出发点就是各类群体性事件。群体性事件的激化往往是由农民利益的被剥夺所引发,所以从群体性事件来看农民的表达,利益表达就具有了一种代表性,代表了农民的各种表达,也将农民其他方面的表达遮蔽住了。但是,如果以农民的日常生活作为一个完整的观测点,那么群体性事件实际上只能占据农民全部日常生活的一部分,而舆论作为一种绵延、分散于农民日常生活中的常态,则能让我们看到更为完整的农民的表达。而当我们通过舆论看表达的时候,就能发现,不仅农民的各种利益诉求,包括公共利益的诉求和私人利益的诉求得到了表达,而且乡村社会中的各种规范也被呈现出来。如前所述,规范是一个社区秩序的重要标志,它能够保障农民的日常生活处于一种可预期性和确定性中,即一种比较稳定的秩序中。在这个意义上,社区的秩序也得到了显现。

自从哈布瓦赫提出"集体记忆"的概念,关于记忆的中外研究也相继呈现在我们面前。在笔者看来,记忆是立足于现在对过去的回忆,所以关于记忆的问题就涉及"过去"与"现在"的关系。很多关于"记忆"的民间本土化研究将诸如民间故事、传说、族谱、庙宇等具有传统特色的东西再现出来,虽然很有意义,但仅局限在记忆本身,没有将其同社会生活中的其他要素的互动和影响展现出来,或者说没有将"过去"与"现在"的逻辑关系凸显出来,这难免使人觉得这样的研究的意义很单一。此外,从很多学者关于记忆的实证研究可以看出重大历史事件对学者本身的生活、记忆以及研究兴趣的影响。他们大多从社会记忆的视角去关注重大历史事件留给当事人的或痛苦或荣耀的记忆,探讨重大事件是如何被记忆的,以及为什么是以这种方式而不是以别样的方式记忆等。但笔者认为,对于一个国家、一个民族而言,重大的历史事件固然会影响到一个国家的前途与每一个社会个体的命运,然而对于一个村落社区内的普通农民而言,一生中经历过重大历史事件的人毕竟还是少数,虽然有些历史事件在农民的生活中确实留下了深刻的烙印。日常生活中,农民们每天都在经历着大大小小的事情,这些或大或小的事情对农民来说是有意义的,因为作为"过去"的村庄的集体记忆深深影响着农民"现在"的生活。而且,将集体记忆同秩序放在同一个逻辑链条中进行分析,也能挖掘出包含其社区成员的历史在内的村庄的"过去"作为村庄的集体记忆对村庄"现在"的影响,对村庄"现在"的秩序所起的维系作用。

国外关于"舆论"的研究大都将其同民主政治联系在一起,研究的"舆论"实质是"公共舆论"。国内关于"舆论"的研究主要体现在传播学方面,研究的"舆论"实质是立足于整个社会或者城市的"社会舆论"。社会学领域关于"舆论"的研究比较少,提到"舆论"的多是一笔带过,并没有刻意或着力去研究。本书通过郗家庄的案例不仅分析了村庄的舆论本身,而且将村庄舆论同村庄的集体记忆和村庄的社区秩序放在同一个逻辑链条中进行分析,可以说是在社会学领域将关于"舆论"的研究向更具体、更深的层次推进的一种尝试。

第三节 自发的秩序

与国家行政力量及地方乡绅和宗族力量对乡村秩序的维系不同,农民通过舆论手段对社区秩序的维系具有一种自发性,而不是自觉的有目的指向的行为。若有人认为,一种社会秩序既然是由人引发的,因此它就必然不能脱离计划而产生,那么在哈耶克看来,他遵照的仍不过是将秩序分为自然的和人为的这种古典两分法的谬误观。① 正因为如此,哈耶克才这样说:"文明是人的行动的产物,更准确地说,是数百代人的行动的产物。然而这并不意味着文明是人之设计(design)的产物,甚至更不意味着人知道文明功用或其生生不息之存续所依凭的所有基础性条件。"②

哈耶克追求一个自由、正义的社会,其社会哲学的核心命题是,自由社会是一个自发形成的社会秩序,它在文化进化的过程中产生,因为能更好地利用人类知识而胜其他社会形式一筹,并且基于这个前提得以长久维持生命力。③ 哈耶克自己认为,社会成员的"行动的常规性并不是命令或强制的结果,甚至常常也不是有意识地遵循众所周知的规则的结果……自发社会秩序的行动结构乃是经由参与其间的个人遵循一般性规则并进行个人调适而产生出来的作为一种结果的状态"④。用比较简洁的话概括,自发秩序是人的行动的非意图的结果,也非人的设计的结果。

正是在哈耶克这样阐述的基础上笔者提出自己的看法:由农民通过舆论维系的村庄秩序可以称为一种自发的秩序。这是因为,通过舆论维系村庄的秩序并不是村民人为计划的结果,更非是村庄内部行政命令下达的结果。如果将村民通过舆论达致对秩序的维系看作一个时间和事件绵延的过程,那么其中的每个时刻每个村民行为的片段,都是村民当下对情境的一种反映。但就是在这样一种行为

---

① 哈尔蒂·布荣:《自发社会秩序和文化进化》,黄冰源等译,《知识、自由与秩序——哈耶克思想论集》,北京:中国社会科学出版社2001年版。
② 〔美〕哈耶克:《自生自发秩序与文明》,邓正来:《自由与秩序:哈耶克社会理论的研究》,南昌:江西教育出版社1999年版。
③ 哈尔蒂·布荣(Hardy Bouillon):《自发社会秩序和文化进化》,黄冰源等译,《知识、自由与秩序——哈耶克思想论集》,北京:中国社会科学出版社2001年版。
④ 哈耶克:《自由秩序原理》,邓正来译,北京:三联书店1997年版,第29页。

的绵延中,原有的规范被强化,新的规范被再生产出来。村民在非外力的命令下遵守规范的同时,自发的秩序也得以生成和维系。

那么,笔者强调的由舆论引发的"自发的秩序"同哈耶克所说的由法律造成的"自发的秩序"有什么区别呢?在笔者看来,同样造成自发的秩序,因其表现形式的不同也还是有必要加以区分的。法律表现的是一种外显的明文规定,是能够看得到、听得着,也不得不遵循的。虽然法律对人的约束在一定程度上也内化到个人的必须遵守的各种规范中,但和村庄舆论的约束还是有不一样的地方,其原因是村庄舆论更多体现的是村庄内部大众认可的行为规范以及社区独有的表现为"地方性知识"的"社区情理",同时它又是以一种潜移默化的方式发挥作用的,从对它的遵循来看,若与法律相比,也因在个人的理解和接受方面存在差异而有了一种灵活性和变动性。

行文到这里,我们可以回应本书开篇提出的问题了。村庄舆论作为维持社区秩序的一股恒常的民间力量,达致的是一种以农民为推动主体、以舆论为作用载体、以集体记忆为持续发生作用机制的自发的秩序。还要再提一下的是,虽然本书分析的依据是 20 世纪 90 年代后期至今的访谈材料,但是考虑到一个村庄的历史经由个体和家族的世代绵延所体现的延续,笔者认为还是可以由此去追溯和揭示村庄传统的内涵以及这种内涵的表现。在这个意义上,村庄舆论既是现在的,也是历史的,它对社区秩序的作用自然也不应该只局限于现在。这应该说是从前边的分析中衍生出的一点合乎逻辑的启发。而由此还可以进一步提出的问题是:一个正在变迁或转型的社会会对其产生什么样的影响?它自身的未来又会有什么样的走势?显然,回答和解决这样的问题已经超出了本书的范围,只能将此作为自己今后的任务了。

附　表

郯家庄迁村后历任党支部书记的名单

支书	任期	班子成员
孙立本	1961—1962年	刘富有　郯清山
郯荣希	1963—1964年	华老成　孙立本　刘富有　郯清山
华老成	1965—1966年	孙立本　郯金发
郯青文	1967—1971年	孙立本　郯金发　郯清水　郯来发
郯荣希	1972—1978年	郯金发　郯青文　郯清水　郯青河
郯青河	1979—1987年	郯金发　郯青文　郯二贝　刘立志　郯富贵
刘立志	1988—1991年	郯富贵　史秀英　郯青全　郯青文　孙立清　李文英
史秀英	1992—1993年	刘立志　郯青全　郯青文　孙立清　李文英
郯青全	1993—1994年	刘立志　史秀英　郯青文　李文英　郯富来
郯富来	1995—2012年	刘立志　史秀英　郯青文　孙立清　李文英

注：1. 从1967年到1969年整党之前,仍是郯荣希担任书记。

2. 据郯富贵自己说,他在党支部里担任职务的时间起自1981年他退役后,当时任组织委员,在刘立志为书记的班子里任副书记兼村委会主任(村长)一直持续到1992年。

3. 1995年之后班子成员有变动,但党支部书记到2008年一直没变。

部分访谈记录

访谈记录（一）

（程、陈为访谈员，郄青全是主要的被访者，也有其妻参与讨论）

陈：叔，我们为什么特别想跟你聊啊，因为我们跟人们，大伙儿聊天，别人都说你好，说你做书记的时候给大家干了好多实事。

程：对，我们就是耳闻，没有见到。

郄：去吧，去弄点水啊。

陈：不用，不用，我们什么都有。

程：有水。

陈：叔，我觉得您在村里边，人们都说你好，太不容易了啊。

郄：呵呵，也没有做多少好事。

程：就是修那个路啊，硬化的那个地面。给村里做了事，大伙儿说起来很感激的。

郄：呵呵，做的这个成绩也是靠上级的领导。

陈、程：呵呵。

陈：呵呵，有水，大婶，谢谢。

郄：老百姓拥护你，你只要给老百姓办实事，他就拥护你。上边也乐意支持你。

程、陈：对。

程：有的时候呢，现在村里人一提起什么不满意的事情，然后就拿你做这个对比啊？

陈：对。

程：然后人们就会说，郄青全在的时候怎么样？

陈：我们对这名字很熟悉。就跟你对不上号。

程：就是听人家村民说的多。

陈：对。

程：村民对什么事情，有意见的时候，就拿你们这个做比较。

陈：拿你们那个做榜样，做对比一下。

程：对。是的。

陈：叔，我想问一下，大家伙儿对你评价这么高，你自己心里知道吧？

郄：知道。

陈：知道哦，呵呵。

郄：个人自己做的事情，自己心眼里边有数。

程：也有数。

郄：老百姓常说，肚里没病，死不了人。自己没有做过亏心的事。睡觉安稳。

程：没错。

郄：是吧，心里踏实。老百姓说什么，都有耳闻，都知道。

程：就是你做得好，心里也清楚。

郄：自己做的，自己心眼里清楚。

郄妻：起码家里人说他傻，外边人说好听的，就是"真正的共产党员"。

程：对，你们都听得着？

陈：老百姓就喜欢这样的干部嘛。

郄妻：外边说好听的就是：真正的共产党员，毛主席领导下的干部。

陈：呵呵。

郄妻：在家里，人们都说他：太傻。给谁办了事，给他送礼，他都是给送出去说：出去吧，你别害我。

程：对。

郝妻：你说家里人能不说他傻吗。呵呵。

陈：他人比较正直嘛。

程：对。

郝：共产党的干部你就得凭着正直无私。要不你站不住脚跟，就没法开展工作。

程：对。我们也来好多年了，我们也都知道。

陈：是，我觉得会不会……

郝：你们每年都是暑假来，怎么这次寒假来了？

程：寒假也来。我们是寒暑假有时间，都来。

陈：对。

程：大学里边平时我们还要上课，来不了。寒暑假都来过。

陈：一年反正一次，或者两次的。这次就我跟程老师，我们两个人。

郝妻：夏天那会儿我听正国说，来了十几个呢。

陈：你也见过啊？

程：那次人多。

郝妻：我见过。

陈：这两天我老看见叔，老看见。我看他都不像这个村的人，你平时都骑车回来啊。那天我们正好坐车，问了一个人，说这是支书。呵呵，我说，啊，原来是名人啊。我觉得这老百姓，有时候是不是也当你的面说，认可你啊？

郝：当面也说。也有背后说的。

陈：背后的哦。因为他们觉得……

郝：当时竞选时，我的简历、相关证明都得交给组织部门。一生的工作，经历挺多的，而且都是在集体主义事业的领导下的。

程：对。

郝：你看，我从1972年李庄公社高中，那会儿是个乡办高中，1972年年底毕业。从1973年开始。

陈：你高中毕业？

郄：哦。我高中毕业。

程：你有文化。你在这些干部里是文化高的吧？

郄：哦,对。

程：青文他们没有你高？

郄：那个青文和其其他们都是高小毕业。过去就叫高小。

程：学历你最高啊？

郄：学历我最高。

程：青河好像初中吧？

郄：青河他是农中。他还不是正式的呢。

程：哦,农中,不是这个。

郄：那时我们郄家庄曾经办过两年,就在我们村周边,城东的几个村子联合办的农中。

程：我见过。

郄：他是农中。

程：农中啊？

郄：农中。当时农中也就是稀里糊涂的。

程：对,它不是正规的。

郄：哦。办了两年就散伙了,它不是正规的学校。

程：哦,你是高中毕业？

郄：对。我是高中毕业。

程：难怪啊。

陈：你上完高中毕业后,回村里了？

郄：我是1973年开始,当时我是1973年年底毕业,和现在不一样,不是暑期毕业,当时是"文化大革命"后期,都是年底毕业。

程：对。

郄：毕业证上边是1973年1月份,正式毕业。

程：对。

郐：当时我大姑就在广州，从广州那里来信让我过去，说给我找到工作了。

程：哦。

郐：村里边也不让走。那会儿支书、大队长不让我走。

程：对。

郐：那会儿支书是郐荣希。

程：对。

郐：这个你知道吧？

程：我知道，我知道。

郐：一个是大队长郐永发，他们两个拦着不让我走，我还是走了。平时他也知道我的性格，当时我在学校就是负责的，班干部。

陈：班干部，呵呵。

郐：他也知道我的个性，我这个人正直无私。就是这个个性，也是高中生，他们想着就是，留我。

程：把你留下来。

郐：当时我们村高中生，一批十几个呢，他们觉得我比较什么，就得留下来，不让我走。所以就留在村里了。

程：哦。

郐：要不我现在就在深圳，现在我大姑和三兄弟，他们就在深圳呢。

陈：在深圳？

郐：开始在广州，又转到珠海，前几年开发深圳，又转到深圳了，都在深圳市里呢。

陈、程：哦。

郐：在华侨城住呢。

陈：你这，等于是被村里留下来了？

郐：当时要是村里不拦我的话，我就走了。

程：你就去了。

郄：我弟兄四个，还有一个妹妹，我最大。

陈：你最大。

郄：那会儿我们村就是，看着你是个人才就不让你走，就不让你走。

程：你在村里边，这些郄家的，跟你是本家的，就一个四婶啊？

陈：对。你是哪一家的？

郄：你说家族这个问题吧，郄家庄，姓郄的比较多，是吧？

陈：对。

程：很多，有很多。

郄：我们这一大家子，往这里搬迁的时候，有个支部委员，那是我们的爷爷呢，他现在死了。后来又有一个婶子，也在支部里边当委员。这个现在还没死呢，现在还活着呢。

陈：她叫什么名字？

郄：肖竹叶。她现在脑血栓后遗症，瘫痪了。她现在行动也不太方便，曾经在班子里，支部里。

程：当过哦。

郄：还有一个本家哥哥叫臭臭，喝酒死了。

程：哦，那个是你们一家的？

郄：哦，那个是我们家的。他当过大队会计，当过技术员。

程：当过干部啊？

郄：那个青文是接了他的手的。

程：哦，前任？

郄：郄青文，前任。郄青文的大队会计就是从他手里接的。

程：哦。

郄：也是我们一家的。

程：哦，你最近的是他啊？

郄：哦，就是我们这一家子的。有四五个在西郄家庄都是支部成员。

程：哦，都是支部的啊？

郄：嗯。是这样的。我们这个家族是有名的。不包括其他郄家庄的，还有……

程：其他郄家庄？

陈：东郄家庄什么的。

郄：五六个郄家庄呢。

陈：南郄家庄哦？

郄：我们这个家合起来，近几门，远几门，只是近几门就有七八十个吧。加上远几门的，又是七八十个。一共就是一百五六十个人吧。这是我们这个家族的。

程：这个家族内，哦。

陈：嗯。

郄：跟青河他们不是一家，都姓郄，不是一家的。

程：对。

郄：永发他们又是一家的。青河他们是一大家。

程：青河跟青文他们……

郄：哦，青河跟青文是叔伯弟兄。

程：哦，他们是一家？

郄：他们是一家的。

程：这边就是富有、富贵他们……

陈：富来。

郄：富有，富贵，富来，他们是一家，他们是叔伯弟兄。

程：叔伯弟兄。

陈：你们这大家子在西郄家庄的不多啊？

郄：我这大家子在西郄家庄有一百五六十个人呢。

陈：是吗，也不少啊？

郄：嗯。

程：你说的是近的，远的啊？

郄：嗯。近的，远的。近几门七八十个，再加上远几门的又是七八十个，合起来也就是一百五六十个呢。

陈:那人也不少啊。

郄:哦,这过事儿啊,一般来说,大事的话,所有人都用上,小事的话,一般一家一人。

程:哦。

郄:一家一户一个。如果你分了户了,就是一户一个。我们家,你们可能不懂,了解的还是不全的。整个郄家庄出的最大的官,是我们家的。

程:哦,对对对,西藏的那个?

郄:嗯。西藏军区司令员。

程:那个是你们家的?

郄:那个我叫大伯呢。

程:你大伯?

陈:你爸爸的哥哥?

郄:不是,这都是远的了。比堂叔伯还要远点。这么说吧,富来不是书记嘛,富来的大伯伯叫郄清山,那个是一机部局长。

程:这个我知道。

郄:哦,他二伯伯叫郄清水,他二伯伯家的闺女,嫁给我的二兄弟了。

程、陈:哦。

郄:那个郄清山不是一机部局长吗?

程:对。

郄:现在他也死了。(整理加:还有当官的)就是现在我的对过儿,路南边也是郄家的。那个人叫郄瑞庆。"文化大革命"的时候,不是死了个刘瑞庆嘛,他叫郄瑞庆,是内蒙古军区后勤部部长。

程:哦,内蒙古的。

郄:嗯,内蒙古军区的,他原来跟我父亲的干哥,一个正的,一个副的。战争年代就是搞后勤的。本来是接我大伯去呢,大伯有病,不能去。他的这个副手上任了,郄瑞庆一直在那里呢,死在那里了。

程:哦。

郄：哦,死在那里了。这他们又是一个郄家。

陈：一家。

郄：就在我的对过儿,路南的。

陈：郄来琴,是不是他父亲坐轮椅的那个?

郄：那个不是,那个叫郄清山。

陈：郄清山。

郄：那个是攻打高碑店的时候,曾经立功。打高碑店时候,他是机枪手。那是解放战争,打高碑店。那个郄清山,跟富有他们是堂叔伯。

程：堂叔伯啊?

郄：他们属于一大家。

程：一大家啊。

郄：嗯。

程：姓郄的有几大家啊?

郄：这个,郄家庄出了三个大官,都姓郄。最大的官是郄德庆。不是,是郄晋武,西藏军区司令员。

程：对。

程：出的最大的官啊?

郄：最大的官是他。

程：我知道。

郄：现在,我电话都能跟他联系上。

程：对。

陈：他现在还健在,是嘛?就是西藏军区这个。

郄：在呢。

陈：他多大年纪了?

郄：他八十多了,今年……

陈：还在。

郄：1994年,我在村里当书记的时候,他才退职。这不是嘛,他那会儿职位高了,在军区大院。

陈:我看看哪几个字啊?哦,郄晋武啊。

郄:哦。

陈:在成都市北郊厂啊。

郄:北郊厂,就是军区大院。

陈:军区大院啊。从西藏回来以后就去的?

郄:哦,退职以后,那不是八大军区嘛。

程:对。

郄:他今年为什么回来,是因为P县现在活着的干部,目前就他职位最高了。

陈:哦。

程:位置高。

郄:在职的,活着的。

程:活着的,对对对。

郄:他职位最高了,今年西坡,中国历史博物馆开馆仪式,P县把人家请回来。

陈:请回来了?

郄:请回来,在西坡讲了讲话。电视上都放了。

陈:80多岁讲话都没问题啊?

郄:没问题,他反应很敏捷,身体挺好的。也不胖,个子比我还高呢。

陈:一直都是军人嘛。

郄:嗯。一头白发,身体挺好。八十几了,我还搞不清楚。反正八十多了。

陈:他回村看了看吗?

郄:他没有时间,应该回来的。你看,1994年,他退职下来以后,回来,那时候我在村里呢。我的表弟,就是P县劳动社会保险局的晓波,就是青文大哥家的儿子,就是占魁,现在不是县办主任嘛,人事局局长,那是我二姑父呢。

陈、程:对。

郗:他家的儿子现在是社保局的书记兼办公室主任,他开着车,拉着他走了好多天,所有的家里,亲戚,转了一转。是这个情况,这次回来,是县里带着任务回来的。那次回来就是探亲了。因为我们家的三爷爷,组长,今年92岁了,还健在呢。

程:哦。

陈:你的谁?你父亲?

郗:我的三爷,三爷爷。

陈:三爷爷?

郗:哦。三爷爷,92岁了。

陈:呵呵,92岁了。

郗:这个村里他年岁最大了。

程:那天那个青文说了,现在这个老人比你……

郗:80周岁以上。

程:90岁以上,就他一个。

郗:92了啊。

陈:他现在身体好吗?

郗:身体挺好的。你看,86岁的时候,冬天骑自行车。

程:啊,还能骑车啊?

郗:嗯,人家80岁的时候,还带着个大箱子去井陉卖豆腐呢。

程:还卖豆腐?

郗:后来不让他去,怕摔着了。86岁时候在电影院。

程:哦,电影院。

郗:下了点雪,他骑车,滑倒了,把这个胯骨摔坏了。

陈:摔坏了。

郗:摔坏了,86了,就自己长好了。呵呵。

程:又长好了啊?

郗:当时他年岁那么大了,一做手术还伤身体呢。现在我大爷爷家的孙子在医院里呢,那个郏有武跟郏晋武,是一辈。郏有武在县医院当副院长,兼外科主任。现在他儿子还在县医院骨科呢,当时说:"算了吧,给他用药,不再疼了,让他自己长吧,给他用点长骨的药。就不用手术了,哪怕拐点儿呢,如果做一次大手术,还把身体弄垮了呢。"

陈:对,吃不消了。

郏:嗯。所以说都86岁了,你还得给他做手术,还得开刀,输血什么的。最后人家自己在家里躺着,养好了。现在人家每天出门啊。

陈:身体真好啊。

郏妻:人家的衣服每天都是自己洗。

郏:92了。你看,我们这个家,从历史上,新中国成立初期我们村的村长,就是我们的一个爷爷。

程:哦,也是你们家的啊。

郏:嗯。他是东边这个院的,应该叫二爷爷呢。

程:二爷爷哦。

郏:那个新中国成立初期当过村长。

程:你高中毕业时,没去当兵什么的?

郏:没有,要不说我这个。

程:哦,村里让你留下来了。

郏:那年人民大会堂招聘服务员,我去体检了。那是在高中时,是1972年吧。1972年从P县招聘了7个服务员,我去体检了,没有选上。复检的时候,有个人太高兴,一出医院门,骑着自行车,给撞车了,结果走的时候带走了6个。P县招聘了7个,那会儿都是高中文化。一米七以上。最低得一米七,所以我没有当兵。后来我在村里就是培养接班人了。那会儿那个郏荣希、郏永发,培养那个青年苗子呢。

程:哦,培养苗子啊。

郏:嗯,培养党苗子呢,开始培养起来的。

陈：你是哪一年入党的？

郄：我入党，我入党不早。

陈：不早？那为什么不早？他都培养你当接班人了。

郄：要不说起我的历史来，可伤心了。要是我不走弯路的话，现在官就大了，就上去了。

程：对，你要早入的话啊。

郄：我已经受过几次挫折了。

程：是。我们都知道啊，其实你在村里干得好好的啊。

郄：那是，你看，我1979年去公社干了一段时间。1981年又回到村里。1984年10月份到1988年又干了一段，到后来1989年，从1988年4月份开始，我到了县里，在县单位里边又干了三年。这中间主要在村里，你们都知道那个叫刘立志的，为什么刘立志他上不成学校呢？他弟妹几个都不让他上学。那会儿我老家，立志跟我爹，是姑舅弟兄呢。

程：对，对。我们知道。

郄：嗯，我父亲。他是因为别人说他爹是国民党嫌疑，一直在"文化大革命"中扫大街，按四类分子来对待。

陈：呵呵。

程：这个知道。

郄：所以那会儿把他们弟妹几个，他们都挺聪明，不让他念书了。知道了吧？

程：嗯。

郄：他高中也没上成。

程：对。

郄：立志连初中也没上，他的妹子跟我同岁。那个上了上初中，也没上高中。就是因为他父亲的历史事件，平反不了，历史不清。

程：对，这个我知道。

郄：他是经过这个情况的。

程:对。

郄:我呢,我是因为我舅舅。

程、陈:哦。

郄:我受我舅舅影响。我爹受我老舅(整理注:感觉这个老舅是舅爷的意思)影响,我大姑在广州入党,就因为受我老舅影响。我大姑在珠海那会儿,平沙管理区,原来叫平沙农场,那个农场可大了,所谓农场,我大姑当时在百货商店里,是主任,入党呢,就因为我老舅,他舅舅呢。对不对,我大姑的舅舅呢,是不是?

程、陈:嗯。

郄:因为这个,没有入党。所以说职务也没有升上去。就是这个问题,然后我也是因为我舅舅,我舅舅在抗日时期,有日本鬼子的时候,叫青抗先(青年抗日先锋队简称),在上边叫青抗先。

程:青抗先,我知道的。

郄:在我们P县,叫青年连。那会儿就在河北(就在三级那一带,林山,P县城北,黄壁庄水库那一岸。就叫河北。就是三级乡那一块。)住着八路军。八路军在那里住呢。我们村就有鬼子。我舅舅那会就是青年连连长。知道吧?然后,就让他去跑获鹿、石家庄一带,搞地下工作。往河北运送物资,他专门负责调配物资呢。最后有人告密,被抓了。在石家庄南兵营,拘留,关押。他那会儿运气还算好,没有被发配走(那时日本鬼子把好多人打发到日本了,或者伪"满洲国"了。),最后日本鬼子缴械,把他们交给国民党了。国民党把他们弄到北京,把他们编到那个傅作义部队了。

程:哦。

郄:从石家庄编到那里了北京市傅作义的部队,治安军。

程:哦,治安军啊?

郄:嗯。治安军的权利也可大了。在那里干了段时间,总之,那会儿鬼子是没要了他的命。我舅舅也是有点文化,也是高中文化。念过书,还算有点文化。他在傅作义部队干了不长时间,自己又跑到天津。跑到天津隐蔽起来了,到后来他到天津干活了。等到大军南下时候,还没解放呢,他在天津又参军了。

程:又参军了啊?

郄:哦。因为他那在抗战时,就是在青年连,曾经的连长。最后"文化大革命"的时候,他挣的钱有凭有据的,拿出来了。我去给他翻的案。然后他从天津,跟着南下部队。

程:参军去了啊。

郄:哦。到了江西鄱阳县第八区秘书,江西省鄱阳县第八区秘书,他犯的错误就是,在家里有媳妇,他在那里,又重新找了一个。

程:哦。

郄:又找了一个。这不是初解放说的重婚罪嘛。

程:对。

郄:中国一夫一妻制。

程:外边又找了?

郄:外边又找了一个。1952年不是整风呢嘛,整风的时候把他整回来了。

程:哦,把他整回来了?

郄:整回来了。他带着那个媳妇回来了,回来后他跟家里我舅妈闹矛盾了。我舅妈也是个厉害的人,老生气,最后把那个(后娶的媳妇)又辞退了。工作也丢了,回来在家也站不住脚。那边人家把他犯错误处理回家了。

程:对。

郄:把那个媳妇又赶回去了。

程:把她弄走了。

郄:嗯,又撵走了。后来他就在村里当大队会计,一直当了13年的大队会计。四清也没有查出他问题来。四清那会儿,要有贪污,弄出来也不行。因为他有文化,账本很清楚的,四清也没问题。到了"文化大革命",村里有了仇人,开始分成两派,一派就整他,把他弄成历史不清的人了。你看,在傅作义部队当过治安军,那就算国民党呢,另外南下又犯错误了,都联系起来,定了历史不清的罪。所以,因为我舅这个问题,我第一次入党,1973 年,从 1974 年开始定的是接班人,我 1973 年就是先接的队上的会计,村里青年团支书,生产队会计兼团支书,1974 年就明确了青年苗子,接班人。可是到了 1975 年办理入党的时候……

程:你舅舅的事。

郄:嗯。因为这个……

陈:没准你入?

郄:村里开出的证明是历史不清,就把这事搁置起来了。

陈:搁起来了?

郄:对不对?

陈:嗯。

郄:搁起来了,后来我们弟兄四个当兵,体检都合格,就是政审过不了关。都受我舅舅……

程:都受影响啊?

郄:都受影响,后来我去跑这事,才平反过来。

陈:平反了,你去跑的?

郄:嗯,我得亲自去跑,因为我舅舅两个女儿,我家对过儿这个是我大表姐。

陈:大表姐,这女人也没办法出去跑。

郄:哦,她不行,实际上我舅舅那会儿都是因为这个大表姐,大表姐结婚一次,又离了。离婚后她跟人家那边关系合不来,那边人家跟我舅舅闹腾。给我舅舅扣帽子。知道了吧?

陈:嗯,他们给你们扣帽子,去报复了。

郄:哦,去报复我舅舅了。他的关系就是从这开始的。

程:哦。

郄:所以我舅舅的事,影响了我们弟妹几个,都受影响。

程:都受影响。

郑:这好不容易等到1979年,该入党了,人民公社选拔人呢,要了我了。李庄公社。

程:哦,李庄公社。

郑:当时村里不愿意让我走,好说歹说,最后走了。1980年又办入党,那会我们工资都是县里边给发,归县里管。那会叫某某办公室。后来觉得级别低,改为革委会管了。县里边给生活补贴,公社里给社务工。待遇比公社里边的副主任,副书记,也不算低。

程:很好啊。

郑:那会儿一般挣30块钱的,挣50块钱的就高了。

陈:那是高很多了。

郑:那会儿县里边给发20多块钱的生活费用。生活补贴,再挣30个社务工。加起来相当于一个公社副书记的工资了。

程:哦,对。挺好啊?

郑:挺好了。该成事了,(可是)1980年,计划生育开始了。

程:哦,对。这事我知道,听人说了。

郑:那会儿开始刚起步,开始抓了,开始抓。我俩女儿,这孙子是二闺女家的。我跟前儿俩女儿。就因为生老二。

程:俩女儿。

郑:嗯。

陈:呵呵,破坏计划生育了。

程:哦,你入党没受这个影响?

郑:你看,那会儿,(很多事)你们在这里调查了不少了。

程:青河的事?

郑:我这事都是青河把我害了。

程:我知道,我知道。

郑妻:这个事,你们都知道啊?

程:知道。为计划生育的事哦。

郤：哦，为计划生育，我前边入不了党，也是青河他们弄的。

程：前面的事啊？

郤：他原来，"文化大革命"的时候，青河，我们村还有一个在公安局上班的叫李锁琴。他们都是"文化大革命"造反派起家的。

程：哦，是"文化大革命"时候，派系的时候？

郤：哦，对。

程：那个时候就不是一派？

郤：两派，我不参加派。我考入南关中学了，那会儿4个半人考一个，我考入南关中学了。

陈：哦，那是成绩非常好的才可以考高中的？

郤：嗯。四个半人里边才考一个呢。我考入南关中学了，结果"文化大革命"开始了，开始以后，我们在那里上了半年，后来又搞革命，那会儿南关中学就是两大派，831和818，两大派斗争呢，我不参加。

程：你没有参加？

郤：嗯，我不参加。到村里了，也是两派，两派都发……

程：那你参加没，那你……

郤：我没参加派。

程：那青河为什么对你有意见啊？

陈：对啊，你们关系……

郤妻：你不知道村里的干部，也是两大派，一山不能存二虎。

程：嗯。

郤：主要是他看着我不是等闲之辈。

程：对，对。

陈：从最开始他就打压你？

郤：对。

程：一开始。

郤：他早先也是……

程:这事挺奇怪的啊,为什么跟你……

陈:对。

郄:到现在我俩是面和心不和,知道吗。

程:哦,还是这样啊。

郄:哦。我这都栽到他手里了。

程:哦,栽到他手里了。

郄:开始入党,他就,你看,他是1976年入的党,1976年入党,但是青文入党早。

程、陈:对。

郄:青文入党早,青文19岁就在这村当上支部书记了。

程:对,这个我知道。

郄:当不了,当得可苦了。

程:这个我知道。

郄:那会还生产队呢,好办着呢。就那个,愁的他老哭,他说什么也不当了。青文和青河是亲叔伯弟兄呢。这青河,他比我大几岁。他早了,我入不了党,也是他使的坏。"文化大革命"时候的两派最后归结为他们一派了。他们胜利了,那一派,是乒协的。

程:乒协的,我知道。

郄:那一派不行,不如他们这一派的势力大。

程:对。

郄:青河、锁琴,还有他三叔,都是。我这事都坏到她(指青全媳妇)亲叔叔呢。

陈:她亲叔叔?

郄:他们给我使的坏。

郄妻:人家他们是一派。

陈:呵呵。

郄:我大姑在南方入党,就是她叔叔开的证明。开的证明说……

程:说他有问题。

郄：说我老舅，其其家爹历史不清。国民党嫌疑，这么把……那会我俩还没结婚呢。

陈：没有结婚呢，呵呵，那结婚就好了吗？

郄：哦。那结婚也不一定行，那派别不一样。

陈：那派别不一样啊？

郄：哦。开始我也没有参加派，我也不是这派的，也不是那派的。但是我看不惯他们那些人，自己就是这个脾气，正直无私。我看不惯，那些歪门邪道的人。看不惯他们。他们也看不惯我。她叔叔……

陈：你说那锁琴，是看门那文英他哥哥啊？

郄：那是文英家哥哥。这村里，后来我保持沉默，不跟他们参加派，后来"文化大革命"清理人，我去报你们，不就把青河和锁琴弄住了嘛。这就是说，我放了他们一把。那会儿去告他，肯定。那会儿上边就清理这三种人呢。尤其是到了工作上的，都得清理出去。"文化大革命"造反派起家的。

程：对，对，对。

郄：不用你，对不对？

程：对。

郄：为什么他们保留下来了？对不对，我没有搭理他们，其其那会也没有搭理他们。那会要是我跟其其联合起来反他们，不就完事了嘛。

陈：对。

郄：对不对，其其比我大三岁，我叫叔叔呢。跟我爹是……刘立志。

陈：其其是哪一派的？

郄：其其那会儿也没有参加派，他爹挨整呢。

程：挨整呢，有问题啊。

陈：对。

郄：他爹是四类分子，他能参加吗？

陈:对。

郄:人家两派都不要。你想参加也不要。

陈:呵呵,想参加不要啊。你是自己不参加?

郄:我是不参加,我参加哪派也要。

陈:都要你。

郄:两派都给我发袖章,我不要,放那里吧。我不戴,也不参加你们的会。对不对,我就是始终坚持中立呢。

程:中立。

陈:你就是觉得这样互相整人,你看不惯?

郄:对,你参加进去,他就想法用你的笔杆子去害别人。对不对?

陈:对。

郄:你就得去给他写大字报,就得去给他胡编乱造呢。你给我贴,我给你贴,乱说呢。

程:对。

郄:是不是,那有什么意思呢。咱不干那事。

陈:那第二次不让你入党,那计划生育这事,说事是个事,说不是事就不是个事啊?

郄:计划生育。你们知道李文英吧。

陈:嗯。

程:对,她管计划生育?

郄:文英跟我家她,还有我,都是同岁。

陈:哦,同岁。

郄:都是同岁,那会她(指青全媳妇)就当着妇联主任呢。

程:对。她管计划生育。

郄:她管计划生育呢,我已经到了公社里了。眼看就要成事了。这青河怕我成了事。

陈:嗯。

郄:在村里他压着我,到了外边,他一看我成事了。

陈：呵呵，压着你。

郄：赶紧给我使坏，我们村1980年，"四五规划"，刚一开始不是"四五规划"嘛。

程：四五。

陈：嗯。

郄：我那会儿，我原来当了四年的青年团书记。对不对，我1979年到了乡里了。

程：你都走了，跟他也没什么关系了啊？

陈：他也怕你成事了，再回来。

程：他也是怕你啊，其实你已经不在村里了啊。

郄妻：他家的儿子跟我家的闺女一般大，他没事，我们就有事。

陈：呵呵。

郄：这都在一年呢，1980年都在规划内呢。

陈：对。

程：我觉得你都不在村里了，他还欺负你。

陈：是。

郄：你要不说，他就是变法子害人嘛。

程：就是啊。

郄：我没跟他们一般见识，要不可得整整他们呢。

郄妻：这就是人强的地方，他不愿意弄事。

陈：对。

郄：现在老百姓对这个都清楚。

陈：心里都清楚。

郄：谁整的我，老百姓也知道。最后我大度了。

陈：对，你大度了，你也没有去报复，也没有。

郄：我要是跟他们去闹事的话，咱说也能说，写也能写。去较量较量。

陈：对。

郄：去闹个翻天。

程:闹翻天。

郄:这村里不就乱了嘛,是不是?

程:对。

郄:我也是顾全大局,不跟他们见识。他们是暗刀子伤人,他们明着也不敢说我。他是暗刀子扎人,利用他手中的权利害人,都是青河害的我。因为荣荣,跟我都是同学,我们是从小学到高中的,一直同学。

陈:一直同学。

程:哦。

郄:他是在他们三队上当妇女队长。等到后来才当上妇联主任。我是毕业后当我们队上的会计,后来当了青年团书记。我的会计和青年团书记,都是从她叔叔手里接过来的。

陈:她叔叔是谁啊?

郄:在大队上看门的那个。

陈:大队看门的?

郄:孙某。

陈:孙某。

程:力力。

陈:力力是你叔叔?

程:那天娶媳妇结婚的那个,跟你们是一家子?

郄:那个跟他们是一家子。她三叔就是看门的那个。原来当过支部委员。

程:我知道。

陈:我知道。

郄妻:他在郄家庄的坏名声也是出了名的。

郄:他原来,是我把他请出去的。后来再选他也上不来了。原先是南边的,后来我请到他东边了,他这个人办事没有原则。那是她亲叔叔呢。

陈：哦，亲叔叔。

郄：他们报复我，就是那会儿看着支书跟大队长重点培养我呢。他们就觉得，我接的青年团书记，三队的会计。他当会计时，就老捣鬼，光作弊。

陈：呵呵，光作弊。

郄：我是正直无私，我当了几年会计，把他都管住了。

陈：呵呵。

郄：我的根就是这样起来的。跟他的矛盾，现在说起来，也算是正经亲戚呢。但是面上大伙都不错，但是内里，大伙心眼里都有数。

陈：对，谁办了什么事，心里都清楚。

郄：心里都知道，这就是后来……

陈：第二次入党也没成？

郄：第二次，是啊。1980年我们都在计划内呢。四家，人家生到五一以前了，突然县妇联来了个程发信，人家在李庄搞试点呢。计划生育上劲了，五一之前生的有效，五一之后的指标算作废了。

程：对。

郄：行，你作废就作废，那谁不知道怀胎十月，对不对？

程：对。

郄：谁家生孩子五个月能生出来。你让我1980年生呢，我没有超过1980年，就应该算合理的。

程：对。

郄：对不对？

陈：嗯。

程：说这个过了五一，指标就废了。

郄：嗯，人家两户生到五一之前的，是合理合法的，我们这个生到五一之后的，算不合法了。

陈：这月份就是他们定的。

郄：这就是人家县妇联来了个程发信，在李庄公社算副书记，抓计划生育。他往上边还是可硬呢。村里正好青河他们借刀杀我，这不是我成了违反计划生育的呢。

程：对，拿你开刀？

陈：是。

郄：最后他们就逼着说，郄青全那事，你们要不处理，郄家庄的计划生育我们就不管了。他们就是这样逼着书记的。这最后，公社书记跟我谈话，做我的工作，亲自跟我谈话。书记说："村里人家青河说了，要不处理你，村里就不管了。"

陈：他就是针对你。

郄：我说那行啊，你们党委研究，我无条件服从。我说你说怎么办吧。

程：后来你又回村里了？

郄：后来我这不又回来了嘛，让我做结扎，那会我还小呢，才30来岁，我说不做，结扎不做，我两个女孩，对不对？

陈：嗯。

郄：不做，那1981年，他处理我也没法处理我。因为这个我都到省计划生育办公室去问了政策。说上边没有这个规定，那是P县规定的。

陈：嗯。

郄：P县也就李庄公社有这个规定，我说那不行。你这样对待我，那不行。所以公社一直拖，拖，拖。拖到1981年4月份，说让我做结扎，当着委员呢。如果做结扎，工作保留，如果不做，你就无条件回家。我说，那行了。

陈：你就回家了？

郄：我就回家了。我又不是傻子，我到哪里都饿不着。对不对？

陈：嗯。

郄：跟他们赌气，我就回家了。

陈：哦，回来以后你做什么呢？

郄：回来以后，我跟你说吧，当时是1981年，人们选举，回来正好选队长,老百姓把我又选上了。把我又选上队长了,因为我一回村,刚才我没跟你说,从 1973 年开始,会计,我们队的会计,青年团书记,到后来,是当政治副队长,当政治队长,这一直就当着呢。

陈:嗯。

郄:说实在的呢,你们非得找来问呢,我这一说起来,话就长了。我从 1973 年一直从事集体事业工作,组织部他们就说,你的职业都是带"长"的,不是厂长,就是队长。那会儿人民公社集体经济,生产队一个队,五六个干部,除了妇女队长之外,都干过。

程:你都干过?

郄:嗯。会计,生产队长,技术队长,政治副队长,政治队长。

陈:什么都干过。

郄:而且我还兼着青年团书记。那会就是唱红头呢,妇联,民兵,武装就是民兵,青年团,我还兼公社团委委员,李庄公社团委委员。就那样干呢,一直从事集体事业。1979 年不是,等到 1981 年返回来,人们听说我从公社里边回来了,选队长呢,都投我的票。我票最多。

程:选队长呢?

郄:哦。一个队上 200 多人,除了孩子们,就是一百几十个人,集体投票,每个人投票,最后我得票最多,还得我当。

陈:都拥戴你。

郄:让我当队长呢,我说我受处分回来了,怎么还让我当呢?

陈:呵呵,大家伙明白你这是受的什么处分。

郄:最后,公社里边说,这是群众选的,实行群众选举,选上你了,你就得当。我说这你就不追究责任了,我不是违反计划生育嘛?我这样还能胜任啊。他们说:"呵呵,你可以分开看,你领导人们搞生产呢。对不对?"那行,我还得当队长,1981 年我又当了一年生产队长。但是去公社开会,我不去。队长,整天得去公社开会。经常的,大队长,队长,公社开会,我不去。不进公社大门,就是斗气呢。对不对,我,在下边,老百姓选上我了,能看起我呢,我为老百姓办事,我带着人们搞生产呢。人们信服我,我给老百姓办事,这行。你们上边迫害我,光听村里少数几个人的话,你们公社就那样处理我。公社门我不进,开会我不去开。稀里糊涂的,村里大队长去开,我不去。

陈:伤心的地方。

郄:是,我队上哪个工作也不落后。1981年当了一年队长,到了年底又选村委,那会叫管委会。

陈:嗯。

程:管委会。

郄:嗯,那会儿管委会不是现在的村委会,是乡里成立的,1981年年底,大选,选村里的管委会。

陈:嗯。

郄:又把我选上了。那会儿是生产队,一个队上先产生代表,一个队15个代表,三个队,代表们集中起来投票,选管委会。又把我选进去了。选进去了,还是青河,人家不让我当。下午选举的,晚上,他就琢磨,出了点子了。第二天早晨集中起来,大队办公室,开会分工呢。我已经明确当选了。

陈:嗯。

郄:是不是,明确当选了,分工啊,第二天早晨集中起来了,人家说:已经请示公社了,你当选了也不能胜任。

陈:呵呵哎呀。

郄:就这样得罪我呢。

程:哦,又把你弄下来了?

郄:嗯,又把我弄下来了,人家说我当选了也不能胜任。

程:哦。

郄:然后,他叔叔没有选进去,他想让他叔叔上呢,结果他叔叔没有选上。人家把我拿下去,让他叔叔上来了。

陈:那会你们两个结婚没,你和婶子?

郄:那就结婚了,我们结婚是1976年的事了。

陈:1976年啊,对,是,那之前计划生育了。

郄:哦,1976年计划生育呢。那已经是第二胎了,1980年第二胎了。

陈:嗯,1980年第二胎了。

郄:1975年,还是1976年,大闺女是1976年,这二闺女是1980年,她俩差四岁。"四五"规划,那个"四五"间隔。那是第一批搞计划生育,就那样糟蹋我。

陈:嗯。

郄:第二天早晨,人家就把我拿下了。按说,共产党的工作方式是应该事先谈话,怕有情绪。

程:也没跟你打招呼?

郄:人家没有。青河人家就觉得,党内就他们家里垄断着呢。他们那一大家子党员多。不让你上,你就上不成。对不对。那会儿青河就当上副书记了。

陈:副书记哦。

郄:郄荣希当书记,他当副书记。

陈:不让你上,你也不说点什么?

郄:我说那个干嘛啊,我说行,人家说请示公社了。等后来,我又去找公社书记了,书记说:你当了一年队长,没有见你来开过会。我说:他们没有往上边报表嘛,当时我就跟你们说了这事的,开会我来干嘛啊。你们都听他们拨白,他们致害我,你们就按他们意思去办。

陈:对呀。

郄:所以说我不进公社门,不来开这会。但是二队的工作,我们是中间这个队。青河是一队,我们是二队。东头是三队,我说,哪一项工作二队落后了。对不对?对老百姓的工作,我照样领大家干好。上边我不来参加这会,我进了门,我就伤心。

陈：是，他们也理解。

郄：后来弄成这样了，他们说：没人追究，我们也就算了。民不告，官不究。你这事，村里人家还是说你违反计划生育呢。所以说，经过研究，你不能当。我说：那是下午刚选的，晚上青河就跟你们串通，你们什么时候开的党员会，你这个上党员会了吗？人家说：这个是我答复的，你说需要上会，可以上会。上会村里不同意你当，你也当不成。还得听青河的，尊重村里，那会青河是副书记。郄荣希还当着书记呢。但是郄荣希没法，郄荣希这个书记，是个架子。

陈：他也听青河的？

郄：嗯。因为势力是人家他们大。对不对？

陈：哦。他被架空了，实际上？

郄：嗯，架着他呢，他家里没有人。

陈：他没有实权。

郄：青河和他都比较看重我。但是就是青河和他三叔捣鬼呢。他们怕我成事，对他们不利。

陈：他不知道你。

郄：等后来就是不让我当。

郄：后来先是我们队上的砖厂，以前有个马蹄窑，过去那个土式烧砖的。建砖厂也是我当会计那会儿，就是丑丑当队长时我们建起来的。后来眼看砖厂没人管了，要散伙了。散盘时候，一季度还没弄完呢，最后是承包，我要是不承包，它就破产了。后来这边不让我当，行了，队上说承包砖窑了，我承包。我承包下来，给它管理了一冬天，把砖窑管好了。管到第二年，第二年春天，那个草绳厂又开始了。

陈：草绳厂？

郄：我们村就是纺草绳厂起家的。

陈：那会儿好像做得挺好的？

郄：我1978年当生产队长时，草绳厂，就是种麦子以后，地里没什么活了。村里安排呢，把我安排到草绳厂，我给他掌握着呢。

陈：那会儿你还当生产队长呢？

郄：嗯，生产队长。到冬天了，把我安排到草绳厂管理呢。到1981年，因为这里边我什么都懂。砖窑我也懂，草绳厂我也懂，承包时我包。草绳厂要承包。

陈：对。

郄：我承包了。

陈：你承包了，后来呢？

郄：嗯。我承包下来以后，1982年到1984年在草绳厂干呢，我是又当厂长又跑业务。我另外雇佣人在家里管理生产。所以说草绳厂我经营那会儿是最旺盛的时候。

陈：承包是你个人的了，是吗？

郄：嗯，就是我个人带头承包下来。

陈：对，个人承包。

郄：承包下来，干到1984年10月份，乡里，这不改成乡了嘛。1982年人民公社，是不是？

程：对。

郄：1984年这不成立乡镇府了嘛，乡里边又发展企业，就是现在的白云山水泥厂，青河不是后来去白云山水泥厂里了嘛。

程：对。

郄：那白云山水泥厂的两次起步我都是创始人。1984年就是我，后来停建，1986年又是我起的头。知道了吧，可以说我都是创始人。那会儿乡里企办室，我是企办室副主任兼水泥厂厂长，我负责筹建的。原因是后来的书记，乡里的书记换人。

程：后来让青河去了。

郄：青河去是这情况，青河去是1988年了。1986年我先去，以我为主，负责筹建。后来一个多月后，他也去，他也算筹建班子里的。

筹建班子我们四个人,后来那个常文明一接书记,把郄青河和我,我们俩个都撵出来了,人家重新建班子。

陈:把你撵出来?

郄:哦,换了书记了,新换的书记。我9月1号开始,到11月中旬,一个半月了。青河去了刚半月。常文明,一调查,郄青河,郄家庄是个……村。是书记,在村里青河这书记谁也当不了,你还回去当书记。我那会儿是1984年筹建到1985年,我那会设办公,就是综合修道厂,综合厂停产了,谁也经营不下去了,然后我说我承包,我承包后把这个厂子又搞活了,又复活了,我管理那个厂子。后来我把厂子改造成标准件厂,给它换了名字了,不叫修配厂了,我生产起螺丝螺母等标准件了。我办成这样的厂了。我办理了企业法人执照,那是集体企业。

陈:集体企业。

郄:我承包的。

陈:也是你承包的?

郄:嗯,我承包的。承包以后到了1986年9月1号,又开始筹建水泥厂了,我在这边厂子还管理着。明确我是厂长,后来不是把青河办进去,换了这书记后,新书记说:郄青河你还去当书记,郄青全,你还去标准件厂当你的厂长。别人干不了。这样我又回到标准件厂了。1987年,筹建了一年,乡里的书记常文明犯错误了。贪污,涉嫌贪污,开始把他整下来了,隔离审查他。他如果让我在,他绝对犯不了错误。

陈:嗯。

郄:我能管理好的。他把我和青河弄回去,他们又重新组织了班子。他胆子大,捣鬼呢。所以他贪污,弄了一年,把他整下来了。整下来以后,厂子还没建起来呢,谁去管啊。当时乡里就让我去。我说:那没门,我已经当过两任厂长了,再去就是第三任了。对不对,那都是你们领导的一句话的事情,我上午是,下午就不是了。

我现在在这里,我是承包性质的。你想辞退我,还得说说呢。

陈:对。

郄:咱还得法庭上见呢。

陈:是。

郄:所以说那厂子安排我去,我不当了,我已经当了两任厂长了都没当下来。

陈:你说让我走,就走了。

郄:还让我去当厂长啊,老百姓说的,人家牵的牛,你去拔了。该发财,筹建的时候,发财也都发了。他让我,我也不会去发那个财,我会正儿八经地把企业干好的。他用上别的人,里边乱来,他不是真心地为企业服务的。他也没有那个能力,我当生产队会计,当了4年。写写算算,做计划,各项我都精通。管理也乱不了套,他用上不懂行的去,他才敢乱来的。现在又让我去,我才不去呢。我不去,后来又找了几个人,人家也都不去。他物色人,都不去,后来让青河去,青河说:我要是去,得让郄青全去当副厂长。后来乡里就做我的工作,一直拖了2个多月,和我谈了几次话,给我留时间。谈话让我考虑,最后我决定1988年4月份,辞职。那标准件厂长和这个厂我都不去当了,你们另请高明吧。你乡里要了我了,这次我要你们一次。我写了辞职书,你们去考虑吧。

程:后来就回来了?

郄:没有,我到了县的单位里了。到了县政府信息服务中心,就是现在叫P县报。那会儿叫P县信息报,我上那里去工作了。

程:哦,去那里啊。

郄:我在那干了,后来又调我到科委的科技服务中心,再后来又调到新能源办,最后又回村里是从新能源办回来的。

程:哦,从那回来的?

郄:这时其其和青文他们又找我。

陈:老找你啊?

郄：嗯。当时村里他们已经管理不了了。

陈：这是哪一年的事情了？你又回来？

郄：我又回来，这是1989年年底。

陈：1989年年底啊。

郄：不对，1990年。

陈：1990年。

郄：1990年。

陈：这个时候你的党还没有入成，是嘛？

程：回来以后。

郄：回来以后就不是，你听我给你说啊，这里边又是个故事。

陈：又有故事。

郄：又有离奇的故事。

程：离奇的故事。

郄：嗯，张大平，P县第一镇，1988年撤乡并镇以后，郄贵庭的书记，P县第一镇，然后是郄贵庭去县里了，当副县长了，张大平接上了，张大平1990年接上了，这个村里有两个厂，就是她三叔他们经营着呢，弄了个乱七八糟，村里干部有意见，老百姓有意见。整天老百姓告他们，内部也生气，再加上村里其他摊上也跟他们乱争乱嚷。其其当着书记，他稳定不住。青河走了后，交给其其了。

陈：嗯。

郄：那会其其在村委里边呢，那会儿应该是二宝的村主任，二宝胆子大，老乱来，青河不相信他，青河把书记推给其其了。让其其当上了。其其当上后，其其人可聪明呢，但是太滑头，太聪明，知道了吧，我叫叔叔呢。他管理的村里，他镇压不住。他镇不住，这人你就得一身正气，别人才怕你呢。

程：对。

郄：他们在没有办法的情况下，张大平看着郄家庄一直是个好村庄，过去李庄公社，因为搞副业，起步比较早，所以经济比较发达，现在乱的厉害,稳定不住局势,这谁能当?当时,据后来有人跟我说,青河也参加了,张大平召集的会,研究镇上这几个村,这几个好村的支书谁能当?这么乱,谁能镇住。青河说:西郜家庄,目前的形势,只有郜青全。

陈:只有郜青全。呵呵。

郜:别人镇不住。郜青全他能把各方面都稳定住。

陈:他知道你是个人才,所以他老挤压你。

郜:哦,他知道我从计划、管理、写写算算,包括上下应酬,各方面都能应付过来。对老百姓也能交代住他,咱无私无利,一身正气。

陈:也不贪。

郜:他谁敢跟我闹事。对不对,他知道这个。所以说他举荐了我,他们在饭店喝酒,张大平物色这个人呢,选中后,说:让其其和富贵,算代理村主任,富贵家儿子认我做干爸呢。富贵,富有,富来,他们都是叔伯弟兄。那会富来也算在班子里呢,算青年团书记吧,他不行,他还年轻呢,不行。他没有经验,没有社会经验。就得说,富贵和其其找到城里,能源办找我。

程:找你?

郜:几次找我谈话,你回吧,你回吧,我说:你们干得挺好,你们干吧。我在这里人家也是招聘的,我就在这里干就行了。他俩说:不行,你要不回去,我们闹不成了。青文他们来家里找我。

陈:到家里找你。

郜:郜占魁是他大哥,是我二姑父呢,也有这么点关系,他也知道村里的形势。你看我回村里,她跟她三叔是孙家的,人家那边也有一百五六十个人,也是一大家子,我们这边也是一大家子。然后二兄弟,二兄弟媳妇不是富贵二大伯家的闺女。

程:谁的闺女?

郜:你看,我的二兄弟媳妇,就是富来家,二大伯家,在北京的叫郜清山,这个是郜清水家的闺女。

陈、程:嗯。

郄:郄清水家的二闺女跟我二兄弟同岁,他俩是一家。他们是亲戚。对不对?

陈、程:对。

郄:咱跟他们没愁没恨的,算计我的就是她三叔和青河,他们捣乱,他们捣鬼呢,咱跟别人没有对立面。咱跟别人也都是亲戚关系,叫她三叔我叫叔,青河我也叫叔呢,你们比我大,都比我文化低,比我条件差点,怕我成事,比他们强了。他们是举贤不能,最后他们又举荐我。我说:你们不是可厉害嘛,你们就治理那村呗。不行,后来大平他们,镇上又派人跟我谈话。

陈:镇上还找你啊?

郄:嗯,镇上派人找我,跑到村里找我。说:"回吧,回吧,镇上的书记人家也看中了你。村里干部们班子也看中你了,大伙都相信你,都认为你行。所以只有你回去了。"说到这份上,他们老说,多少趟老找我,算了吧,我从能源办那边递了辞职,打了辞职报告。

陈:你又辞职了。

郄:又辞职了,这就又回来了。

程:回来了。

郄:转回来了,服从领导,对不对,回来以后让我接书记呢,我1990年10月份回来的,说书记就是我的。我说:"张书记,这是笑话,我现在连共产党员都不是。"张书记说:"啊,这他们都没说过啊,你不是党员,不举荐你当书记这哪行呢。"对不对,我说:"你们在一起,村里干部们就没跟你说,没跟你汇报过这事啊,让我去村里接书记啊,我还不是党员呢。这党员一句话能办成不?""那没关系,我负责,我是党委书记,我当你的入党介绍人,就按党员使用你。"

陈:这是镇的党委书记?

郄:镇上党委书记,张大平,现在是县政协主席,P县县政协主席。

陈:张大平。

郄：张大平,过去镇上的书记,县委常委。后来从镇上走了,现在政协主席。

陈：他说这事包在他身上了?

郄：哦,他说就按党员使用你,你就是书记。就让你当书记呢。我说:"不行,这弄笑话呢,对不对,咱把关系理顺。我既然回来了,回来了不是说我着急当这个书记呢。对不对?"我说:"这样吧,先让秀英,史秀英。"

陈：富有以前的媳妇?

郄：富有以前的老婆,为什么史秀英当了一段呢,史秀英当了,史秀英是接了其其的。应该说是1990年10月份回来,1991年就让我当书记呢,张大平就得让我当,我说:"这是笑话,到时候人们说郄家庄的书记连党员都不是,你不那么看,外人就议论呢。对不对?"

陈：对。

郄："闹了笑话,对你也不好,以为咱俩有什么私密一样。对不对,这是组织原则问题。所以说,咱还是把关系理顺,我刚回村里,我也六七年不在村里了,我还是先熟悉下村里。我回村里后,肯定局势能稳定住。我慢慢地把他就镇住了。"我不当书记也能,我不当书记,就当副主任,富贵代理,我副主任抓集体经济,我就先把经济大权控制住。然后让秀英当,结果秀英当了不到十个月。

郄妻：一年半。

郄：她什么一年半,10个月,连一年都不到。知道了吧,她连一年都不够。

陈：干不下去了?

郄：她说什么也不当了,当的她着急。

陈：大家伙不满意她,是吗?

郄：是啊。人们老去她家里找她,腻歪的她受不了。厂子里边也有事,这边去找她,不管什么时候,吃饭也不行,就是跟她嚷,跟她闹,让她着急。镇不住,不行,你得把政策讲清,道理讲透,以理服人呢。对不对？

程：对。

郄：几句话就能说到点子上，让人们无言以对。妇女们不行，男的不去找她，就派上妇女去跟她嚷。对不对，她办公，不愿意，就在那一上坡的楼上住着呢。我这离得近，我说吵嘴，打架都不怕，咱去办公室。别在我家里，去办公室咱们交涉。去办公室人家就怕了，你有理你说出来，你看看我能说服你不。所以人们一般的事情都不敢找我。这村子里边没人敢跟我闹事。就是这么个情况，让秀英当了，不是她当，我当了两年多，后来他们写呢，这又是她叔叔捣鬼。他把秀英的任职时间，那不是历任书记的任职时间嘛……

陈：放到你身上了？

郄：他们都篡改了，你知道吗？

陈：哦，篡改了？

郄：篡改了，后来他觉得我走了，把上边一下子都改了。他就是办这个事呢，我有时间去上边看见这个，我都是记到心里，我不搭理你们。遇到事了再说。你觉得我在村里，你不敢改。我走了，你还篡改历史。对不对？

程：篡改。

郄：那是在墙上写着的，公开的，历任书记的任职期间。秀英她当了不到一年，我当了两年多。我1995年4月份，去镇上上班的。

陈：他现在把你改成了多长时间了？

郄：把我改了一年多，秀英一年多。把我俩的任职时间劈开了。对不对，后来转干的时候，张大平说市里有个文件，连续任职四年以上，张大平说，1995年下来的文件，我1995年4月份才去镇上上班，推给富来，那是我推给他的。张大平、边和平，书记镇长，跟片长，来我家，在那个屋子里，说的这事，征求了我的意见，说推给谁啊，那时不实行选举，我推到富来身上。

程：那个时候？

陈：那时候，你不可以连任吗？

郤：啊？

陈：你不可以连任吗？

郤：我当然可以了，那会又出了别的事了。我的历史，说起来生火呢。我跟乡里边管片的片长，闹翻了，原因是什么呢？这个大街是我掌握的修的，往城里的路是我掌握着修的。

陈：对，你弄的。

郤：把计划都弄好了，最后确定了四个村来修。那个片长，是个杀猪宰羊的刽子手，他去镇上上班后，送礼，把钱拿走。他高中是我们的下一届，跟富有是同学，后来他管我们了，他就是胆子大，他毕业以后在村里杀猪宰羊，卖肉的。

程：哦，杀猪宰羊。

郤：嗯，你他妈的有什么资历，后来他去镇上管我们了，因为说这路的事，他们非得掌握着修。我们四个村的班子，自己就修了。

程：对。

郤：用你管啊。他不行，就得他掌握着。

程：哦，他要干啊？

郤：他掌握着，开会他说："预算出来了，一共 41 万多元，限你们四个村里，10 天以内拿出 20 万元来。先拿一半资金押到我这里，押到他手里。"他是什么东西，他一开始在计划生育上，P 县镇计划生育罚款 40 多万元，他们都胡吃乱喝的，弄光了。

程：都花了？

郤：都花的是老百姓的血汗钱。他们都糟蹋完了，你说四个村修道呢。又不是各村有存款，得各方面筹资，大伙集资去凑这个钱。

程：对。

郤：你说把钱先给了你，我最看不惯这个，正直无私，你走歪道，我绝对不放你过去。

程:嗯。

郄:然后他逼着几个村的支书表态,你们可以不?那三个村都说可以。

陈:到你这儿。

郄:到我这里,我说不行。

陈:不行,呵呵。

郄:这四个村,郄家庄最有钱,他三个村说可以,郄家庄不行,他哪能行呢?

程:你把他好事破坏了。

陈:是。

郄:哦。

陈:就你强硬。

郄:他黑手党一个。

陈:呵呵,黑手党。

郄:你把钱给了他,他一个人花。他就挥霍了,最后道也修不好,钱也就给你弄完了。

程:对。

郄:我四个村大伙出钱呢,又不让你出。

程:又不用他出。

郄:四十万元你要出十万元,这算你是大股东,让你控制。

程:对。

郄:你不出,四个村大伙集资呢。

陈:空手套白狼。呵呵。

郄:四个村班子管理就行了,用不着你。

程:对,对,用不着。

郄:凭什么呢,而且预算打的不对,你为什么那么多,我们也预算了。他说:你们预算是多少?我说:先说你那个吧,你那41万多元,你是怎么来的?他说:找了电厂里的电建公司,是华北标准。我说:

就这样的乡村路,四米宽的路面,这能化到几级上？对不对？国家修路一级路,二级路,三级路,四级路,这能达到四级路的标准不？你还华北标准呢,你预算那么大,钱打算让你们吃喝啊？对不对？我说,我那目的,我知道他肯定是想黑我们的钱呢。得打发了他,我说:你那预算差多了不行。我们做的计划31万元,差10万元钱。你别逼迫这几个村呢。我啪的一拍桌子。他说:"每次开会,到你这里就不行了。"我说:"我是实事求是的,他们是,你把他们吓住了。"我拍桌子说:"是你出钱修,还是我们出钱修呢。你凭什么管我们的钱呢,谁给你的权利啊。你那预算造的不对,就不能服从你。"我一扭头走了,他说:"不行,你的书记就别当了。"我说:"正好,明天我递辞职书。你有权力一句话,让我不当了,我也有权利不当了。"

程:哦,因为这个事啊？我干得好好的。

陈:是啊。

郄:我下来以后,我从镇上的计生站下来,到了桥西办事处,那会他们在那里办公呢,我下来了,那三个书记跟着下来了。

程:他们也不干了。

郄:跟我说这怎么办啊,我说怎么办啊,你们看着办吧。我不管了,你们几个自己去修吧。他们说:"这就只能我们自己修了啊,得全靠你们呢。"这不这村线路最远,这村得出大头呢嘛。对不对,跟我说:这得全靠你们呢。你们不修了,这就修不成了。我说:这样吧,10天,你们三个村的钱,先给人家凑吧。对不对,你们给凑好了,我们村的钱我再想办法。反正10天我给不了他,而且这钱说明了,就是不能给他们,他什么东西。明知道,他杀猪宰羊的,刽子手出身,把钱给了他,老百姓不骂死咱们啊。

程:对。

郄:你拿上人家大伙的钱,让他去胡吃乱喝的,绝对不行,打发了他。他们说那怎么办啊,那天正好是星期五,明天是星期六。镇上别人不安排了,明天咱们去县里的市政公司里,就是管修街的,现在在郭苏河北那边正修呢,人家的路比咱们的宽,比咱们的厚。标准也高,看看人家标准是怎么算呢,这边西村庄就有个在那里干活的。还是个小负责人,我就是下边那个村里的。我说西村庄,谁谁,你们回去问一下,我说:他按华北标准,他给咱们修几级路面啊?对不对,这不明摆着黑刀子扎人呢,可不能上他的当。他什么材料,钱让他管,门都没有,可不能相信他。

陈: 你又辞职了?

郄: 明天,你们三个村要觉得离不开我们,我的辞职书还没有递交呢,对不对,我明天,村里的事我照样管,上边的事情我不管。我不听他的,我得为老百姓办事。明天你们来,我陪着你们,咱们找个车,拉上他,咱们去看看那边,人家的工程怎么修的。人家的预算怎么打的。让他心服口服了,把他弄住。他们说:这也是个办法。第二天四个村的书记,找了个车,星期六也得拉上他去看看人家市政公司在郭苏那边怎么修呢。我们照人家标准来修。他没办法了,实在没办法了。我不说话。你们三个村跟他说吧,我不说话。你欺负我呢,我才不拿你当回事呢,直接把你拉到那边去看。

陈: 他们上边也怕你这样的?

郄: 嗯。去人家那个郭苏村找人家支书,一讲究,人家还非得管饭,一讲究把事情一说,他傻了眼了,对不对?人家的路修的也宽,标准比这个要求也高。而且人家的价,是我们的价,不是他算的那个价,多算了10万块钱,多打了预算,他什么也不说。等返回来,那个郭苏的支书跟我在一块上过党校,当书记,在一起开会什么的。关系也不错,把实话都说了,当面揭露了他。

程: 揭露了他。

陈: 对。

郄: 他不服也不行了,他镇不住我们几个。

陈: 是。

郄：最后我们说不了,返回城里,叫上他去喝酒啊,他也不去。说:可不喝了。他哪能喝下那酒呢。最后去地摊上,小桌上买了点烧饼,弄了点猪头肉,喝喝汤,吃了点饭,不去喝白酒了。四个村里请你吃一顿,还请不起啊,比10万块钱都给了你让你黑了好吧。对不对?

程：对。

郄：就这样镇住他了。镇住他了,他说:就按你们的预算修吧。就这样,星期日就跟工程队见面。工程队也是他们找的,就按31万元这个价格,他们愿意修就修,不修,我们另找县里市政工程队,我们就不用他们了。

陈：对。

郄：你们找上人,你们的预算太高,我们不用。这个价钱,你修就修,不修,有人修呢。光打路,又不是盖楼,就打路,简单。最后,他没办法了,顺了这四个村的意见,四个村子组成班子,一个村抽出一个干部来,再抽出一个管理人员来。专门监督、安排、计划这个事。自己的钱,自己办。

程：对。

郄：钱不能给他们。

陈：是。

郄：然后跟工程队是按照进度给它付款的。这样修的,把计划和方案确定了。我辞职,也不当了,真的不当了。不是跟你说着玩呢。

程：以后一直……

郄：以后就剩下找我的别扭了。对不对?

程：对。

陈：那你不当,就选了来庭当接班人?

郄：嗯,我不当了,这不,我去镇上,跟书记申明了。递交了辞职书,说不当了。书记说:"为什么?"我把这事情简单说了一下。张大平跟那个人关系也可好了,那个人也是张大平提拔的。他们关系也可密了,不过他也知道我的性格。

程:对。

郄:咱是正直无私,绝对无私无利。一身正气,镇着他呢。最后说:你再考虑考虑。等了几天,张大平,边和平还有那个片的片长,他们三个人亲自找到家里。来我们里边屋子里商量呢,说:"你真的不干了?"我说:"我说干就干,当初接的时候,也按照你们的意见行事了。现在我考虑好了,我接,我觉得老百姓需要我,我还需要给老百姓办一些事。我这些年干的,也对得起老百姓了。我问心无愧,然后我也对得起你们领导了。这次我得告一段落了,真的不当了,也不能再干了。我这脾气,不适应现在的形势。我必须换。"

陈:你这一路波波折折的,真不容易。

郄:他们说:"你要真不干了,那郄家庄让别人当了,跟你当一样?你还得保证不能乱套了。"我说:"这个你放心,郄家庄绝对不会乱,我不在村里,跟我在村里一样。保证村里的事我只能帮助他们解决,我不会给他们挑事。"他们说:"你挂上副书记,你给他们带领下,你到镇里上班,马上开党委会,你到镇里上班。你村里挂上副书记,配合他们的工作。"我说:"挂也不用挂,人家开双委班子会时候,万一我没时间呢。研究事情时候,我不发表意见不合适,发表意见,不合人家心意。这不又是事啊。"

陈:又为难。

郄:对不对?

陈:是。

郄:不如说让他们去办事,他们遇到难题了,我帮助他们来解决。

陈:可以。

郄:我帮助他们解决问题,他们还感谢我呢。

陈:对。

郄:对不对,我不去给他们碍事。对不对,碍手碍脚的,时间也凑不到一起。所以就这样,他们说:"那你说吧,那你说谁能当了?"反正意思就是说,不管让谁当,你都得配合他。

陈:你还得当保证人。

郄:你还得当后台。你还得支持他,我说目前班子里边富来最年轻了。让他来干吧。他们说他能干了嘛,我说能,怎么干不了呢?他有什么事,我还兜着,还帮助他办呢,他怎么能当不了呢?尽管我不在村里了,我还能给他解决一半儿事情呢。所以答复到他们这个程度,才这样。一开始富来也不接。

陈:富来不想当?

郄:哦,他……

陈:他怕他做不来?

郄:哦,他说什么也不做,拖了一段时间。我说:你们就做他的工作吧。就押给他,让他出面,就他最年轻了。以后呢,有什么难题,让他找我。村里什么事情过不去,你让他找我。

陈:确实他后来……

郄:后来我帮助他解决很多问题。

陈:现在他有事还找你吗?

郄:现在也找,你看,像村里过事什么的,都在一起。村里什么事了,都跟我说。后来建这个奶牛场。

程:对。

陈:奶牛场?

郄:我在奶牛办,那时候……

程:对,这个我知道。

郄:各级政府成立奶牛办,镇长挂帅,办公室主抓,我是办事员。

程:对。

郄:P镇的奶牛办可以说,就是我管着呢。

程:这个我们也听说了。

郄:这把郄家庄的奶牛场扶持起来,都是我帮着他们呢。

陈:你当书记时候抓经济,修路什么的,像谁家闹矛盾,什么婆媳矛盾啊,你管不?

郄:都管。

陈:也得管啊?

郄:我当书记时候,两个年轻党员都是当兵回来的,结婚后,过了2年,合不来,想离婚。最后我亲自出面做工作,家里谁也管不了了,最后大人们找的我,我就给他们解决了。到现在都没有离婚。都讲和了,而且现在过得都挺好的。

陈:咱们现在村里年轻的离婚可多了啊?

郄:是啊。那俩离婚的要稳定不住,离婚的还会多。

陈:还能更多?

郄:嗯,影响这个。

陈:风气就这么不好。

郄:风气就歪下去了。所以说我管住他们了,我说你们都当过兵,受过正规训练。

陈:对。

郄:你从党性角度,你从哪一块也说不过去。对不对,离婚你得说出个正确的理由呢。对不对,经过给他们双方做工作,我说:走,去办公室。叫他们到办公室去。

陈:他们也听你的,是吧?

郄:听,他不听不行,年轻党员们。

陈:是。叔,你觉得现在谁要离婚,你去说,他们还听吗?你现在管不管这些事呢?

郄:现在可以这么说吧,只要他找到门上的事,我都管。

陈:都管啊。

郄:嗯,大事小情的,只要他找到我这里,我都管。

陈:但是现在村干部,好多都不管这些事了啊?

郄:是。他们就说:去,去,去找青全。一般镇里有什么事,应该村里干部们给解决的,以前都是管理型,现在乡一级都是服务型的,对不对,我在乡里有我的事,你是村里的干部,你就应该为老百姓服务。但是他们都自己干自己的事业。妇联主任倒是没有事,但是她也不管。好多妇女们的事,也是说:去找青全。

程:妇女们的事都找你。

郄:他就推到我这里了。计划生育的事,妇女们的事也就找到我这里了。让我管。

陈:你什么都得管。

郄:对不对,这是经常的事。

陈:经常。村里的事,咱对得起老百姓了。他们肯定不说,谁谁官位大了,看不起老百姓了。在转员以后,这是市委明确规定的,下的文件,在政治经济上享受处级待遇,然后是在乡镇任正职或者副职,把我转成正式干部后,反正就是国家副处以上待遇。

陈:你现在属于国家干部啊?

郄:哦,转的国家正式干部。

陈:你从1995年回来,你现在是在镇里还是县里啊?

郄:P镇,1995年4月份到的P镇。

陈:P镇什么部门啊?

郄:现在是P镇63个村,我都管过。

陈:都管啊。

郄:叫办事处,分那个片。

陈:嗯,办事处。

郄:计划生育也管过,可以说方方面面,都管过,角色,都任过。什么纪检,司法,信访都待过。现在年岁大了,现在各级都成立老促会。P县老干部局有个老促会,P镇也成立一个老促会,50出头的有七八个人,抽出我们六个来,成立一个老促会。老促会全称老区建设老年促进会,就是过去的退居二线,顾问组。

程:对。

郄：就是那个意思，现在他换了个名称。

陈：哦，老促会了啊。

郄：哦。什么意思呢，就是镇上的工作，遇到难题时候，可以调用我们几个协助。一般情况下，不给我们几个加压，没有具体工作。不管具体部门的事了，但是有哪方面事情过不去了，解决不了了，你们得出面解决一下，受书记镇长直接调遣。

陈：那你退休以后，应该是有退休金，是吧？

郄：那是，是。我是正式干部了嘛。

陈：正式干部。你当时……

郄：我今年56了，我今年就可以正式申请内退。正式干部可以申请内退。

陈：内退哦，你1993年，那时候是在县里，是吧？就是在回村里当书记之前。

郄：对，那是县直单位，是P县政府新能源办公室。

陈：那你那会儿是正式工吗？

郄：那是招聘的。

陈：招聘的，就是每个月拿工资什么的。

郄：哦。招聘的。

程：那现在村里还需要你，你还想回来当领导不？

郄：那不可能，他们有好多说这个事呢。

程：大家对你都有很高的期望。

郄：说你还回来吧。可以说现在这几年，村里没有什么起色。

陈：对，老拿你那个时候对比嘛，说你那时候好。

郄：你看，我在村里那几年，1992年阎书章是县委书记，阎书章，现在在市人大。

程：市人大。

郄：1993年是张秋阳，张秋阳是书记。1994年张秋阳走了，霍尚军政协主席保我。然后工作队在我这里。那时就是镇上也支持，县里也支持。可以说郄家庄的工作一年一个变化。这就是说从社会的各个角度影响的,都在变化。这几年,看着是,好像是……

陈:没什么变化。

郄:实际上是衰败。整个说为全村人利益考虑的事情,他们不干。他们只顾个人利益。

程:大家都明白。

陈:是。

郄:他们只管他们自己,这次周围的孟堡、西庄、村里的小街都硬化了。这村的这个都是我掌握着干的,但是这小街,还有那南北走向的胡同,10来年了,没修过。

陈:是。

郄:东西那宅基地,1995年,重新分地,那谁给你动啊。那会我给你能干了,1995年我已经在镇上了,过去分地都是在伏天,1995年分地的时候,P县镇63个村,不是,那会还42个村呢,1996年孟贤壁乡才并过来。1995年8月份,这里分地,他们分不成。分地,还有别的,当时我在村里墙上都有五年规划,现在没了,他们都撕掉了。国家那是八五规划,我也做了第8个五年计划,我也是做了个计划。

陈:村里的计划啊。

郄:嗯,都上墙上了,阎书章、张秋阳他们一看,说:了不起,一个村子的支部书记,能做出五年规划来,有志向。你这个村肯定能搞好,支持你。对不对,你那一年,办什么事,大事都写到墙上,都公开的,让党员代表都明看着。监督着你呢,所以说你目标有,你得往前奔。对不对,所以他们都服。你知道嘛。

陈:听你讲,在村里,哪怕这干部坐稳了,也是挺不容易的啊,坐稳了还得要老百姓满意? 就是上边干部满意,下边百姓满意。你坐得稳。

郄:你稳上边,主要是老百姓。在村里,你主要是老百姓满意,这街道还是我那时候修的。村里那会儿分地,抽出了12亩地,12亩地可以卖几十万块钱。用作宅基地，一片一万多块钱。几十片地方的钱，都给花了。你也没有给钱，你说钱都哪里去了。对不对，这主要大街硬化了，两道大街和这个中心街，还有两个胡同和小街没硬化，村里人们老跟我说，这怎么办，我说：那会儿你们老找我，现在你们不敢跟他们提啊。对不对，那土地都是耕地，盖成宅基地，卖成钱，钱也都花了，对不对，那你修不了，我也没办法。那我有什么办法，他们把钱都花了。人家那孟堡和西庄都是很次的村庄，都没有企业，他们也是卖了点地皮，有了点钱。但是人家的钱，大伙的土地，得给大伙办事。

陈：对。

郄：大伙都能享受，对不？

陈：对。

郄：人家能修了，你这村就修不了，这村这么多副业点，都集体拿钱呢。

陈：是啊。

郄：你倒办不了这事。这个说实在的呢，真是不可思议。就是现在，从近三年，每年春节期间都是他们来找我歇会儿，我去找他们歇会儿，看看村里有什么麻烦事，需要我帮忙的帮忙一下。这三年了，人家他们也不开座谈会了，过去每年都是大年初五，初五一般不走亲戚，不去访友，把大伙集中到办公室里，这个村在外面上班的，约回来。大伙开个座谈会，出谋划策，现在人家他们不走这个形式了，不开了。

陈：他们说了，现在过年什么活动都没有。

郄：哦。他不搞那个了，也不找我说什么了。反正我也不去找他们说什么了，保持沉默。

陈：呵呵。

郄：保持沉默，老百姓找我，我就去管一下。

陈：你还是热心地……

郄：跟我说这是那个干部推给我的,我说：这都是他们应该去办的。他们都挣钱的,就应该给你们去办的,对不对,他们不去,让你们都来找我办,对不对,是这个情况。确实是这样的,我自己目前活了56岁了,这路子是堂堂正正走过来的。

陈：是。大家都称赞你,认可你。

郄：这分地啊,P镇就这个村分了,1995年就我们村分了,别的村,40个村,都分不成。到了1999年,南边的那个西村分了分,结果也分不成。分不成后领导说,老百姓有告状的,说这个地是我的,不能分,国家规定不让分。最后领导没办法了,说这怎么办呢？国务院规定是不让分,你们能做好工作,群众没意见,老百姓能接受了,你们就分,接受不了就别分了。他们说不分不行,这个村目前情况,不分不行了。最后说那谁能去解决呢,1995年人家西郄家庄不是分地了嘛,那也是我们村去找的镇书记,镇书记亲自写的,盖着党委的章,让我回村里协助这事。我受党委领导,我那会儿当着片长呢,我当时管理着几个村呢。我把那边工作放下,回来10天,把村里的地一下子重新分了。这是P县镇最早的。后富来山镇63个村,1999年西村也是我办的。领导考虑再三,就只有我去了,别人绝对不行。国家是不允许的,县里也不敢支持你,你去分地,就得能解答老百姓提出的问题。

陈：对。

郄：对不对,人家要服了你,说服了人家,才听你的。开始西村分地,干部们刚分好,老百姓就给拔了。分不成,后来我去了说：谁有意见,来找我。我给你们解答,干部们只管牵头。镇上老郄,在这里呢,跟老郄说吧。我给他们全部兜起来,好多天,全村的地,才分好了。他不服你,张大平他确实佩服我。

陈：嗯。

郄：张大平说我没有看错人。对不对？

陈：对,这么多年他都知道。

郄：他都知道，过去青河害我，后来青河又举荐我。说明你是真有才能的，敢作敢为的，真能给老百姓解决问题的。他不服不行。

陈：是。

郄：我是硬干出来的。多少年，30多年，我都是堂堂正正的。

陈：是。

郄：一五一十地走出来的。

陈：如果你的路上没有……

郄：1994年霍尚军政协主席，国家有本书，你们去北京可能还能找到这本书呢，全国政协编的一本书，当代名人录，那上边把我的名字编进去了。我书记是从秀英手里接来的，我说如果你写我的话，就写一下人家秀英。要不人家还有意见呢，那会儿她是政协委员。政协主席对我说："我给你个政协委员吧，党的委员不好说，让你当政协委员吧。我一句话的事。"我说："算了吧，书记我是从秀英那里接来的，她是政协委员，我再当个政协委员，好像是撵她走呢。"

陈：对。

郄：别人还以为排挤她呢。对不对？

陈：别人说到了。

郄：我没有那个心，别人会那么想的。

陈：别人会想。

郄：我说政协委员，反正我是在你领导下呢，你有事尽管提，我肯定好好给你办。我有事我找你们办，非得给我个政协委员，人家秀英在那里呢，如果秀英退出了，我参加那行。现在我参加，好像排挤她似的。

陈：对。

郄：秀英的书记是大平让我接的，那是我又举荐了她。她有那个心思，但是别人考虑她当不了。可是她愿意试一下，有我保驾着她呢，没关系。对不对，她当那会儿，去上边，去县里开会，都是我陪着她去呢。都是我陪着去呢,重点事都是我说的。她一会儿就乱说。史秀英说话,说不到点子上,一会儿就乱了套了。

陈:她有声势,嗓门比较大。

郇:哦。可有点,老百姓说的缺点。上边,县里的干部们都说她不行,所以说她打不开场面。

郇:我跟你说的还是简单的,我的人生历程。

陈、程:对。

郇:之所以群众对我评价好,能立于不败之地,是我站得正,领导也不能不服。

陈:所以我们敬佩你,这么多人说你好,真的很难。

程:听你给我们讲,因为我们来了有很多年,有一些地方我们知道,但是有一些关键的地方我们也不知道。你给我们把一些历史和一些搞不清楚的地方,讲了。

郇:还有,那河滩大坝你们到过没有?

程:哦,大坝,我走过。

郇:1992年河滩里的大坝是我亲自掌握着修的,把路面拓宽,又铺了铁矿渣,轧道机,轧的。当时程维高,这道没法走。程维高下乡,他的小车也得走这里,程维高、张秋阳、张大平的小车,都得从大坝那边过来,那路面平整,那是我亲自指挥的。

程:对。

郇:修了多少天,那也是我掌握着修的。程维高那次跟我一次握手,那是1993年,1992年修的道,1993年他要去巨龟苑了,张秋阳、张大平陪同着,到这里说:你先到西郇家庄看一下吧,西郇家庄搞的很好的。郇青全的书记当得很有水平。

程:就那个时候?

郇:就那个时候,程维高,我接待的他,来村里,我陪着转了一圈。办公室坐了一坐,跟我握了握手。记住我了。

程:记住你了啊。

郄：1993年10月份，河北省委宣传部、组织部合拍的一部片子，七集电视连续剧，那是树立邯郸磁县一个支部书记的形象呢，拍的片子。程维高让全省5.03万个农村支部书记，程维高拿那个名单，拿笔亲自点的名，50个。

陈：你是其中一个？

郄：P县713个村庄，就我一个。

程：就你一个人啊？

郄：那是程维高亲自点的我的名字。

程：对。

郄：咱跟他一点交情没有。他看了我墙上的五年规划、八五规划。

程：对。

郄：看了下村容村貌，我给他简单做了一下汇报。

程：对。

郄：那会张秋阳书记、张大平书记都陪同，也是因为他们举荐说郄青全工作很有起色。

程：是。

郄：是个好干部。

程：这个我们听说过。

郄：跟我握了握手，这是1993年3月份。1993年10月，时隔几个月了，开那个会呢。在省委那个白楼宾馆，在那里我们开了一个星期。一共七集，每天放一集，然后讨论。上午看一集，然后吃饭，下午讨论。讨论了一个星期，我带回片子来了，带到镇上，又给县里一部。张大平说："郄青全了不得啊，你省里有什么关系啊。"又说："秋阳书记也不知道，我也不知道，间隔了我们两级，你就到了省里了。"

程：哦。

郄：其实跟程维高就是那个一面之交。

程：好，我们以后多来听你讲讲。

郄:以后有机会,今天主要说的是我个人的。

程:整个村庄的也很重要的。

访谈记录(二)

(孙敏真三弟家的儿子结婚,敏真媳妇过来帮助张罗,当时也有很多村里的人过来帮忙切菜、洗菜等。程、陈为访谈员,敏真媳妇是主要的被访者,也有众人参与讨论)

众人:这个村里就是上外面的姑娘们多,本村的不多。

陈:嗯,为什么?

众人:现在这个本村范围,外边这个交往的多。

陈:多点。

众人:嗯,村里大部分年轻的都说外村的。人家愿意。

程:外村人愿意到你这里来?

众人:对。

程:也愿意嫁过来。

众人:这属于小康村。

程:对,对,对。你们村的姑娘愿意往高处去,往城里嫁了。

众人:现在人们向往社会城市化,搞城市化。

程:对啊,那肯定是啊。

众人:有小车没?老人太多不行。

陈:老人太多不行(笑)。

众人:少干点活,上班还不愿意上呢。现在这个思想变化可和以前差得多了。

程:是,是。有没有一结婚过来就要……

众人:你说什么变化大?

众人:我说思想变化大了。

众人:追求这物质享受和……

众人:什么时候不追求?

众人：以前不,像俺们结婚的时候花了50块钱。

众人：你看你这,花了50块钱。什么时候不向往？这个就是有栋房子,吃香。再往前就是嫁个财主,哪个不向往？

众人：现在你看结个婚也结不起了。没瓮,没瓮就不要了,结婚去家里看看,数了数有几个瓮。(笑)没瓮没粮食。

程：看看你有多少粮食。

众人：对。

众人：说家里可有了,瓮多了,其实就半瓮粮食(笑)。其实净空瓮,什么也没有。(笑)

众人：二保家爷爷说媳妇的时候,一打听就是,二保那时候叫秃子,他家怎么样？哎呀,你看看那村口那片树,哪棵树不是人家的。就说给人家了。说给人家了,来了看看也不富,我说那片树那个不是人家的,没有说瞎话吧。(笑)

众人：现在这个办喜事和1978年这个办喜事都差几百倍,70年代的那个结婚,50块钱,把媳妇说到家里。现在花几万块钱,有2万的,有一万多的。还有不到一万的,这个情况还得根据家里的状况,家里有,要他两万,穷点的,一万多,现在这是实话实说。(笑)城市结个婚你得花几十万。第一你得有楼。

程：嗯。

众人：你得有楼,城市里你得要汽车,咱农村要汽车行吗？

众人：你说那可对了,开汽车出车祸了,你是个农村户口,马上就赔的你少。

众人：还是不一样。

众人：哦。

众人：以前俺们结婚,就花了170块钱。现在得一万七千块,那时候50块钱就买两尺的确良,的确良那便宜。

众人：那时候,一万七千块钱你能拿出来不能,现在一万七千块钱你就拿出来了。你得这么说,是不是？

众人：那时候3间房有一千多块钱,盖起来了。现在几万块钱你能盖起来吗?

众人：咱村那时候六个母猪,人们说水碾六个母猪,现在多少个,是不是?

众人：现在咱们村在周围是出了名的,小康村,是不是?

众人：咱们现在是什么,有的是真有,没有的是真没有。

众人：现在国家还是穷,还是比较穷,有的有那关系,就弄钱不少。

众人：人家一年几十万块钱。

众人：哦。咱村有什么收入?

众人：咱村大队上离别人村的大队上差多了,大队上没收入,原先俺们那个村企业,自从一散生产队,企业没有了。原先这村的企业,现在都是个人的。原先没散生产队,这村的副业都行,生产队积累,大队积累也非常多。现在不行,现在属于个人,不行了,不散生产队,这集体经济……

众人：华西村,江苏华西吧?

陈：对。

众人：那仍然有生产队,你看人家的,现在咱村的企业弄不成,有个好企业,得有个扶持你的单位,跑业务的得把你的厂子搞垮了。

众人：哦,对了。

众人：不行,你看俺们村,你看那其寨那大队,这几年,就发展得相当好。原先它可离其他几个村上差多了。

众人：对,其寨那大队支书一年就是30万块钱基本工资。一年人家就30万块钱,奖金另说。

程：西焦在哪里啊?

众人：西焦就是鹿泉市那个。

众人：离这不远,离这就是十几公里吧。

众人：哦,有30里路。到不了50里路。

众人：对,没50里路。

众人：往人家村里一走，就和城市一样。真算好。

众人：现在这个地方，离县城近，接受这个城市的情况。你到那个西北山区，找虱子，他们就没有出路。

陈：笑什么？

程：他说那些人仍然在找虱子。（笑）

众人：山区就是穷的不行，那虱子多了。

程：虱子多了。

众人：嗯，穷。

众人：这社会就是猪长虱子不长膘。（笑）

众人：现在这社会就是有本事的练本事，没本事的你就干点笨工作。

程：对。

众人：到这个低收入的人群里边。

程：嗯。

众人：人家条件好的，到高人群里边。

程：对。

众人：是不是，收入大。

程：对。

众人：我这一年收入一千块钱感觉不错了，人家一年，高收入人群，人家一年收入几万块钱，是不是？人比人，现在说，赵本山不是说嘛，人要前进。是不是都盼着去挣大钱，都行吗？

众人：瞎蹦跶着吧。跟着社会走，人家怎么生活，咱也就……

众人：你没点本事，行吗？

众人：国家对于三农的支持，主要还是通过大面积种地，一家一户能种几十亩地。

众人：咱们不行，一个人四五分地，他怎么支持你啊？就是支持，一亩地给你100块钱，你5亩地，才合多少钱。

众人：把农业税给免了，国家确实是……

众人：这农民，钱没钱，粮食没粮食，弄的没法过。有本事的行，没本事的你不行。

众人：一个人2亩地你也不行，光种地，不行，粮食多了，可一样，现在化肥也贵了。电费，都给涨了。

众人：哦。

众人：你家几个人，一个人给你5亩地，你不一定比人家那个好，老百姓你怎么弄，你是跟不上。

众人：大队上的工资是谁定的？

众人：高层，对不对？定了你就去实行。

众人：像你们，现在挣上工资了没？

陈：我还是学生呢，我不挣钱。

众人：不挣工资？

陈：嗯。

众人：像你们这以后一挣工资就是一两千块钱，两三千块钱。

众人：两三千块钱可不行，五六千块钱。

众人：有的上班的，人家四五千块钱。

众人：现在的政策可好了。

众人：哦，那也可好了。

众人：咱这么说，上面有政策，底下有对策，是不是？

众人：哦。

陈：移民款不是到个人账户了吗？

众人：都到个人账户上了，就是发的晚。

陈：到你个人账户上能占用吗？

众人：不是发的晚嘛，几年前的，现在才发。别人的早给发下来了，他不发，我先用你几个月。

众人：咱们县和鹿泉县的不一样，挪用几个亿。

陈：被谁挪用了？

众人：我记得，1月22号才发。2008年。

陈：被谁挪用了？

众人:听小道消息说,县里,鹿泉早就发了。

陈:县里?

众人:哦,挪用。

众人:鹿泉早就发了,俺大姨说,人家早就发了。

陈:P县和鹿泉发的不一样?

众人:不一样。都是一个库区,但是发的时间不一样。

陈:哦。

众人:人家发的早几个月,咱这不行。

众人:你看,同样是咱们村的一个闺女,说到人家东村了。

陈:嗯。

众人:人家这和俺们的一样,水库的这个待遇。人家早就发了,俺们这里还没影儿呢。

众人:人家从11月1号一次性给发清了。俺们这有的还没发呢。

敏真媳妇:你看这老百姓们都反映情况呢。

陈:嗯。

程:他们上面也知道。

敏真媳妇:欺负这老百姓。(笑)同样的生活,同样的人。实际俺们到60岁了,该退休。

程:对,对,对。

敏真媳妇:去造机器,你别去造机器了,俺们也能造机器,俺们也不是多么傻。

程:对,对,对。

敏真媳妇:为什么老百姓有公积金都退不了休,没有米,没有面,你们能吃不能。

程:对,对,对。

敏真媳妇:理上是你们退休,俺们也退休。你们领1000块钱,哪怕给俺们500块钱呢,俺们也不觉得受屈,只能说俺们像后妈的孩子一样。

程：对, 对, 对。我知道你是什么意思。

敏真媳妇：你们在厂子里, 你们是亲娘, 俺们是后妈。

程：对, 对, 对。

敏真媳妇：俺们就是老苦着种田种地。

程：对, 对, 对。

敏真媳妇：妮子说你们有贡献, 俺们也有贡献。

程：对, 对, 对。

敏真媳妇：所以现在就是说, 这个老百姓能够就是说, 你说 80 岁了让人家领上补助了, 80 岁的才有几个呢, 活到 80 岁的, 100 个人里面有一个。

程：对, 对, 对。

敏真媳妇：人家是妇联主任, 人家是干部。

程：哦。

敏真媳妇：人家一年有 2000 块钱, 你说是不是, 这能和农民一样吗？

程：哦。

敏真媳妇：政策可活了。

程：对, 对, 对。

敏真媳妇：政策也可死了。俺们这老百姓受委屈哩。

程：嗯。

敏真媳妇：受屈受屈, 是后妈养的。

程：哦, 后妈养的。

敏真媳妇：俺们这种田种地的, 就是后妈。

程：是, 是, 是。

敏真媳妇：你社会调查, 调查什么呢？我觉得这调查也没用。俺们想让那大记者们来两趟来, 如实地把底下这个情况说说。

程：对。

敏真媳妇：他们在上面说这个好, 那个好, 搞和谐社会, 实际上底下光打架。

众人：过一会儿就开始唱了,吹鼓手们都准备好了。该照相了。

敏真媳妇：他们给我照过相,俺家这是和谐家庭。

程：我知道,我知道。

敏真媳妇：和谐人,和谐政策。

程：没错,没错。(笑)我今天看到你公公了,一看那样子,精神就是特别好。

敏真媳妇：做了这么大的手术,咱这人都活过来了,这就是那和谐。

陈：你们多孝顺啊。

程：对,对,对。

敏真媳妇：给俺三人照相吗?

程：对。

敏真弟媳：俺不,俺不照,你两个照吧。

众人：都摆好了。

程：没错,没错。

敏真媳妇：我们是和谐妯娌。

陈：对。

敏真媳妇：哎,拿走那张相片了,那是那个,上一个,你在俺家照的那相,你在这边给他们发手巾,给他们一个人发了一个手绢,是吧?

程：嗯。

敏真媳妇：给那老百姓们开会,给他们发手绢。

程：嗯,嗯。

陈：上次开会,毛巾。

敏真媳妇：那是叫什么,他们去那边给俺们照相,讲话。

程：哦,哦。

敏真媳妇：咱讲话,你们照相还花钱呢。照也没关系。

敏真媳妇：这临时搭个新房,就……

陈：是。

敏真媳妇：这可不是贪污受贿了,俺们一个当官的也没有,那是普通老百姓。

程:是,是,是。

敏真媳妇:一把汗,一把水的。

陈:你们都过的挺好。

敏真媳妇:哎,使劲做啊,你见我那,我没有时间,我去饭馆里给人家洗碗来了。

程:哦,在哪里洗?

敏真媳妇:在 P 县城里。

程:城里,哦。

陈:是一个饭店吗?

敏真媳妇:在饭店里洗碗。

程:哦。

敏真媳妇:包饺子。

程:哦。

敏真媳妇:我就去这么干了一天。

程:你现在家里边的事少一点了,就去城里干活。

敏真媳妇:哦,去打一个时间的工,挣 200 块钱回来了。

程:200 块钱?

陈:一个月 200 块钱?

敏真媳妇:半个月挣了 200 块钱,回来了。一天 15 块钱,管上三顿饭。

程:一天 15 块钱?

敏真媳妇:一天 15 块钱。

陈:一天几个小时啊?

敏真媳妇:没有几个小时,早上九点上班,晚上九点下班。

程:12 个小时。

敏真媳妇:中间歇两个小时。

程:哦,哦。管两顿饭。

敏真媳妇：人家一会儿穿婚纱来了，你不给人家烤烤这屋里，你怎么办？

程：它是这样的，你应该是……

敏真媳妇：插着呢，插着呢。

陈：没问题，它这已经亮了。这说明有电。

程：这是婚纱照，是吧？

敏真媳妇：相片。

陈：嗯。都照，都照这种相片。

敏真媳妇：现在农村里吧，条件好一点的，基本上和城市里差不多。

陈：对，差不多，都一样了。

敏真媳妇：这个人啊，这个人字，就是稀里糊涂的。稀里糊涂地过吧。现在年轻人，不知足。

程：不知足。

敏真媳妇：条件再好，他也不知足。

程：嗯。

敏真媳妇：家里的日子不好好过，离婚的特别多。像我们那个年代，吃的没吃的，喝的没喝的，也没有说跟那个没出息，也没有嫌弃过。现在你看这个孩儿们，条件好了，不懂事，和老人们瞎闹腾，你能怎么着，俩孩子都走了，现在俩孩子，留下一个娃娃的多的是。

程：撂下就走了。

敏真媳妇：撂下就走了，孩子没有娘。

程：没有娘。

敏真媳妇：没爹没娘的孩子，不是没有爹就是没有娘。现在我们村就有两个，跟我那外甥女那么大了，6岁啦，没了妈妈了。妈妈改嫁了。

程：改嫁了。

敏真媳妇：爸爸有这么个孩子，也说不上了。东边一个，西边一个，谁看见那孩子都特别难受。

程：对。

陈：现在老人看人们离婚还是看不惯。

敏真媳妇：看不惯。看见他们说离婚气的你，有什么过不了的，现在社会这么好，你们出门就挣钱，俺们以前出门也不挣钱，弄什么也不挣钱，就是挣工分。

程：是，是。

敏真媳妇：你还能说现在你过不了。哎呀，真是不知足。

程：不知足。村里这老人议论啊，他们也……

敏真媳妇：议论这社会坏了，社会坏了。一出门，孩子们，俺们什么也不怕，俺们就是不相信这社会，闺女俺也可相信你了，小子俺也可相信你了，俺就是不相信这社会，社会把俺这家庭影响坏了，对不对？

程：是，是。

敏真媳妇：你影响我，我影响你，这不是成了风气了。

程：风气也不好。

陈：嗯。大婶，我听说您公公生病，儿子和媳妇都可孝顺了。

敏真媳妇：听说俺公公生病了吧？儿子媳妇孝顺。

陈：对啊，都可孝顺了，把老爷子，伺候得可好了。现在身体那么好，但是是不是还有一些，就是养老，家里闹的也挺有矛盾。

敏真媳妇：说人家谁家闹矛盾啊，有矛盾了咱可别给人家说，可不管人家那事，自己把自己家的事维持好了就算了。你们都查不到这实际情况，人们都碍于面子，谁给人家说啊，有的事，根本也不实际。

陈：对。

敏真媳妇：看见的都说没看见。所以说上面了解不了实际情况，谁去管那个事啊。

程：对，对。

敏真媳妇：邻家,他婆婆死了,人家在街里喳喳喳,喳喳喳,人家说他孝顺得很,人死了,谁知道。

程：对,对。

敏真媳妇：尿的地下,十冬腊月的,屁股底下都冻着冰,那姑娘来一回,铺一回。谁去给人家说啊。

陈：这老太太现在还在吗?

敏真媳妇：死了。在地下一身泥,谁也不敢说,谁敢说。我来这时间长,老齐,结巴,知道不?

程：不知道,哪个结巴?

敏真媳妇：老头子,结巴,老党员。三成。

程：哦,三成,老党员。

敏真媳妇：喝农药死了。死了,死到炕上了,那闺女说,那还装呢,装死呢。

程：三成是一个儿子吧。

敏真媳妇：四个儿子。有一个是过了门了。

众人：你准备准备,点点灯花。

敏真媳妇：点了。这边没事。我告诉你,这青国,受不了他儿媳妇的虐待,青国儿子也管不了自个老婆,当时他喝上这药,他死了,不管老婆了。老婆又瘫,走不了,躺在那炕上,屁股底下冻着冰,给那老人送的饭,扣到那碗里,那碗几天不刷,和喂狗的差不了什么了。这出去可不敢说,这是他们家里的人们去看了。臭的不行,到了中午……

众人：这个事,你们能去管吗? 翻翻那政策。

敏真媳妇：婆婆就在炕上躺着呢,你看,那人们都看着,来送饭了,你开这门,过去嘎,一扣,碗就在这,婆婆在炕上躺着,送第二顿,饭还是那样的。倒上,端上喂了狗,喂了猪,你也问问她吃了那顿饭了没。

陈：这大伙最后议论这件事吗?

敏真媳妇：不敢说,谁敢给人家说。

陈：谁也不敢给人家说，那村干部呢？

敏真媳妇：村干部，等着那村干部吧，谁去给你得罪那人啊？谁管那个闲事啊？你管管，你对你家老人可好了？舅舅、舅妈都不敢说，你说人家厉害的。

陈：谁不知道，更不好。

敏真媳妇：那更不行，那姑娘来了，啼哭着，去城西河上洗，一边洗一边啼哭。

程：给妈妈洗了。

敏真媳妇：哦，给妈妈洗，她又不是本村的，给人洗了，走了，晒干了再走。走的时候在街里，这你知道，走一步，啼哭一步，走到这大坡上了，啼哭的呼哧呼哧的，这就是反映这实际情况的。农民特别特别苦，因为她在炕上躺着，你们在城市里，也有退休金，聘一个保姆也不至于。

陈：不至于这样。

敏真媳妇：劳动一辈子，有什么剩余。只付出，没收入，她就是说管你也好，不管你也好。

陈：就说是人家，几个儿子的家都过得不一样。

敏真媳妇：和俺们一样。

陈：不缺钱。

敏真媳妇：不缺钱。

程：也不是缺钱，反正就是不愿意管。

敏真媳妇：不是，俺们不是缺钱，他们过得挺好，老人没了钱了，光她一个要，孩子不给她，她就不能花。

程：我知道。

敏真媳妇：是一个累赘了，早死一天，早利索一天。你知道郤金寿。

陈：知道，知道。

敏真媳妇：金寿给他那小子，一个人分了5万块钱，人家去谁家都是鸡蛋，牛奶。

程:嗯。

敏真媳妇:蛋糕,让他往饱的吃。去谁家也得这个条件,达不到这个条件5万块钱还给我拿过来,能拿过来吗。

程:对。

敏真媳妇:老人给了孩子们每个人5万块钱,别人,有吗?人挣到了。

程:对。

敏真媳妇:现在我告诉你们,你们调查也没法,救不了这社会,政策下来都是和那谁一样,是不是,先斩后奏。你不好了,喀嚓,犯了错误了。谁说话了,打死人了偿命,现在打死人了,偿命吗?不偿命了,没了那政策了。闹死一个,喀嚓崩了他了。贪污几百万,喀嚓崩了他了。中国又不缺人,他死了,咱们再闹一个。怎么下不去那狠心了?中国儿女,台湾那也是中国儿女,国家不愿意打,台湾一直扰乱,把它打回来,不行吗?谁家也是一个人,能救活不救死。咱们没法啊,应该都去救这社会,但谁也不救。

陈:你说他这个儿媳妇,人们都说,她也知道,是吧?

敏真媳妇:知道。

陈:她不在乎吗?

敏真媳妇:不在乎,人家说自己好得很,要不是俺孝顺,俺家那早死了。

程:还觉得她孝顺得很。

陈:哦。

敏真媳妇:她违心地说话。

程:对,对。

敏真媳妇:特别是那舌头,瞎说。咱都是同样的人,你做了坏事了,你不说,俺还说,你做了坏事了,谁去得罪这个人啊,不利于自己的事,不管它。她要是说惹到俺们了,俺们该怎么着怎么着。是不是,她不挨着俺们,是不是。她没和俺们吃一锅饭,她不孝顺是不孝顺她家的老人,人家老人受屈,又不是俺们的老人受屈。

程:对,对。

敏真媳妇:她要是欠俺一个,俺们的老人,俺们得打她一顿。她要是欠俺们的东西,不给俺们,俺们得弄她,他们又不敢。谁也管不了,现在我告诉你,瞎过吧。在俺们村,她家那就属于典型,都该去焦点访谈,访谈她。村里不出头。你看模范家庭,小猛他们那,人家是模范家庭,人家过年,春节,模范家庭另给人家400块钱,家庭这奖励,模范老人,这家庭和谐,像俺们这家庭,在他们那,得领给俺们几千块钱。

陈:应该有一个奖励的。

敏真媳妇:哦,有奖励,俺家姑娘的婆家。

陈:西村庄。

敏真媳妇:不是西村庄,是石家庄的一个郊区,人家模范家庭,和谐家庭,人家领给她600块钱。

陈:嗯。

敏真媳妇:这儿的村里,这儿的社会,他看着你不管老人,他当干部的也不管,那老人去找他,那不是一回了,他不肯得罪底下。都怕得罪人,怕人去袭击他。他那乌纱帽戴不住了怎么办。

程:哦,怕人家报复你。

敏真媳妇:嗯。

陈:像咱一般人,其实,就算没有奖励,咱也怕别人说咱做的不好。

敏真媳妇:俺们也不好,俺们就是俺家都能过去,俺们保险这媳妇们谁也没出去说俺家这么好,那么好,俺们就是人缘好,俺家的儿媳妇们说,咱们这个家庭好,咱们别说那个什么。咱们都好好的,谁也不能去那个,咱看不惯别人家那个瞎吵瞎闹的,是不是?俺们可不去说,俺们可孝顺了,你们也得这么孝顺,孝顺什么,那有什么好?自己不要说有多么好。

陈:也没有去找儿媳妇当面说吧?村里其他人有没有?

敏真媳妇:对着谁说?

陈：对儿媳妇说你不能这样对你婆婆。

敏真媳妇：谁敢,人家不说人家不好。

众人：老大说,我对她可好了,那是老三老四对她不好。那来俺家这就好了,去老大家就不好了,都不肯说自己不好。

程：她几个儿子？

众人：四个。

众人：三四个。

敏真媳妇：四个儿子,死了一个还有三个。

程：轮着吗？

敏真媳妇：轮着来了。

程：轮着来。

敏真媳妇：一家一年,老四和俺们就邻家。

程：哦。

众人：老三和俺们是邻家。

敏真媳妇：老大和他们是对门。

程：你们邻家是不是那个……

敏真媳妇：打死人了,打死他小子了。

程：在你们家的时候他在你们家串门。

敏真媳妇：没有,没有。他,我可不让他,我嫌他人坏。我可不和那个人来往,俺家的人都不和那个人来往,你看俺们过事。

程：你说你那东邻家？

敏真媳妇：嗯。

程：我说你那西邻家。

敏真媳妇：哦,那人强。

程：那人好,以前路上见过他。

敏真媳妇：哦。

陈：三成是那一家吗？他那儿子把孙子弄死了？

敏真媳妇：哦。他们就是那个家庭,杀了人了,人家来调查来了,他三叔说他那人不好,俺们都在院子里,俺们都走了,人家都给他们摄上相。

程:那个叔啊,大伯都在那。

陈:说孩子不是。

敏真媳妇:哦。不给做营生,懒,俺就没往跟前走,俺就在那大道上。

陈:您应该了解情况。

敏真媳妇:那不是一个方面的事,我是从男子那方面看,本人死了,后娘,走了多少年不见面,他这一旁,没人给他作证,谁给他作证啊。只有一方的证人。

程:另一方没有。

敏真媳妇:哦,哦,哦。

陈:那村里人知道后娘对他不好。

敏真媳妇:他们这个家庭是乱,那大娘们也是混帐,家里的事不是你说说、压压就能过去的,儿子能过去,孩子能过去,后妈能过去,都受点屈,谁也不能说。他们那个家庭,乱了。越闹越大,爆发了,那小子和精神病一样,爆发了。一个手里拿着斧子,一个手里拿着大刀,在我们门前。这街里,吓的人赶紧去里头。

程:都不敢出来。

敏真媳妇:都不敢出来,他那是逼的。凶了,一个手里拿着个斧子,一个手里拿着个切菜刀。叮,叮,叮,谁也不敢拦,俺们不敢拦,把那门,嘎,嘎地砸,气的慌,结婚后后娘对他也不好。

程:对,对,对。

敏真媳妇:光让他干活,不让他吃饱。

程:是,是,是。

敏真媳妇:气的这孩子。

陈:他爸爸对他怎么样?

敏真媳妇:哎,他爸爸拿不了事,他家谁能拿了事,他亲妈这么受罪了,那儿子还拿不了这事呢,你端一碗饭去喂喂那妈妈行不行,你当儿子的,你端一碗饭去喂喂那妈妈行不行。你妈妈在炕上翻不转身,人家和喂狗的一样,真是喂狗了,走过去一倒,喀。

程:这就是对他奶奶,亲妈就是这样?

敏真媳妇:对他亲婆婆。。

程:对他亲婆婆就是这样。

敏真媳妇:那小子都不敢管。

陈:那个婆婆是三成的老伴?

敏真媳妇:哦。

陈:他们是一家子。

敏真媳妇:嗯,三成有三个儿子。

程:三个儿子,就这么对待他?又杀人,又闹这个的,都是他们一家子?

敏真媳妇:哦。一辈子党员。

程:老党员。

敏真媳妇:自己就觉得,他也得了那瘫,走不了了。哎,说不定那时候我就死了,那时候我还推碾呢,我说你别找事了。人家说,哎。第三天,喝毒药了,喝农药死了。

程:喝农药了。

敏真媳妇:喝农药死了。

陈:他老伴先死在前边是吗?

敏真媳妇:他老伴死在后面,前年才死了。

程:哦,三成先喝农药。

敏真媳妇:哦,他觉得受不了。老伴这么哆嗦,他也这么哆嗦。他死吧,死了,丢下这老婆,受罪了。

程:受罪了。

敏真媳妇:受了二年。

众人:在老三家住着,我和老四去给他送饭,我去看看,老人原先和我们是亲戚。老天,去了,这茅罐,可臭了,她不拉了,你倒是拿个纸板去给它盖住点啊。就这么掀着,别人往屋里一走,不吃饭都觉得臭得想吐,电褥子,插着电褥子了,但不让用电,屁股底下都是冰冰,尿结的冰。

陈:三成老伴？

敏真媳妇:哦,地下的尿盆,冻着。生着个炉子,有个炉子,那炉子里面没火,有一个煤,放着煤,灭着火。插着电褥子是那闺女,一边啼哭,一边去那供应点买上。

程:闺女买的电褥子。

敏真媳妇:闺女买的电褥子,那天,啼哭的,正在那啼哭,我说你别啼哭了。你走吧,去给你娘铺上,算了。哎呀,去给她铺上了,闺女这会铺着呢,这会儿有人,这会儿电褥子开着呢,等人们一走,管他呢,停电,那灯也不能随便开。

程:灯都不让开。

敏真媳妇:哦,嫌掏电费呢。

程:哦,掏电费。

众人:一天烧几块煤,我去了一回,那煤真少。应该自己看看,该添了你就添上了,有人给老人屋里搬的煤多了,儿媳妇就又给搬出去了。

程:搬出去了。

敏真媳妇:给他限制的,一天几块煤。

程:限制几块煤？

敏真媳妇:哦,人家给老人拿过去几块。他们不让它着,灭着把煤搬到外面了,这几块煤烧完了就算了,老三那就是,在村里的名誉可坏了。

陈:后娘,他这是第几个？

敏真媳妇:第三个,卢琴还能说过去,人家给他婆婆,不管怎么说,还让老人烧煤,有的就不让老人烧煤,总的说,都坏。

程:那一家人都坏。

敏真媳妇:都坏。

程:哦,哦。

敏真媳妇:哎呀,这些事情,你们能管得了吗?管不了,你看看你问问人家,你去社会调查,去调查调查人家,俺和老人这么好,可好了,数俺们孝顺。俺也不让他受屈什么的,都说的好的。

程:说的好。

敏真媳妇:好得很了。街里就那么说,人家在街里就那么说。俺们说给他奶奶他们这个那个,那天他还给俺们说呢,人们都扭着头,他看人们都扭着头,也是觉得不高兴。你说的不对了,人家扭着头,谁去给你出这气啊。那个人啊,就该斩首,他们太厉害,他们那心啊,太坏。把那老人啊,都快弄死了。

众人:俺们在那边住的时候,他公公都是说,俺给你1块钱,你去城里给我捎点吃的。

敏真媳妇:哦,下大雨,老头拄拐棍去供应点上买点吃的,那孩子们骑上车嗖的给你买回来了,拄拐棍,雨淋着,去买点吃的。这还得偷着,人家知道了,说不定还不干呢。我告诉你,俺们和老三家生气了,就是因为我们去了,我叫他婆婆叫姐姐呢,她是俺大姑家的闺女。她使唤别人吧,不好使唤。就使唤我,叫我妹子,小妹子。我这姐姐说你给我去城里,让我去城里给她买两个菜包子,买俩豆包子,老婆婆们喜欢吃包子,人家也不给我买。你那孙子孙女一天去城里溜,给人钱人家不给她买。咱去给她买来。咱去城里咱给她捎来,因为这个人家和我……

程:哦,哦。

敏真媳妇:对我意见大的很。

陈:说你管闲事,是吗?

敏真媳妇:管闲事,6月了,6月正热的,电扇人家不让用,说坏了,不让她开,她就在北面那个棚棚里,邻间住着,就让你大哥给她修修。你大哥说不去给她修吧,你说她那么老了,话都说出来了;去给她修吧,还可能闹矛盾。

众人:她儿子儿媳妇就说,老了去找他吧,不要找俺们了。

敏真媳妇:修修那电扇,那电扇能转了,她也就说,我让敏真把我这电扇修了修,能转了。她儿子儿媳妇却说,去让他管你吧,去让他管你吧,他是你家的小子。看这坏不坏?

程:好心也还挨骂。

敏真媳妇:那开关,有一个月着不了。她可不敢去找你大哥了。去找哑巴,找那哑巴,你知道那个哑巴,知道不?俺们村的一个哑巴不会说话。

程:哦。

敏真媳妇:是他们的当家子。让那哑巴去把那开关修上,能拉着了。她儿子儿媳妇去不依那哑巴,那哑巴不和他抬杠,不嚷。那人坏的,差得太多了。才不落好呢,她骂你,说稀罕你管,你家的老人管的可好了?

陈:是不是村里的人都不愿意跟他们家里的人来往?

敏真媳妇:不愿意得很,他们家里都不愿意,他们一大家子都不愿意,都不愿意搭理他们。

程:哦。

敏真媳妇:她公公喝农药死了,闺女女婿说,看你们好的,看你们戴着花呢,看你们光荣的。人家老三说,俺就是戴着花哩,俺就是戴着花哩。人家不要脸了,人家就觉得可好了。老人喝农药死了,别人都笑话你呢,人家觉得好。

程:他也不怕。

敏真媳妇:嗯,不怕,人家就是不要脸。俺们说搞社会调查,电视上说,这么闹腾的,俺们不相信这个社会,可不,你像人家那个焦点访谈上,说的那个实际事,俺们村里就有那个事,怎么人家的那个事,能平反了,能办了。赔偿损失就能赔偿了。村里的这个事上,就办不了,没人搭理你。

陈:嗯。锁厂看门的老李啊,他媳妇喝农药死了,是吧?他找了一个女的。

敏真媳妇:他那个不明不暗的,可能是因为老三问题。

程:哦,喝药。

陈:要不没有理由这么喝农药了。

敏真媳妇:外边的人们都找不出原因来,他那心眼里清楚,他老伴死了,他能不知道?俺们也不和他说好,也不和他说坏。越坏的家庭,越怕说。怕别人议论。

陈:是。

敏真媳妇:咱这个不怕。

陈:做的好不怕别人说。

敏真媳妇:这就是个例子,告诉人们该怎么做,那事已经过去了。

程:是。

陈:他现在跟这个女的在一起,也没有办结婚证,就在一块住了?

敏真媳妇:那就叫凑合。

程:哦,也不是什么正式的。

陈:大家是不是也看不惯,这样?

敏真媳妇:看不惯,哎,稀里糊涂的。孩子们都不在家,这个女方,闺女们都走了,儿子在县城里住着,也不回来,媳妇和他也不好相处。这男的,这男方,就是这个看门的,你不给他说个老伴,他也不干活,光和你生气,光和闺女们生气,所以也不管他。孩子们不和他生气,他和孩子们生气,这男的脾气坏得很,孩子们都不敢惹他。

程:两个人凑合。

敏真媳妇:凑合,你照顾他,他照顾你。本来也是一辈儿的。

陈:一辈儿的。

敏真媳妇:哦,一个队上,他们原先是邻家。那就是可凑巧了,这个死丈夫了,那个也死了妻子。简单,也不管别人说话不说话。

程:也不管别人说。

敏真媳妇:哦。孩子们都大了,想起这样的,你说怎么办,是不是。

陈:咱们村喝农药的挺多的。

敏真媳妇:哎呀,全是家庭,全是,悲剧太大了。

程:嗯,这个喝农药,那个喝农药。

敏真媳妇:金寿家的孙子媳妇,那不喝了农药了嘛。

程:对,对,就您那个外甥女。

敏真媳妇:外甥女。

陈:就是可漂亮,可惜了。

敏真媳妇:那时候你们还没来。

陈:我不知道。

程:又漂亮。

敏真媳妇:干活,可会过了。她婆婆和她公公硬把她逼死了。

程:对,对,跟我说过。

敏真媳妇:这家和这个看门的是对门。

陈:我说素丽死了,她以前那个丈夫,娶没娶着呢?

敏真媳妇:娶什么啊?哪能娶到。

众人:娶了一个又离了。

敏真媳妇:人家不来过,娶了一个本来就不是真心和他过的。来混了几年,生了个孩子,人家离了。

程:生孩子了。

敏真媳妇:结了婚一直也没在这住过,过年住三五天就走了,那个姑娘是和她姐夫在一起的。只不过是个影子,她和她姐夫在一起,就是说,她姐姐大概是死了。

访谈记录(三)

(访谈员:程、陈。访谈对象:孙立清;老孙相当于我们的汇报员,找到他的时候,他正在村里一个私营厂子的车间里忙)

孙:你看这工人工资也高,一千多元了。

陈：是啊。

程：1500元,1400元?

孙：哦。

陈：嗯,都挺多了。

孙：也没有什么效率。

程：对,对。

孙：你们怎么也2000多块钱吧?

程：嗯。

陈：当然北京花费也大。

孙：对,花费大。

程：那不错了,1000多块钱。

陈：每次来都是要先见见你,你太忙了,这第一天没见着。

孙：原先我在上边,现在到了车间了,车间缺人,我分到车间了。每天生产的事离不开,在那坐着也许没事情,你一走了就有人找你。

陈：大叔,你给我说说村里又有什么新鲜事、大事发生,给我说说呗,听您讲讲故事。

孙：今年没有什么别的,就是生病吧,合作医疗大部分的人都参加了,别的也没有什么。

陈：就是谁家也没有出什么大事,是吗?

孙：哦,没出什么大事,今年结婚的好几个,书记家的二儿子也结婚了。

陈：对。

孙：别的也没什么。这两天还有一个俺们大队邻居打发姑娘,姑娘出嫁,26号。24号是敏海家那个。

陈：敏海,对。

程：就是敏真的弟弟?

陈：兄弟。

孙：兄弟。

程:也是你们本家,是吧?

孙:哦,本家。

陈:大叔,刚才我问有没有什么大事发生,一般来说咱们村里……

孙:你们也知道,海洋喝酒喝死了。

陈:对,这也叫大事。

孙:嗯,今年就喝死了一个。

程:又喝死一个?

孙:嗯,原先那个时间长了,这回又喝死了一个。

程:又死了个新的?

孙:哦,也是俺们家里的。

程:也是你们家?是孙家的?

孙:哦,孙家的。

程:还不知道。

陈:是海洋吗?

孙:是海洋。

陈:是海洋,就孙海洋。

程:哦,孙海洋。人们老叫他海洋,我不知道他姓孙。

陈:这也算一件大事,是吧?

孙:那是。农村这移民兑现款,都给兑现了,都给兑现了。

程:对,对。

孙:又给发了一个季度的,第三季度的,今年这第三季度的。

程:哦。我们在村里看那个低保户,也比原来增加了吧?

孙:哦。

程:是不是?

孙:是。这低保户都是什么情况,一个是家里有病人,一看病就花钱花的多了。

陈:对。

孙:尽管申请合作医疗,补贴一部分。报出这医药费才能给你,不是说医疗费、诊断费、住院费都给你。

程：村里最困难的还是那什么米一横？

孙：哦，是他。

程：和那个巧鹏？

孙：巧鹏家。一横那身体作为男人，一横他那身体不行。

程：嗯。

孙：身体不行，这就……农村吧，靠男人干活挣钱，和你们在城市里不一样，不能上班，是不是？

陈：对。

孙：这有个区别。

陈：巧鹏身体还行，他还能挣个钱。

孙：哦，他还能挣个钱。

陈：巧鹏他现在在哪工作？

孙：听他说在城里。

陈：哦，他一个月能挣多少钱？

孙：他挣个六七百块钱。

陈：六七百块钱，哦。

孙：他工资不高。

陈：不高，哦。他为什么不在村里干呢？你看你们这个都有一千多的。

孙：一个是他的体格，体力不行。

陈：他体力也不行？

孙：这属于土木工人。

程：重劳动。

孙：对，重劳动，身体不行的你还是不沾。像这样的老头们，每天弄个吸铁石，拣铁。给人家拾点，一天拾点，别的干不了。人家是技术类，除了技术，小伙子，壮的那挣的就多。

陈：就高，哦。大叔刚刚我就问你说，有什么大事。一般村里的人都认为什么事算是大事?

孙:天灾人祸,一个是村里办什么大事,一个是家里新房盖屋,一个是婚丧嫁娶,这都是说,在农村里,这就是大事。一个就是有这个富裕了,买一辆车,这也就是属于大事。

陈:都什么事大家谈论的最多?议论的最多,什么事?

孙:现在都也不集中,除了过节住一天,剩下的就都去上班了,谁和谁也见不了面。

程:嗯,忙。

孙:对,都忙。现在就是你有时间,我可能没时间。有时候我有时间,找你歇会吧,你可能没时间。有时候也就都不来了。

陈:串门聊天的没有以前多。

孙:哦,没有以前多了。人家还上班,你不能绊着人家,到了时间,得上班。我走不了,走,我不能在这绊着你,和你一直闲聊。

陈:对。

孙:你们这是教育上有这经费,你们能下来。俺们有时候还到不了你们那呢,是不是?

陈:嗯。

孙:有时候去了吧,进这校门,还可能进不去。

陈:这天灾人祸的事大家还觉得算是大事,说道说道。

孙:哦,说道说道。

程:听说也是有个孙家的,恩超?听说是在村里

孙:那俺不知道。就是年轻的,早前死的那个海军。

陈:海军,是。

孙:在林琴家西边那住着。

陈:是,我上次来还去跟他聊了。

程:刚才路上看到恩超了,他倒挺好的,满面红光。

孙:他原先也在这上班,后边这个材料老是涨价,铁老是涨价,材料运不下来。

陈：大叔，你知道海洋他是喝酒喝死了，大家伙都怎么说这种事啊？

孙：也是年轻的，不懂事。喝死了一个了，又喝死一个。

陈：是，不长经验教训。

程：对，让年轻人引以为戒。

孙：对。年轻的他喝酒痛快，痛快是痛快。别人看他差不多了，就别喝了。

陈：是。

孙：大伙关系不错，应当互相照顾。不应当他喝一杯，给他斟酒，一斟酒他就……

陈：对。

孙：这就是没有不散的宴席，是不是？

陈：对。这种事，出了这种事影响也挺不好的。

孙：影响不好。他就是工作之前，儿子结婚，婚礼，也觉得不对。不对，自己没了。可是丢下孩子们，困难还多。也不是说从今天你不挣钱，特别农村体力活又多。在你们城市吧，没有什么体力活，是不是？

陈：没有什么？

孙：重的活，体力活。

陈：体力活？

孙：对。家里有营生有时候还用个保姆。

陈：没有了，我们都没有，都自己干。

孙：这女人吧，洗个衣服了，做个饭了，这是。关键农村这过秋、过夏没个男人，可不行。你像地里机播，收割机去打麦子了，那现在就容易了。家里有钱的，还好说。没钱的，你得拉上拉车，手拉车，你得往回拉。这不今年过秋那时候，湖文和她公公。今年秋天十一前后下雨，路上又难走，净是泥。他俩拉那拉车，看着可难受了。

陈：是。

孙：男人不在家,对不对?

陈：对啊,海军他媳妇也是吗?

孙：也是。

陈：本来都没儿子,这样难的日子。咱们村好像现在离婚的事挺多的,是吧?

孙：离婚的?

陈：嗯。挺多的吧?

孙：离婚的不多。

程：离婚的上你这来?

孙：不是,我不管。离婚的自己去办手续协商离婚,结婚的也是拿本,也不过户,不用村里。

陈：不用村里?

孙：哦。

程：哦,现场去办去?

孙：去县民政局里。

程：县民政局?

孙：哦,县民政局里,各乡镇都不管,县民政局里。

陈：现在对离婚,人们这看法也没什么,是吧?

孙：嗯。

陈：不像当初富有和欢凤那会。

孙：别人那是合不上来了,他那个……

陈：他那个其实你像富有他自己跟那个什么?

孙：秀英。

陈：他们俩也合不来,我觉得可能没有欢凤的话,他们俩也合不来,得离。

孙：和欢凤可好了。

陈：现在俩人?

孙：儿子死了,现在还有个女儿,今年四岁。

陈：他俩过得挺好的？

孙：哦，人家过得挺好。

陈：现在村里也没有人说？

孙：结了婚了，合法夫妻了。

陈：对，也没什么可说的了。

孙：开始有这老思想，老头看不惯，觉得这是一家子（注：五服之内的亲戚），不能结婚，有这心眼。现在按人家的说法，这够5代了。

陈：可以了，是吧？

孙：可以了。

陈：你说结婚，我就说对门的那个老李啊，他那个不是找了个女的嘛，他们好像没结婚是吧？呆呆什么的？

孙：哦，呆呆，他那没有。

陈：他那没有。

孙：嗯。

陈：这个人们怎么看的？

孙：也是说三道四的。

陈：说三道四？

孙：哦。农村的像这个类型的可少了。

陈：什么可少了？

孙：这个类型的，呆呆他们这个类型的比较少，农村这样的少。

陈：很少的？

孙：哦。

陈：是不是很多人看不惯？

孙：老年人看不惯。

陈：老年人看不惯？

孙：哦。

陈：特别你还没结婚和她住一块，是吧？

孙：哦。

陈：也没办手续。

孙：哦。

陈：像你们都觉得还可以吗？

孙：俺们也是说，两人对就登记结婚，对不对？

陈：对。

孙：孩子们以后来往也不来往，孩子们轻易不回来了。

陈：轻易不回来。这算什么，对吧？算后爸后妈也不算，俩还在一块儿。

孙：他过就过吧。你看先方（注：与老李现在住一起的那个女人）家的二儿子，轻易不回来，有了媳妇就更不回来了。

陈：哦。

孙：起码再婚，叫叔叔的，有个称谓，是不是？这你怎么论？

陈：对，对。村里有这种舆论，但是他自己，他在不在乎？

孙：那人家在乎那干嘛。

陈：不在乎，嗯。在村里这个舆论啊，对人们的行为有没有影响啊？大部分人是在乎呢还是不在乎呢？

孙：那当然是愿意说他们好，人们都愿意说他们好。

陈：都有好名声。

孙：有好名声，都愿意表扬着点，那是。肯定别人也管不了自己家，是不是？

陈：嗯。

孙：像因声家有那第三者，人家不离婚，别人说也是那样，编编过去也一样。人家在家不生气，那就算了，从道德上那不好，那以后也就那样了。

陈：对。你现在在厂里这么忙，但什么事也都知道，是吧？

孙：每天还回家呢。

陈：对。

孙：每天还回家，一天三顿饭都在家里吃。

陈：那您天天事都是从哪听说的？是谁告诉你还是……？

孙：村里一出就有人议论这事了。

陈：议论，是吧？

孙：嗯。

陈：一般都到街上议论，还是说我到你家咱俩说那样？

孙：有的在街里，有的就是到家里闲歇着。你像邻居，你听说了没，谁谁谁……是不是？

陈：对，对，对。

孙：就和社区的那一样。他有什么事，你知道不？我可跟你说，你别说了。

陈：我什么看法。

孙：哦。

陈：可能两个人看法还不一样，是吧？

孙：哦，还不一样。别人家的事，也不管别人什么事。说说，议论议论，也无所谓。

陈：那个大叔，咱们村有没有这样的人？就是说他知道的基本上很快其他人也就知道了。就是说他总是第一个知道很多事，也告诉，传，这样的。有没有这样的？因为有的人就善于去讲啊，去说什么的。

孙：那就老郭他们知道，他也没事，他好打听事。

程：我们第一天就找的他。

孙：他也没事，也上年岁了，本人也能说会道。嘴就给你编开了。

陈：是吗？

孙：嗯。

陈：他还告诉大家？

孙：哦，就是骑着车子在村子里转。

陈：在村子里转。

孙：看见了，就我吧，谁家什么什么事。俺们那海军（注：人名）在院里死了，那律师，进村给我打的电话。

程：哦，你说律师。

孙：你说你可以后少喝酒，保养好你那身体。原先一个队的，一个小队在生产队。俺们队上海军不行了。

陈：他打电话给你，你才知道的，是吧？

孙：哦。

程：哦。

陈：他是怎么知道的？

孙：他们是邻居。

陈：对，他们是邻居。你们离的那么近还打电话，他都没有上你们家跟你说？

孙：没，还准备后事的，他才给我打电话，那我还没下班。

陈：哦，打到厂里来了？

孙：哦。

陈：这事挺突然的。

孙：哦，挺突然的，年岁比较小。

陈：对。

孙：老年人去世了，也就……是不是？

陈：嗯，是。像你老丈母娘都活了九十六七岁了，这都属于喜丧了，是吧？

孙：哦。你活60多岁，死了，这喜丧。你像40多岁的，50岁刚多一点儿的，那说吧……

陈：现在怎么也得活个70多岁。

孙：海军吧，把事也办了，俩姑娘也都打发了，这算个好事办了，老人也发送了。

陈：嗯。

孙：像俺们这就60多岁了，这也就差不多了，是不是？

陈：嗯，现在60多也太年轻了，怎么也得活个70多岁。

孙：那谁知道，能活到那个年纪吗？

陈：您没问题，我看你精神也可好了，可能干了。

孙：眼看就64虚岁了，属鸡的。

陈：大婶身体她也可好了，你们两个腰板都可直了。

孙：哦，俺们俩都可直了。

陈：嗯。在村里这事，谁家有点事，其实想藏也藏不住。

孙：藏不住，藏不住。

陈：马上别人都知道了，都在说。

孙：这就社区的那个事，你们城市里社区的那个事，平安小区或者是，和那一样。

陈：嗯。

孙：都是邻居，这个楼有事，你瞒不住。对不对？特别有时候这个单元，有什么事，都瞒不住。

陈：嗯。

孙：有的这个，有什么事，都瞒不住。

陈：其实好事都希望别人知道，不好的事其实是想瞒，但是……

孙：反反复复传这不好的事，还不是传这好事。

陈：对。

孙：你看农村的也是一样，几个人在一起说说，说长论短的。他是笑话别人的，问别人家那什么什么事不好。

陈：对。

孙：别人家的事，笑话人家。自己家的事，别人也笑话自己，自己也听不到，人家不对自己说。

陈：嗯。

孙：俺们这和老婆，看着俩孩子。这儿子和那媳妇他俩跑车，每天也不回来，把俺们也拴住了，我也上班。

陈：嗯。咱们村这几个厂子哪几个好？效益好点？

孙：他们效益都不好，富有的厂子还没效益，效益都不好。现在这物价，材料也涨价了，产品也涨价了，现在都现款买料。

陈：村里现在好不好管理啊？

孙：村里现在没有事。

陈：没什么事？

孙：没。你看现在这都是自己过自己的，没人去找你，没事。

陈：像村干部好不好当啊？

孙：好当，就是没事。

陈：没事。

孙：你看不收三提五统，这事不和老百姓要钱。这就是你过你的，过你的小家庭。大队上有些事，也不用通过大队上。有时候就是上传下达，办办身份证了。或者是说低保户来钱了，喇叭上喊喊。别的没事，干部可好当了。

陈：嗯，可好当。那现在人们对村干部都满不满意啊？

孙：也没事，是不是？

陈：嗯。

孙：村里也没有多余的钱，它也没有给人们办什么别的事。那满意不满意，不收钱，对于这村个人这家庭来说，无所谓，是不是？

陈：嗯。

孙：因为和过去不一样了，过去有那对立的、敌对的。现在这一帮，现在这各村都可好，好点，道上事也不多。

陈：村里看没什么事，是吧？过年也不组织点活动什么的？自己都各家过各家日子？

孙：一年一度的邰家庄的晚上，看看春节联欢晚会，村里有大鼓，敲敲大鼓。

陈：哦。

孙：自己在自己家团圆团圆，就行了。

陈：嗯。上次那个富来的老儿子结婚请了多少桌啊？

孙：不知道有60桌没有。

陈：60多桌？

孙：嗯。

陈：哦，你去帮忙？

程：帮忙的……

孙：帮忙的，俺们招待所里。

程：这回你们去和那个敏真是一个地方吗？

孙：可得去帮忙，估计今天晚上就请客，现在他还没通知呢。

陈：没有通知？

孙：今天晚上不请，明天晚上请。

程：哦，哦。

孙：请客你得去给人家干活。

程：哦，请点干活的人。

陈：请客不仅随份子，还得去帮忙，是吧？干活。

孙：哦，得去干活。

陈：哦。

孙：帮忙杀猪。

程：对，对。

孙：他那就是近的亲戚当家子过去，亲兄弟们也过去。然后稍微远点的，远点的请客，去人家干活，搭把手，该请假的请假。

程：哦，还得请假？

孙：得请假。

陈：听他说，得100多桌是吧？

程：嗯。

陈：100多桌，请那么多。那富来家那儿子请的不多啊，是吧？

孙：不多？60桌还算少吗？六七百人了。

陈：但是这家还100多桌呢。

孙：啊？

陈：这家100多桌。

孙：100多桌，他那是请客的多，富来请客分配的人，有管新的人，有管亲戚家的,有管外边这朋友和机关单位。

陈:分工很明确。

孙:对,分工明确。在那个院里,像亲戚们吧,在那个院里。饭店里的这个是那个,那一楼,那一间,这都分开了。是这个类型的,就给你安排了。

陈:并不是说你干部、官越大,请的客人越多,是吧?

孙:不是,不是。

陈:请的多不多跟什么有关系啊?

孙:那跟你家里过事大小。

陈:哦。

孙:金海家的那个二媳妇,俺们一天的。请了请客,然后第二天把事过了,第三天就算清了,有的第二天再请请客。西边愿意送过来,第二天再请请。不愿意,弄点茶水,1000多块钱就清了。今天过事了,今天完了,然后大伙吃顿饭,照个相,发发喜糖,发发瓜子,这就清了。

陈:我想现在办婚礼应该还是能挣钱,是吧?

孙:农村里赚不了钱。

陈:赚不了?

孙:赚不了。

陈:哦。

孙:那赚钱的是机关单位,村里是赚不了钱。你看教授们,也赚不了多少钱,你要是当上头,当上校长,这肯定是。对不对?

陈:对。

孙:当上副校长也得。

陈:因为咱们这块随礼几十块钱,现在肉也贵什么的。

孙:一般的在农村俺们这就是最少的20块钱。

陈:20块钱。

孙:多了不限,有50块钱,有100块钱的,也有二三百块钱的,那就不限了,最少的 20 块钱。

陈:嗯。

孙:这个在本地村的算多的,其他村的就是 10 块钱,5 块钱。

陈:是吗?现在还 10 块钱,5 块钱?

孙:哦。

陈:现在 10 块钱,5 块钱,你看现在肉这么贵,人家还吃饭……

孙:那还贴钱,你就 20 块钱,他也赚不了钱。

陈:对。

孙:你看俺给 20 块钱,我过去帮忙。有的这单位的朋友们,有的就不来干活了,给你送点礼,吃顿饭,人家给你 50 块钱。你就是给他上 12 个菜,他也吃不回来,对不对?

陈:对。

孙:一桌就 200 块钱,这是按标准就差不多了,他也吃不回来。

陈:嗯。

孙:你喝酒的,再给他上一个鸡,他也吃不回来。总的个别是沾,农村里普遍的挣不了钱。

陈:嗯。

孙:因为要彩礼要的多了,现在是一万八千块钱了。

陈:现在?

孙:嗯。

陈:嗯,总是每年都在涨。

孙:对,一万八千块钱再加上三金,一响。

陈:三金?什么意思?

孙:金戒指,金耳环。

陈:金项链?

孙:哦,金项链三金,加上一响,得有手机,得给人配备手机。

陈:配什么?

孙:手机。

陈：手机,哦。

孙：三金一响,过去是三金加冒烟,现在是三金加了个一响。

陈：以前三金加冒烟？摩托车？

孙：对,原先加摩托车,都得满足。

陈：哦。现在买手机的都得买贵的吧？是吧？不能买太便宜的。

孙：哦,那是,不能给人家买200块钱的。买个最起码得1000块钱上下的。这开销可大了。

陈：嗯,像帮忙的人,一般都是人家先请你去帮忙,是吧？

孙：哦,对了。

陈：不请的有没有主动去帮忙的？

孙：不请的？

陈：对。不过整个村里大部分人都会请,是吧？

孙：也是除了本家,然后另外再请一部分。

陈：再请一部分,看你处的好不好,是吧？

孙：对,不是说村里所有的都请。

陈：哦。

孙：比方说你过事,你得把家里的叔叔,大伯啊,哥哥啊,这都得叫过来,是不是？亲叔伯,堂叔伯的,都得叫过来。

陈：嗯。

孙：然后剩下的和谁关系不错,朋友们、邻居、街坊邻居处的也不错。晚上弄点菜,喝口酒。宣布宣布,干活分工的分工,去了一看,谁在那个口,谁的领导,人家就分配给你了。你去吧,你去和他们熬菜,熬大锅菜,你去和他们负责这碗,人家都给你分配了。人家来娶了,娶也得分配上人,弄上糖,分成小袋,一袋10块,一个桌子上给他们发一袋。农村就这么过。

陈：哦。

孙：让这小年轻的们,给人家端过去,去饭店里端一份菜,然后端到这儿。

陈:哦。是不是村干部家来的,什么县里啊,什么乡里的干部就多一点,是吧？外边人多？

孙:这村村长过事,县里的来过事。

陈:这农村办一个喜事不容易,这挺操心的,大大小小。

孙:过事的时候,俺们那其其(人名),人家当总指挥。

陈:他啊？

孙:哦。

陈:他愿意当总指挥？

孙:每回都是他当。

陈:每回都是他？

孙:嗯。

陈:包括这次也是他吗？

孙:嗯。

程:他和那个,富来,那个就是他？

孙:哦,是。

陈:他也是总指挥吗？

孙:嗯。俺和二保给人家打下手的。

陈:哦。

孙:木安当书记的,他这说话不行。

陈:哦。

孙:他这说话不行,过事你就得该吆喝了,得吆喝。

程:过事您去不去啊？

孙:去啊,还没分配的,我还不知道干什么呢。

陈:这件事由其其分配是吧？他是总指挥？

孙:不是,他们家里。

陈:他们家里？

孙:家里在这,安排。

陈:安排？

孙：对。

陈：基本上，其实我觉得每年可能都是这些人，是吧？

孙：哦。

陈：因为像他适合接待外边的了，外宾什么的，总是干这一摊。

孙：也不是总是干这一摊，也是对家庭来说。像水泥厂里，水泥厂的不一定这样。富来这工商、税务，俺们成天和他们打交道，不认识的，认识的，再加上他厂子里的人，这一般的你照顾不好，成什么了。

陈：嗯。像富来书记，我们也是……

孙：他也办了厂子，又弄了矿山，也顾不上。

陈：对，整天不在家。像那个木安他在吗？

孙：木安不知道去山东回来没，木安结婚到那边了。

陈：他没回来？

孙：嗯。

陈：那他去哪里了？

孙：去山东了。

陈：去山东了？

孙：山东日照了。

陈：这厂子反正也有人管，是吧？

孙：哦，有人管。

陈：大叔，您觉得这十几年、二十来年，你说咱们村这人思想观念变化大不大？

孙：这个村里人思想还是比较开放。

陈：比较开放，哦。

孙：比较开放，比周围村里还是开放点，能赶上形势。

陈：嗯。

孙：这生活水平，在小卖部买进的那菜，到中午吃了饭了就没了，就卖完了。那消费还是能赶得上。

陈：像村里就是说，比如谁家的孩子不孝顺父母，不孝顺老人，这个事一般会给人说道说道是吧？

孙：说道说道，一个是现在比较富裕了，这不存在这个……

陈：钱多点还是好一点？

孙：对，你这个给老人拿钱，人家给你了，不容易发生不孝顺的事情。不像在生产队上那个时候，拿什么给你？

陈：那会儿多吗？那会儿都穷是吧？

孙：对，都穷。就是一个月拿5块钱，那时候你也拿不出来。

陈：拿不出来，就闹矛盾？

孙：拿不出来，闹矛盾。

陈：嗯。

孙：小子愿意给，儿媳妇不愿意给，发生矛盾了，婆媳关系就……现在这各家里都是孩子结婚以后，说大集体，小分家。你们赚的你们去过你们的，你们收入你们支配，俺老人支配俺们的。所以矛盾没什么。

陈：但是老人挣钱还行，有的老人他不挣钱，又有病，有的时候会不会觉得拖累自己子女什么的？

孙：那当然不是拖累，肯定子女管。现在有合作医疗，他特别受益。

陈：对。

孙：有的老人，他的孩子去世了，老人自己也不能干活，也不挣钱，那当然他受益了。

陈：对，因为好多人说左某什么的，村里，是吧？跟他媳妇闹的不好，后来两个人都去世了，是吧？

孙：对，那就是存钱的事，在生产队上那时候。左某，他七个孩子，七个孩子。

陈：七个？

孙：哦，四个儿子，三个女儿。

陈：嗯。

孙：这个不给，那个也就不给，他都攀比着。也是穷，不是攀比过去人们那。比如说是县委书记或者市委书记都有钱，这个给你，那个给你。这几个儿子是你不给，我也不给。

陈：对，都养我们了，你不给，我也不给。

孙：又不是光我，你光一个小子，光俺们吗？

陈：是。

孙：他就这样，攀比着。

陈：嗯。

孙：比方说三个，三儿子。老大给了，老二不给，老三你是给还是不给？是不是？你觉得不给对，你就别给，是不是？

陈：嗯，左某那个跟他媳妇后来还闹上法院了，是吧？

孙：他就和是老二家闹了。

陈：对，闹了。

孙：哦，老二家。

陈：这事在村里影响也挺不好的，是吧？

孙：反正那也是成天找我，那我知道。

陈：找你？

孙：哦。

陈：找你调解？

孙：嗯，调解。他没钱，那时候没钱。

陈：他就是没有钱吗？

孙：就是没钱。

陈：嗯，那这个事别人怎么说？大家怎么说啊，这个事？

孙：说是应该给，应该给老人。孩子说没有，只能是往后靠，往后推着。别的，不能逼着，两口子要离婚，当老人的也不能逼着。

陈：一般人都会站在儿子那边，说实在没钱，老人不能逼，是吧？

孙：哦，不能逼。

陈：哦。就是当时，即使儿子、儿媳妇不给他们，其他的孩子……左某还是能生活的,是吧?

孙:能生活。

陈:哦。

孙:有人说,她不该这么计较。

陈:就是这老太太太跟儿子计较,是吗?

孙:嗯。

陈:也有说媳妇不好,是吧?

孙:哦,也有。

陈:哦。这事,就我说后来搞的两个人都去世了,在村里影响也挺不好的,是吧?

孙:都是有病死的。

陈:有病?

孙:有病死的,不是说这。她那二儿子是癌症。

陈:但是就说会不会因为生气啊,闹的,闹的得病?

孙:不是那样。

陈:不是那个,哦。不过他们这样闹的不好,就说给别人会不会有借鉴?别人家就觉得这事还是要好好处理,是吧?不能像他们家闹的那样,是吧?

孙:这个借鉴,我看不明显。

陈:不明显,哦。

孙:总的来说,对这个家庭,对老人、孩子也有影响。

陈:家里的风气,嗯。

孙:你这和家里的老人关系处理不好,孩子们将来,从小他不懂事,他也就和爷爷奶奶嚷。

陈:对。

孙:和爷爷奶奶嚷,他记到心里了,但是你老了,他也就和你一样。你以前和俺爷爷他们……

陈:他有话说了。

孙：对，他就有话说了。所以说这人，什么人，说什么话。一到了当婆婆，她这个话就改了，她当媳妇是一个样，当婆婆又是一个样了。

陈：对。你觉得是以前人更孝顺还是现在人更孝顺？跟这年代有没有关系？

孙：跟年代没关系。

陈：就是说跟有钱没钱有关系？

孙：孝顺老人，这是。现在孩子们这该拿的拿，都能兑现了。过去都穷，老人也穷，孩子也穷。

陈：大叔，我就想，你说那会儿公社时期，我觉得干部什么都管，是吧？

孙：哦，管。

陈：他管的多，所以就说媳妇她不想孝顺也不行。但是现在我觉得这事，家里事，干部们，除非你找他，不找他，他也不管，是吧？

孙：那时候，生产队上，没办法了，找生产队，生产队上扣他钱，拘留他。要是没钱，把婆媳关系激化了，那也不合适，不过那时候能执行了。

陈：对，能强制执行。

孙：嗯，能执行。

陈：干部有威信。

孙：有威信。

陈：对啊，对啊。

孙：现在是，现在你说话让人家给钱，人家说我不给，你也没法。

陈：不过你这意思，这事最好家里自己……

孙：对，家里自己。

陈：靠外边村干部强制执行，其实也伤感情。

孙：哦，一般自己家里，也没必要。你像没了钱了，去找找叔叔、大伯们，谁家有钱，有就给我拿过来。有的本身家里老人去这弄什么，去那弄什么，看钱现成，现成给拿上。不现成，给我准备上。总的说现在这钱，人们多少有点。孝顺老人这是咱中华的美德。

陈：对，传统，这个传统美德没丢。

孙：不过现在就是，比过去看着矛盾不太突出，比较看着比较和谐。

陈：上次我们开会就有一个什么刘真好他们家，说那媳妇可厉害了，那婆婆都掉眼泪。那是怎么回事？

孙：那是真好当教员退休了。

陈：对。

孙：退休了就一千五百块钱，就是那。可这儿媳妇供俩孩子上学，她养着那貉子，这貉子挣钱，挣的也不多，维持不了，这不是发生矛盾了。当老人的，明知道他们没钱花，孩子还上学。开了支了，先给你们五百块钱，你们该弄什么了先去弄什么，还不行吗？你挣到钱，你就一个小子，也不是小子们多，儿子多。你就一个小子，最后你还得指人家。所以不如早些能帮的，帮帮。你不给，找不高兴吗？后边我也说他，你也花不完，是不是？

陈：嗯，你主动给他点，他还高兴。

孙：对，我说你买车子，你又不骑，孩子骑，让他们骑骑，是不是？

陈：嗯，买的什么车？

孙：自行车，电动车，成天在家里放着，不让孩子们骑。

陈：不让孩子们骑？

孙：哦，不让孙子们骑。

陈：哦。

孙：让他骑呗，让他骑呗，那有什么。

陈：哦。他那个女儿是不是精神也有点问题，是吧？

孙：哦，精神有点。

陈：她从小就这样还是怎么？

孙：半路得的。

陈：半路？

孙：哦。

陈：因为什么这样的？

孙:家里打过她还是怎么回事?

陈:跟这媳妇有没有关系?

孙:没关系。

陈:哦。

孙:他们这家里就是有这遗传病。

陈:遗传?

孙:对,有点遗传病。他爹就是那,是不是?就有那遗传基因。

陈:真好他们家这个婆媳矛盾什么的,大伙心里都清楚怎么回事,是吧?

孙:嗯,清楚。

陈:大部分跟您态度是一样的吧?

孙:哦。

陈:这老的给点儿钱也没什么。

孙:哦。

陈:不过那个媳妇确实也是厉害,是吧?

孙:敢打他们,她婆婆受不了。

程:她厉害?

孙:哦,厉害。

程:那有人劝吗?

孙:啊?

陈:有没有人去劝她?

孙:有人劝她,当时人家也许听,过不了几天,就不听了。脾气暴躁,是不是?有的人,再受屈也下不了手,有的人敢下手。

陈:嗯。

孙:你不敢下手,男的们。有的人就光知道啼哭,是不是?别的什么事都不沾。

陈:咱们村像这样婆媳矛盾多吗?

孙:不多,他们那算突出的,别的还是……

程：巧鹏那个算不算？

孙：巧鹏？

程：嗯，他这个媳妇原来和他妈妈也不好。

孙：一个是巧鹏的娘事太多，巧鹏那媳妇还是不赖。

程：哦，你说他妈事多？

孙：她婆婆事太多。

程：哦。

陈：怎么事太多？

孙：又懒，又愿意吃点好的。你这家庭又没那个条件，你说是不是？

陈：嗯。

孙：嫌媳妇不对，女儿不对。她就不做，她光等着歇歇。你去干活吧，我去找那边歇歇。自己家，谁干工作，谁吃点，你不干工作，你还……

陈：但是巧鹏和他妈之间，听他妈的话。咱们村有个老太太是不是叫李美美的，她挺热心的是吧？

孙：哦。

陈：算是最热心的老太太吗？

孙：她什么事也管，就身体不好，走到哪也是。

陈：哦，刚才没听明白。

程：他说她身体不太行。

陈：身体不太行？

孙：哦，身体不太行。

陈：但是她比较热心肠，爱管事什么的？

孙：哦，爱管事，好事。

陈：哦。

程：你们那个恩超是不是爱管事？

孙：恩超也爱管事。

程：也爱管事，村里什么调解愿意管？

孙：那他顶不了事。

陈：啊？

孙：家里有什么事他管管，村里事轮不到他。

陈：哦。他是自己愿意管，是吧？

孙：他也为了个人一点利益。

陈：为了个人利益？

孙：哦。

陈：他帮人调解，人家会……

孙：送点礼，村里，肯定他得吃，他不收礼的话他可不管。

陈：对。

孙：那是。你就说跑资金，他给你跑项目，肯定他得收礼。

陈：他脑子还挺灵了。

孙：嗯。

程：他是不是也想当干部？

孙：那就不知道了。现在这个干部，没人当，没人争。

陈：没人争吗？

孙：集体也没多少财产，你像办事出去吃顿饭，也没钱，你得自己倒贴，谁去啊。木安他们说，没油水了。

陈：村里没钱也没法搞点什么集体项目，是吧？

孙：嗯。

陈：这个路是之前修的吗？最近修了吗？

孙：这是厂子里往下搬来，厂子里弄的，村里给弄了弄。

致　谢

　　本书是在博士论文的基础上修改而成。所以,我要特别表达对博士导师杨善华教授深深的感恩之情！杨老师对学生的培养是多方位的,在大量的田野调查与汇报中,杨老师用其细致的观察力、敏锐的洞察力以及社会学的想象力引导我们该如何调查、如何感知材料并从中提炼出核心的概念和有价值的社会学问题。这一步一个脚印的培养,在我们写作毕业论文的时候,充分发挥了作用。在课余的辅导与交流中,杨老师指导我们如何去读书、如何培养较高的学术鉴赏力、如何进行论文的写作,并在为人处世和组织工作上指点我们。我们都知道,杨老师事务非常多,那么,他为什么还能付出那么多的时间和精力在学生身上？包括与学生探讨论文、熬夜逐字逐句给学生修改论文、与学生交流思想、帮助学生解决工作与生活上的各种困扰,让每一个学生都不会感觉被忽略,其实,答案只有一个,那就是包含了爱心的责任感。对于杨门弟子来说,我觉得最大的幸事就是,一朝成为杨老师的学生,他就会管你一辈子。自从入门以来,我在学术上的积累和自身的成长,都是杨老师用心血浇铸的结果。相信熟悉杨老师的人都能体会到杨老师在培养学生和维系一个学术严谨、团结合作的学术团队上所付出的心血。现在,我也是一名教师,我不敢说我的学术会做到多么优秀,但我可以保证,我会把这股精神继承下来去培养和关爱我的学生。

感谢程为敏老师对我学术上的指导和生活上的关心,感激她分享人生经验和生活乐趣,并为我的进步和成绩而欢欣鼓舞。博士论文写作前的那次调查,没有程老师的帮助,我不可能很好地完成。

感谢刘小京老师开辟了河北P县的这个调查点,让包括我在内的诸多学人得以挖掘这么多有意义的宝贵资料,也感谢刘老师对我学术兴趣点的点拨以及网络资源的分享。

感谢卢晖临老师在田野调查以及讨论会上对我学术上的启发与指导。

感谢王思斌老师、谢立中老师、张静老师、王汉生老师、佟新老师、张小军老师、应星老师对我的论文提出的宝贵意见和给予的深刻启发。

感谢培养教育过我的各位老师,永记教诲,师恩难忘。

感谢中国传媒大学社会学系主任冯波教授对我的认可与支持,她的善良、正直、执着与热情让我敬重。

师门是我情感的一个归属地,这里有愉悦的交流和温情的陪伴。感谢众多优秀而又可爱的兄弟姐妹给我学术上的启发、鼓励、支持以及生活中的帮助。

感谢我的好友和同学,我能够保持心理上的健康,也得益于你们的倾听与理解。

感谢本书的责任编辑胡利国先生,他的职业素养和高洁品格,让我敬佩。

感谢在我人生各个阶段给予我认可、帮助、支持、理解的人,他们包括我的领导、同事、几面之交甚至未曾谋面的人,感谢你们的与人为善。

感谢帮助我们调研的淳朴的乡亲们,感谢他们的信任与表达,愿他们的生活越来越好。

感谢我的父母,随着年龄的增长,我愈发感激和珍惜他们给予我的宝贵财富。他们永远是我前进的动力。

  感谢我的先生,他不仅给我指明坚定的方向,给我有力的支持,又给我踏实的感情和较大的自由,让我毫无负担无忧无虑地学习、工作并享受生活的乐趣。感谢他,没有让婚姻生活把我变成我不想成为的样子。

  感谢我的宝贝女儿,她带给我无尽的美好与乐趣,让我更加理解爱与生命,对生活也有了别样的感受。

  感谢所有爱我的人和我爱的人,愿你们幸福、健康、快乐!

陈文玲